湛軒 洪大容 研究

金都煥

湛軒 洪大容 研究

金都煥

景仁文化社

책머리에

충북 청주에서 국도로 충남 천안을 향해 가다가 오른쪽 샛길로 빠져 들어가 올라가다 보면 홍대용 묘소라는 작은 표지판이 나온다. 눈에 힘을 주고 바짝 긴장하지 않으면 볼 수 없는 표지판이다. 진입로도 차 한대 겨우 들어갈 만한 너비이다. 담헌은 그렇게 누워 있었다. 쓸쓸하고도 난감했다. 술 한 잔 부어 올리며 마음속으로 '금주령 없는 세상이니 마음 놓으시라'는 말을 덧붙였다. 금주령 때문에 남들이 유쾌하게 술 먹는 자리에서 한 잔도 입에 대지 않던 그였다. 소주로는 조금 미안하지 않은가 생각하였지만 역시 '이것이 時俗이오' 하는 마음으로 미안함을 털었다. 그를 주제로 한 박사학위 논문이 정리된 바로 직후였으니 벌써 7년 전의 일이다.

최근에 담헌 생가 인근에 홍대용테마과학관이 들어서게 된다는 보도가 있었다. 역시 복잡한 마음이었다. 장년의 시기에 건곤일초정, 곧 하늘과 땅을 풀로 엮은 한 채 정자로 여긴다는 이름을 붙인 집에서 거문고를 타며 노닐었던 그 모습을 떠올리면 어울리지 않는다는 생각이 들기도 하고, 역시 쇠락한 묘소나 빈터뿐인 생가 터만으로는 쓸쓸한가 하는 생각도 들었다.

이 책은 필자의 박사학위 논문을 조금 손 본 것이다. 벌써 수년 전에 쓴 논문이었지만 워낙 천성이 게으른 탓에 차일피일 미루던 일이었다. 많이 부족한 글이었는데 여기에 다시 다른 미진한 글도 덧붙였다. 대개 인물 연구에 관한 책은 생애가 앞에 나오건만 이 책은 맨 뒤에 붙어 있다. 튀어 보려는 뜻은 전혀 아니고 그 분 생애에 관한 상세한 책이 있는 데다가 가볍게 쓴 글이기 때문이다.

　현대인들에게 과거의 인물들은 모두 외국인이라는 이야기를 들었다. 대체로 맞는 말이다. 내게는 홍대용과 함께 한 시간들이 가장 행복한 시간이었지만 세상 사람들에게 그와 나의 만남에 대하여 이야기하기가 참으로 어려웠다. 외국인이 외국인에게 외국인을 소개하는 모습처럼 어색하기만 하였다.

　홍대용과의 시간이 행복했던 이유는 원리주의자들이 넘쳐나는 이 시대에 그의 존재가 내게 위안이 되어 주었기 때문이다. 그러면서도 그는 그가 믿었던 바를 한 번도 포기하지 않았다. 엄성이란 중국 선비는 양명학을 하는 선비였다. 육비도 그러했다. 홍대용은 주자학자였다. 그런 그들과 논쟁을 벌이면서도 그들 사이의 우정은 결코 변하지 않았다. 변발한 중국 선비들과의 사귐을 비난하는 사람들로 넘쳐났다. 그저 그들을 깎아 내리는 말 몇 마디면 피해갈 수 있는 고통이었다. 그러나 그는 편안함을 위해 우정을 버리지 않았다.

　이 책에서 묘사되고 있는 홍대용은 과학자나 수학자로서의 모습은 아니다. 오히려 유학자의 모습이나 철학자의 모습으로 비칠지도 모르겠다. 이는 필자의 부족함 탓이다. 워낙 수학이나 과학은 못하던 필자였다. 서양식 수학, 과학도 못했던 필자에게 조선의 수학이나 과학은 너무 이해하기 어려웠다. 어려운 것이 아니라 불가능에 가까웠다. 변명을 하자면 그는 단지 과학자, 단지 수학자, 단지 유학자, 단지 음악가가 아니었고 그 모든 것이었다. 그저 담헌 홍대용이라는 이름 외에 다른 수식이 필요하지 않은 인물이었다. 먹향 가득한 방의 벽에는 거문고가 걸려 있고 옆에는 혼천의가 있으며, 이역만리 먼 곳에서 온 친구의 편지가 놓여있는 서안 앞에서 우주를 사색하는 풍경만이 떠오른다.

　그에게 '實'이라는 글자는 그런 의미였다. 현실의 '실'이고 실용의

'실'이며 실천의 '실'이었다. 그에게 현실은 이상과의 통일이었고 실용은 민생이었으며 실천은 그 적용이었고 삶이었다. 順俗하되 道에의 지향을 잃지 않는 것, 말은 쉬우나 아무나 할 수 있는 일이 아닐 것이다. 내게 홍대용은 그런 의미였다. 유럽 기원의 근대사상과 닮은 점 같은 것은 굳이 찾으려 하지 않았다. 그래야 할 이유도 관심도 없었기 때문이다.

감사의 마음을 전해야 할 분이 너무 많다. 그 분들의 성함을 적고 감사의 내용을 적다 보니 잠깐 사이에 페이지가 넘어가고 책 한권의 분량이 되어갔다. 늘 사랑과 보살핌을 받아 온 삶이다보니 그러했다. 어느 순간 감당이 되지 않기에 그만 두기로 하였다.

아무리 그렇다 해도 낳아 주시고 길러 주신 두 분 부모님과 학문적으로 낳아주신 한양대 사학과 정창렬 교수님께만은 감사의 말씀을 드리지 않을 수 없다. 이 나이가 되어서까지도 걱정만 끼쳐 드리는 불효막심하기 그지없는 자식이지만, 낳아서부터 지금까지 무엇 하나 부족함이 없게 해 주셨다. 특히나 병치레가 많았던 자식이었고 특히나 기대를 저버린 일이 많은 자식이었음에도 그러하셨다. 정창렬 선생님께서는 늦게 둔 제자인데도 무녀리 같았던 사람에게 기대를 버리지 않으시고 지켜보아 주셨다. 늘 경외하는 마음으로 건승을 기원하고 있다.

역시 아내에 대한 감사를 빠뜨리면 곤란할 듯하다. "……". 고마우이.
이 책으로 인해 경인문화사 한정희 사장님과 편집을 맡아 준 장호희 씨에게 신세를 지게 되었다. 멀지 않은 장래에 신세를 갚을 수 있으리라 믿고 있다.

2007. 여름
籠庵에서 김도환 씀

목 차

§ 들어가는 말

제1장 序 論 ‖ 1

제2장 心性論 ‖ 11
  Ⅰ. 湖洛論爭의 意義 …………………………………… 13
  Ⅱ. 心性論 ……………………………………………… 41

제3장 認識論 ‖ 61
  Ⅰ. 學問觀 ……………………………………………… 63
  Ⅱ. 認識論 ……………………………………………… 81

제4장 華夷論 ‖ 95
  Ⅰ. 北伐論의 華夷論 …………………………………… 97
  Ⅱ. 華夷論과 歷史認識 ………………………………… 107

제5장 社會觀 ‖ 131
  Ⅰ. 四民論 ……………………………………………… 133
  Ⅱ. 士大夫論 …………………………………………… 138

목 차

제6장 北學派의 四民論 ‖ 147
　Ⅰ. '天民', '王民' 용례 분석 ································· 151
　Ⅱ. 分業的 四民論 ······································· 160
　Ⅲ. 士大夫 役割論 ······································· 170

제7장 結　論 ‖ 181

補論 — 洪大容의 生涯 ‖ 193

§ 국문초록 ◦ 217
§ 찾아보기 ◦ 221
§ 참고문헌 ◦ 225

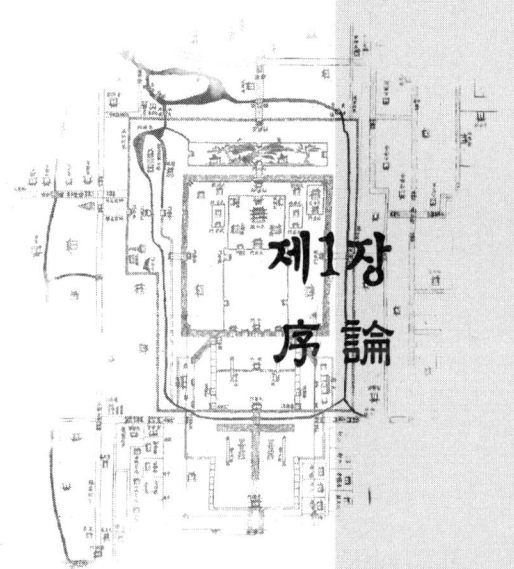

제1장
序論

제1장 序論

湛軒 洪大容(1731~1783)은 18세기 말 조선 사상계에 새로운 바람을 불러 일으켰던 북학사상의 이론적 기틀을 마련한 인물이다. 그 자신은 '北學'이라는 말을 사용한 적이 없지만, 오늘날 북학파로 분류되는 인물들 가운데 가장 먼저 燕行에 나선 인물이며, 淸 문물을 긍정적으로 평가한 최초의 인물이다. 때문에 북학사상의 실질적 주창자는 바로 홍대용이었다고 말해도 크게 잘못은 아닐 것이라 생각된다. 이러한 그의 사상사적 위치 때문에 많은 학자들이 그에게 주목한 것이고, 그와 북학사상에 관한 연구는 양과 질, 양면에서 결코 적다고 할 수 없다.

그러나 근래에 이르기까지도 "근대사상적 요소를 가지는 북학파만을 실학자라 부를 수 있다"[1]고 하기도 하고, 북학파를 포함하여 "實學에서 근대 예비의 길을 요구한다는 것은 전혀 타당하지 않다"[2]고 하기도 하며, 또 북학사상이 성리학의 범주를 벗어나지 않았다고 하는 주장[3]과 탈성리학적인 것이었다고 하는 견해[4]도 있어 그 기본적 성격에 대해서조

---

1) 池斗煥,「朝鮮後期 實學硏究의 問題點과 方向」『泰東古典硏究』3, 翰林大 泰東古典硏究所, 1987, 119쪽.
2) 金泰永, 李基白 外,「朝鮮後期 實學에서의 現實과 理想」『韓國思想史方法論』, 小花, 1998, 334쪽.
3) 柳仁熙,「洪大容 哲學의 再認識」『東方學志』73, 연세대 國學硏究院, 1991.
4) 池斗煥, 위의 논문, 125~126쪽 ; 尹絲淳,「實學思想의 哲學的 性格」『韓國儒

차 합의가 이루어지지 않고 있다. 이러한 견해 차이는 실학 전체에 대한 역사적 의미부여, 역사적 근대에 대한 견해의 차이 등에서 비롯된 것으로 생각된다. 또한 그의 사상을 지나치게 주관적으로 해석해 온 것도 이러한 견해 차이의 원인이 되지 않을까 생각된다. 즉 북학사상으로부터 근대지향성을 추출해 내기 위해 사료를 무리하게 해석하는 경우도 적지 않았고, 서양 사상과의 유사성을 찾아내기 위해 성급하게 개념 규정하는 경우도 없지 않았던 것이다.

또 다른 원인을 지적하자면 성리학의 理氣論으로부터 너무 많은 것을 연역해 내려 한 점도 꼽을 수 있을 것이다. 예컨대 尹絲淳은 후기 실학자(특히 북학파)들 중 主氣的 경향을 갖고 있는 사람이 많은 것에 주목하고, 주기적 경향으로부터 주자학 극복 의지가 구현되며, 현실과 실제성 중시 경향이 나타나게 된다고 주장한다.[5] 그러나 金泰永은 主理論者였던 磻溪 柳馨遠(1622~1673)과 星湖 李瀷(1681~1763)의 경우, 오히려 '理'를 중시함[主理]으로써 人心의 자율성을 확보할 수 있었다고 하면서, 주기론이 현실 개혁에 적극적이었다는 식으로 직결시켜 이해할 수 있는지에 대해 의문을 제기하였다.[6]

홍대용 사상에 관한 연구들은 그 양이 많을 뿐 아니라, 주제도 다양하여 연구사의 정리도 용이하지 않은 형편이다. 그 가운데에서 가장 중심이 되는 주제는 크게 홍대용과 洛論의 사상적 연관성 문제와 華夷的 세계관의 탈피 여부 문제 등 두 가지라고 할 수 있다. 본고에서는 비교적 최근의 연구들을 중심으로 하되, 이 두 가지 주제를 중심으로 하여 살펴보기로 하겠다.

우선 성리학, 특히 낙론과 북학사상의 관계를 어떻게 설정할 것인가 하는 문제는 홍대용 사상 및 북학사상의 성격 규정과 관련하여 중요한

學論究』, 玄岩社, 1980, 325~329쪽.
5) 尹絲淳, 앞의 논문, 333~336쪽.
6) 金泰永, 앞의 논문, 237~239쪽.

의미를 가지고 있다. 이에 대한 견해는 크게 둘로 나누어 볼 수 있는데, 하나는 양자의 계승관계를 부정적으로 보는 것이다.[7] 그 대표적인 견해를 보자면, '북학사상은 성리학의 내적 발전이라는 계기만으로 설명하기 어려우며, 중국을 통해 들어온 천문학을 비롯한 서양과학의 영향을 받아 새로운 세계관을 지니게 되었고 그 새로운 세계관을 기존의 人物性論과 결합시킨 것'이라는 주장이다.[8]

그러나 서양과학의 수용이 세계관 변화의 주요한 조건으로 작용할 수는 있지만, 원인으로 지목되는 것에는 문제가 있다고 생각된다. 조선의 역사를 자기 완결성을 갖춘 역사였다고 평가할 수 있다면 그 내적 발전의 논리와 끊임없는 운동성을 밝혀내는 일이 다른 무엇보다 우선되어야 하지 않을까 한다.

다른 하나는 양자의 계승 관계를 긍정하고 북학사상을 낙론의 계승·발전 형태로 보는 것이다. 이 견해는 다시 두 가지 경향으로 나누어 볼 수 있다. 첫째는 劉奉學의 견해로, 홍대용 등 북학파는 "人物性同의 洛論을 논리적 기초로 하여 '人物均'의 논리를 끌어내고, 여기서 다시 이용대상물로서의 物이라는 새로운 物論에까지 나아감으로써 획기적인 사고의 전환을 기하였던 것"[9]이라는 평가이다. 이 견해는 북학사상이 낙론을 이론적 배경으로 하여 성립하였음을 밝힘으로써 한국 사상사의 내적 연관·계승 관계를 밝혔다는 점에서 매우 획기적인 것이었다고 생각된다. 그러나 그 구체적인 논리의 연관 관계에서는 재고의 여지가 있다고 생각된다. 이미 다른 연구에서 지적된 바와 같이 '洛論의 人物性同論은 人·

---

7) 尹絲淳, 앞의 논문 ; 池斗煥, 앞의 논문 ; 許南進,『朝鮮後期 氣哲學 硏究』, 서울대 박사학위논문, 1994 ; 金容憲,「西洋科學에 대한 洪大容의 理解와 그 哲學的 基盤」『哲學』43, 한국철학회, 1995 ; 趙誠乙,「洪大容의 歷史認識」『震檀學報』79, 震檀學會, 1995.
8) 許南進, 앞의 논문, 59쪽.
9) 劉奉學,『燕巖一派 北學思想硏究』, 일지사, 1995, 96쪽.

物의 차별을 否定한 것이 아니어서 이것이 人物均論으로 변용된다면 이는 변용이라기보다 반동에 가까운 것이고, 그렇다면 굳이 양자를 연관시킬 필요도 없는 것'이기 때문이다.10)

둘째는 柳仁熙의 견해로 홍대용의 철학을 理氣二元論으로 규정하는 것이다. 그에 따르면 '홍대용은 성리학의 이론들을 비판적으로 재확립함으로써 그의 과학사상의 이론적 기초로 삼았을 뿐 아니라 새로운 철학으로 발전'11)시킨 것이고, 나아가 實學은 '反 또는 탈성리학이 아니라 그 문제를 계승적으로 발전'12)시켰다는 것이다. 이 견해는 북학사상이 반성리학, 또는 탈주자학이 아니라는 것을 뚜렷이 주장한 거의 유일한 논문이라는 점에서 의미를 갖지만, 주로 홍대용의 心性論 가운데 기존의 성리학과 같은 점을 부각시키는 데 주력하여, 구체적으로 그것이 낙론과 어떻게 관련되며 사회적 실천 목표로서의 북학사상과 어떻게 관련되는지를 밝혀내는 데에는 소략한 면이 있다고 생각된다.

다음으로는 홍대용의 華夷論에 대한 연구들을 살펴보기로 하자. 이에 대한 기존의 연구는 대체로 두 가지 경향으로 나눌 수 있다. 첫째는 홍대용이 말한 바, '華夷一也'를 '華와 夷는 대등하게 같다'는 뜻으로 해석하고 화이론 자체를 부정한 것으로 보는 견해이다.13) 둘째는 전통적 화이론, 또는 북벌론적 화이론이 완전히 청산된 것은 아니지만 일정한 변화

---

10) 李相益,「洛學에서 北學으로의 思想的 發展」『철학』46, 한국철학회, 1996, 6~10쪽.
11) 柳仁熙, 앞의 논문, 141쪽.
12) 同上, 162쪽.
13) 鄭昌烈,「實學의 歷史觀」, 姜萬吉・鄭昌烈 外 9명『茶山의 政治經濟思想』, 창작과 비평사, 1990 ; 愼鏞廈,「洪大容의 社會身分觀과 社會身分制度 改革思想」『朝鮮後期 實學派의 社會思想硏究』, 지식산업사, 1997, 285~292쪽 ; 金仁圭, 道和柳茂相先生華甲紀念論文集刊行委員會 編,「朝鮮後期 華夷論의 變容과 그 意義」『儒敎思想과 東西交涉』, 1996, 206~218쪽 ; 金文鎔,『洪大容의 實學思想에 관한 硏究』, 고려대 박사학위논문, 1995, 109~111쪽.

내지 진전이 있었다고 하는 견해들이다.14)

이 연구들은 주로 홍대용이 화이적 세계관을 탈피했는가 하는 점에 관심을 두었고, 조선 사상계 내부에서 어떠한 사상적·논리적 배경을 가지고 변화했는가 하는 점에 대해서는 상대적으로 소략한 면이 있었다고 생각된다. 이하에서는 후자의 측면에 주목한 연구 가운데 일부를 살펴보기로 한다. 먼저 劉奉學은 홍대용이 기존의 '朝鮮-華, 淸-夷'라는 사고를 '朝鮮-夷, 淸-夷'로 변형시키는 한편, 華·夷의 대등한 주체를 긍정함으로써 기존 화이론의 굴레를 더 멀리 벗어나고 있었고, 이러한 화이론은 청 문물 수용의 논리로 나아가게 된다고 하였다.15) 鄭昌烈은 홍대용이 문화에 대한 다원적 인식을 통하여 조선의 독자적 개체성을 인식하는 근거를 마련하였고, 이러한 인식상의 발전은 丁若鏞에게 계승·발전되었다고 평가하였다. 이러한 연구들은 조선후기 사상계의 흐름을 조망하면서 그 내적·논리적·사상적 연관·계승관계를 추적하였다는 점에서 주목을 요하는 것이다. 이를 염두에 두면서 이 책에서는 주로 북벌론의 화이론과 홍대용의 그것을 비교하고 양자의 공통점 및 차이와 사상적·논리적 계승관계에 초점을 맞추어 살펴보고자 한다.

이 책은 홍대용의 사상을 크게 두 부분으로 나누어 살펴볼 것이다. 그 첫째는 홍대용 사상과 낙론의 연관문제를 실마리로 하여 그의 사상이 어떻게 낙론과 관련되며 그 특징과 성격이 어떻게 형성되어 갔는지를 살펴보는 것이다. 둘째는 홍대용의 화이론이 그의 사상 및 역사인식과 어떠한 관련에서 형성되었으며, 기존의 화이론이 어떠한 사상적 배경으로부터 성립·변천하여 홍대용에 이르게 되는지, 그리고 그러한 세계인식은 조선후기사회의 현실에 어떻게 적용되었는지 등을 살펴보는 것이다.

---

14) 劉奉學, 앞의 책 ; 趙誠乙, 한국사연구회 편,「朝鮮後期 華夷論의 變化」『근대국민국가와 민족문제』, 지식산업사, 1995 ; 朴性淳,「朝鮮後期의 對淸認識과 '北學論'의 意味」『史學志』31, 檀國史學會, 1998.
15) 劉奉學, 위의 책, 133~135쪽.

제2장에서는 홍대용의 심성론을 검토한다. 먼저 I절에서는 湖洛論爭의 경과와 湖·洛 양론의 논리를 검토함으로써 양자 간 논리의 차이점을 분명히 해 두고자 한다. 이는 홍대용의 심성론, 학문관, 인식론 등이 湖·洛 양론과 논리적으로 어떠한 관계에 있는지, 그리고 나아가서는 홍대용 고유의 화이론 및 사회개혁론과 어떻게 관련되는지를 검토하는 자료가 될 수 있을 것이다. II절에서는 심성론의 구체적인 내용을 살펴봄으로써 낙론과 논리적으로 어떻게 관련되었는지, 그리고 그 특징은 무엇이었는지를 밝혀보고자 한다.

제3장에서는 홍대용의 학문관과 인식론을 각각 I절과 II절로 나누어 살펴볼 것이다. 심성론상의 입장 차이가 사회에 대한 시각 차이를 결정짓는 직접적인 요소는 될 수 없다고 생각된다. 심성론은 주로 우주 만물의 구성 원리와 인간 및 사물의 본질에 관한 것이다. 어떤 사람이 이에 대해 일정한 견해를 갖는다는 것이 곧 그의 현실에 대한 태도를 직접적으로 결정짓지는 못한다고 생각된다. 예컨대 기독교인은 우주 만물의 구성 원리에 대해, 神이 창조하였다는 분명한 견해를 공유하고 있지만, 그것이 곧 노예제도나 민주주의 등 구체적 현실에 대한 기독교인의 생각이나 태도를 직접적으로 결정짓는다고는 할 수 없다. 때문에 이 책에서는 우회적인 방법을 택하였다. 즉 현실 인식에 대해 좀 더 결정력을 갖고 있다고 생각되는 학문관과 인식론이 심성론과 어떻게 관련되는지, 그리고 그러한 인식론상의 특징이 홍대용의 세계관에 어떠한 영향을 끼쳤는지를 살펴보고자 하는 것이다.

제4장에서는 홍대용의 화이론이 어떠한 특징을 가지고 있었던 것인지, 그의 전체 사상과 어떻게 관련되고 있었는지를 살펴보고자 한다. 이를 위하여 I절에서는 北伐論의 華夷論이 가지고 있는 특징과 그것이 湖洛 兩論과 어떻게 관련되는지를 살펴보고자 한다. II절에서는 홍대용의 화이론을 그의 역사인식과 관련지어 살펴봄으로써 그의 화이론에서 나타

나는 특징과 의의를 밝혀 보고자 한다. 제5장에서는 홍대용의 사회관을 검토해 보려 한다. 특히 그의 세계 인식과 사회 인식이 어떠한 논리로 일관되고 있었는지를 살펴보고자 한다.

제6장에서는 홍대용의 사상에 대한 분석을 기반으로 북학파의 '民'에 대한 인식을 알아보고자 한다. 북학사상은 홍대용으로부터 비롯되었다 해도 과언이 아닐 것이다. 이들이 국가나 사회에 대한 인식을 공유함으로써 북학사상이 성립되었던 것이라 생각된다. 국가, 사회를 구성하는 가장 중요한 부분인 '民'에 대한 이들의 인식을 살핌으로써 이들의 사상이 갖는 현실적 의미를 찾아낼 수 있을 것이라 기대한다.

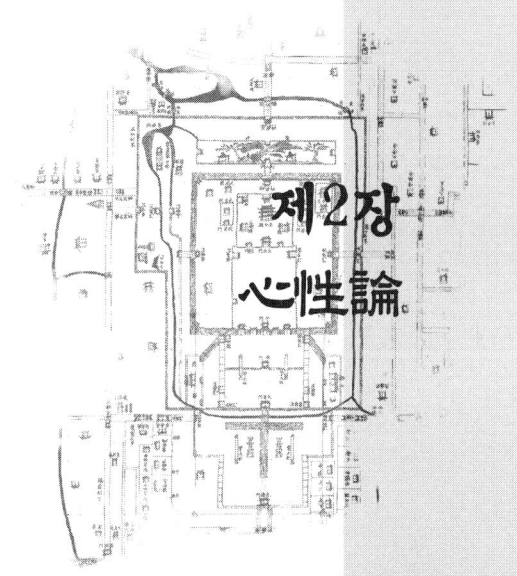

제2장 心性論

제2장 心性論

I. 湖洛論爭의 意義

朱子學은 조선왕조의 지배이념으로 내세워졌으나 처음 수용되던 단계에서는 그에 대한 이해가 철저했다고 할 수 없다. 이후 士林派들이 중앙정계에 진출하면서 철저한 성리학적 원리에 입각한 통치가 보다 강력히 요구되었고, 이에 따라 주자학 자체에 대한 이해도 점차 심화되어 갔다. 주지하는 바와 같이 退溪 李滉(1501~1570)과 栗谷 李珥(1536~1584)의 시기에 이르러 四端七情論爭이 일어난 것은 주자학에 대한 이해와 연구가 고도로 발전하였음을 보여주는 것이었다. 이 단계에서 이미 조선의 주자학은 이에 대한 단순한 이해의 수준을 뛰어 넘고 있었다. 그것이 가지고 있는 미비점, 혹은 논리적 모순점들 또한 의식되기 시작한 것이라고 할 수 있다. 때문에 이후 尤庵 宋時烈(1607~1689)과 그 嫡傳 弟子라 일컬어진 遂庵 權尙夏(1641~1721) 등에 의해 『朱子言論同異考』가 편찬되기도 하였던 것이다.

이 점은 다음에서 살펴 볼 湖洛論爭에서도 마찬가지였다. 호락논쟁은 『朱子言論同異考』의 편찬에 직·간접적으로 참여한 학자들 사이에서 벌어진 것인 만큼 주자학에 대한 이해가 미진하여 벌어진 논쟁일 수 없었고, 나아가 고증에서의 실수같은 것도 찾아보기 어렵다. 그러므로 호락논쟁은 주로 朱子의 설명 자체가 미비하거나 모순되는 점을 어떻게 이해할 것이며, 어떻게 이론화할 것인지를 둘러싸고 벌어진 것으로 보아도 좋을 것이다.[1] 이러한 사태의 전개는, 말하자면 주자학의 새로운 지평이 열린 것이라고 말할 수도 있겠고 주자학의 조선화, 또는 주자학의 재창조 과정이었다고도 말할 수 있을 것이다. 일본은 말할 것도 없고 주자학의 발생지인 중국에서도 이러한 수준의 주자학 연구는 없었다고 할 수 있다.[2]

호락논쟁은 율곡학파 내부에서의 사상적 분화에서 비롯된 것으로, 尤庵 宋時烈의 적통을 이은 遂庵 權尙夏와 그 문하의 南塘 韓元震(1682～1751), 巍巖 李柬(1677～1727) 사이에서 본격화되었다. 이보다 앞서 율곡학파 내부에는 송시열 학통과는 별도로 農巖 金昌協(1651～1708)을 鼻祖로 하여 陶庵 李縡(1680～1746), 黎湖 朴弼周(1680～1748) 등이 계승한 또 다른 학통이 있었는 바, 이들은 李柬의 의견에 동의하였고 洛論의 중심세력이 되었다.[3]

이들의 논쟁점은 대체로 ① 인간과 사물의 性이 서로 같은가 다른가 하는 문제, ② 未發時 氣質은 純善인가 善惡이 있는가 하는 문제, ③ 聖人과 凡人의 心體가 같은가 다른가 하는 문제 등 세 가지였다.[4] 비록 논쟁점은 세 가지였지만, 크게 나누면 '性'에 관한 것과 '心'에 관한 것, 즉 性論과 心論으로 나누어 고찰할 수 있다.

---

1) 李愛熙, 『朝鮮後期 人性과 物性에 對한 論爭의 研究』, 고려대 박사학위논문, 1990, 7·27쪽.
2) 陳來, 안재호 譯, 『宋明 性理學』, 예문서원, 1997, 8쪽, "理學은 역사적으로 동아시아 지식인들의 공통 담론이었으며, 이러한 담론 체계의 건립과 발전·완성은 동아시아 지식인들이 동참하여 일궈낸 창조적 활동의 결실이었다. 따라서 이 체계의 중심이 언제나 중국에만 있었던 것은 아니다. 원래 주자학과 양명학은 모두 중국에서 발생하였지만, 주자학의 중심은 조선시대에 한국으로 옮겨졌으며, 양명학의 중심은 德川時代에 일본으로 옮겨졌다".
3) 張志淵, 『朝鮮儒敎淵源』 2, 나랏말씀, 1998, 65～66쪽. 張志淵은 洛論이 農巖 金昌協(1651～1708)에게서 시작되었고 이후 陶庵 李縡(1680～1746), 黎湖 朴弼周(1680～1748) 등이 이를 계승하였으며, 이들이 洛下에 살았던 까닭에 洛論이라 한다고 말하였다.
4) 李完宰, 「性理學의 脈絡에서 본 初期開化思想」 『韓國學論集』 29, 漢陽大 韓國學硏究所, 1996, 3～4쪽 ; 裵宗鎬, 『韓國儒學史』, 연세대학교 출판부, 1974, 205～206쪽.

우선 '性' 개념을 둘러싼 이들의 논변을 살펴보고, 양자의 性論이 갈라지게 된 이유와 그 의미를 알아보기로 하자. 湖論의 領袖인 韓元震의 性論은 '性三層說'로 요약할 수 있다.

> A-1 理는 본래 하나이다. 그러나 超形氣로 말하는 것이 있고, 因氣質로 이름하는 것이 있고, 雜氣質로 말하는 것이 있다. 形氣를 超越하여 말하면 太極이라 부르는 것이 이것으로 萬物의 理가 同一한 것이다. 因氣質로 말하면 健順・五常이라 이름하는 것이 이것이니 人間과 事物의 性이 같지 아니하다. 雜氣質로 말하면 善惡의 性이 이것으로 人人物物이 또한 같지 않다.[5]

'性'이란 본래 事物에 墮在한 '理'이다. 그러므로 '性卽理'라고 할 수 있다. 그러나 事物에 墮在하였으므로 이미 氣에 의해 拘碍된다. 이처럼 氣와 合하여 말할 때는 '性卽氣'[6]라고도 한다. 여기서 '卽'의 의미는 완전히 동일함을 의미하는 것이 아니라, 부분적 동일성을 의미하는 것이다.[7] 때문에 "性을 論하고 氣를 論하지 않으면 충분하지 않고, 氣를 논하고 性을 論하지 않으면 분명하지 않다"[8]고 말한다.

韓元震은 이 '性'을 설명하면서 形氣를 초월하여[超形氣],[9] 氣質에

---

5) 韓元震, 『南塘集』(Ⅰ), 卷11, 書, 擬答李公擧, 민족문화추진위원회, 1999, 248쪽, "理本一也 而有以超形氣而言者 有以因氣質而名者 有以雜氣質而言者 超形氣而言 則太極之稱是也 而萬物之理同矣 因氣質而名 則健順五常之名是也 而人物之性不同矣 雜氣質而言 則善惡之性是也 而人人物物又不同矣"(이하 저자명 없이 『南塘集』(Ⅰ), (Ⅱ) 등으로 略함). 제시되는 사료는 章, 節이 바뀌거나 사료의 성격이 크게 바뀔 때마다 서술의 편의상 A, B, C 등 기호를 부여함.
6) 黎靖德 編, 『朱子語類』(4), 卷59, 孟子9, 告子 上, 北京: 中華書局, 1994, 1388쪽, "須是合性與氣觀之 然後盡 蓋性卽氣 氣卽性也"(이하 『朱子語類』(1)~(8)로 略함).
7) 大濱晧, 李烱性 譯, 『범주로 보는 주자학』, 예문서원, 1997, 198~204쪽.
8) 『性理大全』卷30, 性理2, 氣質之性, 保景文化社, 1994, 513쪽, "論性不論氣 不備 論氣不論性 不明".

따라[因氣質], 氣質을 섞어서[雜氣質] 말할 때 등 三層으로 나누어 설명한다. 超形氣의 性은 곧 太極을 말하는 것이니 이 점에서는 萬物이 동일하다고 한다. 因氣質의 性은 理와 氣가 합쳐져서 이미 事物이 되었지만, 氣를 섞지 아니하고 理의 측면만을 말하는 것이다. 이 超形氣의 性과 因氣質의 性을 湖論에서는 本然之性이라 한다.10)

    A-2 栗谷은 '性'으로써 局을 論하고 '理'로써 通을 말하였으니 진실로 朱子가 論한 바, '理同'이라 하면 옳지만 '性同'이라 하면 옳지 않다고 말하는 것과 합치한다.11)
    A-3 생각건대 단지 '性'字만을 말하면 通·局은 모두 '性'이요, 단지 '理'字만을 말하면 通·局은 모두 '理'이다. '性'과 '理'를 상대하여 말하면 通은 '理'가 되고, 局은 '性'이 된다. '性'과 '理'는 비록 단지 하나의 '理'일 뿐이지만 '性'이라고 하고, '理'라고 하는 것은 쓰이는 곳이 다르기 때문이다. 이것이 이미 '理'字가 있는데도 또 '性'字가 있는 까닭이다.12)

위의 두 인용문에서 보듯이 韓元震은 '性'이라는 개념 자체를 '理'와는 다른 범주의 개념으로 보았다. 이 점은 두 번째 인용문에서 보다 명확히 드러난다. '性'과 '理'를 상대하여 말하면, '性'이라는 개념은 이미 氣質과 섞인 상태에서, 즉 現象界의 事物이 된 이후에 '理'만을 말하거나

---

  9) 『南塘集』, 『巍巖集』 등에서는 '超形氣'와 '超形器' 두 가지 표현이 보이지만 모두 같은 뜻이다. 이하 본문에서는 '超形氣'로 통일하여 표기하고 脚註에서는 原文을 그대로 제시한다.
10) 『南塘集』(Ⅰ), 卷7, 書, 上師門(戊子 8月), 164쪽, "上二層本然之性 下一層氣質之性".
11) 『南塘集』(Ⅱ), 卷28, 雜著, 李公擧上師門書辨, "栗谷以性論局, 以理語通, 政與朱門所論謂之理同則可, 而謂之性同則不可者合".
12) 同上, "盖單言性字, 則通局皆性也, 單言理字, 則通局皆理也, 以性與理對言, 則通爲理而局爲性, 性也理也, 雖只一理, 曰性曰理, 用處不同, 此所以旣有理字而又有性字也".

(因氣質의 性=本然之性), 氣質을 섞어 말할 때(雜氣質의 性=氣質之性) 쓰는 것이라고 주장한다. 다시 말해 "'理'는 사물이 있기 전에 갖추어지는 것이고 '性'은 事物이 있은 뒤에 존재하는 것"[13]으로 구분한다. 이처럼 理는 通하는 것, 性은 이미 氣質에 의해 국한된 것[理通性局]으로 보고 있다.

> A-4 그러나 太極을 超形氣로 말하고 五常을 因氣質로 이름한 것은 무엇 때문이겠는가. 陰의 理도 太極이라 하고 陽의 理도 太極이라 한다. 五行의 理와 萬物의 理도 모두 太極이라 한다. 太極은 일찍이 事物에 따라 本體가 定해지거나 일에 따라 이름이 定해지는 것이 아니니 이른바 超形氣로 말하는 것이 아니겠는가. 木의 理를 仁이라 해야지 義라고 할 수는 없다. 金의 理를 義라고 해야지 仁이라고 할 수는 없다. 木仁·火禮·金義·水智·土信(原文에는 土信이 빠져 있음-인용자) 등 다섯 가지는 事物에 따라 本體가 定해진 것이요 일에 따라 이름이 定해진 것이니 所謂 因氣質로 이름한 것이 아니겠는가. 超形氣로 말하므로 事物에 갖추어지는 바 全體 아님이 없고, 因氣質로 이름하므로 氣가 치우치면 理 역시 치우치게 된다. 太極은 萬物이 함께 갖추었다고 말하고 五常은 事物이 모두 갖출 수 없다고 말하는 것이 바로 이것이다.[14]

그는 超形氣의 性과 因氣質의 性을 本然之性이라 하였지만, 超形氣의 性은 사실상 '性'이라기보다 '太極=理'를 의미하는 것이므로 因氣質의

---

13) 『南塘集』(Ⅰ), 卷13, 書, 答尹瑞膺鳳九(壬辰 3月), 293쪽, "盖以理則具於無物之前 而性則立乎有物之後故也".
14) 同上, 卷8, 書, 與崔成仲 別紙(辛卯 4月), 190쪽, "然太極超形器而稱之 五常因氣質而名之 何者 陰之理謂之太極 陽之理謂之太極 五行之理 萬物之理 皆謂之太極 太極未嘗因物而有定體 隨事而有定名 則非所謂超形器而稱之者耶 木之理謂之仁而不可謂之義 金之理 謂之義而不可謂之仁 木仁火禮金義水智 而五者皆因物而有定體 隨事而有定名 則非所謂因氣質而名之者耶 超形器而稱之 故物之所具 莫非全體 因氣質而名之 故氣之所偏 理亦有偏 此其謂太極則萬物同具 而謂五常則物不能皆具也".

性이 本然之性이 된다. 이러한 本然之性, 즉 因氣質의 性에서 볼 때, 人間과 事物은 차이가 있다는 것이 韓元震의 주장이다[人物性異]. 부연하자면 萬物이 생겨날 때에 氣가 稟賦되는 바, 陰陽과 五行이 그것이다. 萬物은 모두 음양오행 중 하나라도 빠진 것이 있으면 생겨나지 못한다. 인간과 사물을 막론하고 음양오행의 氣가 다 갖추어지는 것은 마찬가지이지만 인간은 그 온전한 것을 얻고, 사물은 치우친 것을 얻는다고 한다. 그리고 그 기질(음양과 오행)의 偏·全에 따라 음양과 오행(木·金·火·水·土)의 理인 健順과 五常(仁·義·禮·智·信), 즉 氣의 理도 偏·全이 있다는 것이다(因氣質의 性). 이에 인간은 온전한 五常을 얻고 사물은 온전하지 못한 것을 얻어 태어나기 때문에 양자의 性은 서로 다르다는 것이다.15) 雜氣質로 말하는 性은 기질과 섞어서 말하는 것으로 기질이 有萬不齊하므로 人人物物의 性이 또한 有萬不齊라고 하는 것이다. 그러나 "'性'에 이와 같은 三層이 있어 하나 하나가 다른 것이 아니라 사람이 보는 바에 따라 이러한 三層이 있는 것"16)이요, 실은 '하나의 '性'일 뿐'17)이라고 한다.

'性'의 개념에 대한 韓元震의 이러한 설명은 사실상 독창적인 것이었고, 때문에 동문의 師兄弟들 사이에서 적잖은 논란을 불러일으키게 되었다. 巍巖 李柬 외에도 黃宗河(字는 子朝), 韓弘祚(字는 永叔) 등이 그의 이론에 대해 여러 가지로 의문을 제기하였던 것이다.

韓元震은 이들의 논리를 다음과 같은 네 가지로 분류한다. 첫째, 太極·五常은 하나의 '理'이고 만물은 모두 하나의 太極을 가지므로 人·物 공히 五常의 德을 모두 얻지만 사물은 氣가 막힌[隔] 바 되어 發用

---

15) 同上, 卷7, 書, 上師門(丙戌), 164쪽, "人則稟氣皆全 故其性亦皆全 物則稟氣不能全 故其性亦不能全 此人與物不同 而人則皆同之性也".
16) 同上, 上師門(戊子 8月), 163쪽, "性非有是三層而件件不同也 人之所從而見者有是三層耳".
17) 同上, 164쪽, "其實一性而已也".

하지 못한다는 주장, 둘째, 五常은 五行의 '理'이고, 萬物은 모두 五行의 氣를 얻으므로 人·物 모두 五常의 德 또한 모두 얻는다는 주장, 셋째, 事物이 五常을 얻는 것은 비록 충분히 稟得하지는 못하지만 다섯 가지를 모두 稟得한다는 주장, 넷째, 人間은 五常의 粹然한 것을, 事物은 粹然하지 못한 것을 얻지만, 五常의 德이라는 점에서 마찬가지라는 주장 등이다.[18]

첫째 주장에 대하여 韓元震은, 五常의 德이 모두 있지만 氣가 막힌 까닭에 發用하지 못할 뿐이라고 한다면 性이 있음에도 불구하고 發用하지 못하므로 性은 있으되 情은 없다는 논리가 된다고 비판한다.[19] 五行의 氣를 얻으면 역시 五行의 理를 얻기는 하지만 五常이란 것은 단순히 五行의 理가 아니라 '五行秀氣之理'이며 반드시 秀氣를 얻은 이후에야 비로소 五常이라 말할 수 있다는 것이다. 그리고 인간은 五行의 秀氣를 얻으므로 五常의 德이 모두 갖추어 지고, 사물은 간혹 五行 중 하나의 秀氣만을 얻을 뿐이요 秀氣를 모두 얻을 수는 없다고 한다.[20]

두 번째의 주장, 즉 人·物이 五行을 같이 얻었으므로 五常을 모두 갖추었다는 주장에 대해서는 과연 그렇다면 五行을 얻은 동물들의 잔인한 행위 같은 것들 모두 그들의 본성인데 이것도 五常에 속하는 것이라고 할 수 있겠느냐고 반박한다.[21] 세 번째 주장에 대해서는 지각·운동

---

18) 同上, 卷8, 書, 與崔成仲別紙(辛卯 4月), 190쪽, "今之主張禽獸五常之說者 其 說有四 一則曰 太極五常一理也 萬物皆具一太極 則亦皆具五常 但爲其所隔 不 能發用 一則曰 五常者五行之理也 萬物皆得五行之氣 則亦皆得五常之德 一則 曰 物之得五常者 雖不能十分稟得 而五者之數 未嘗不盡稟 一則曰 人得五常之 粹然者 物則稟其不粹然者 雖不粹然 同此五常之德".
19) 同上, "今謂萬物皆具五常之性 而不能發用 則是有有性而無情 有體而無用者矣 天下顧安有無情之性 無用之體哉".
20) 同上, 190~191쪽, "得五行之氣 則亦得五行之理者 此固然矣 然五常者 五行 秀氣之理也 必得其秀氣然後 其理方謂之五常 如不得秀氣 則雖未嘗無其理 亦 不可謂五常也 人則盡得五行之秀 故五常之德無不備 物則或得一氣之秀 而不能 盡得其秀".

은 인간과 사물이 비슷하지만 五常은 서로 달라서 인간은 五常의 전부, 사물은 기껏해야 호랑이의 '仁', 벌과 개미의 '義' 같이 간혹 하나를 갖는다는 취지로 이를 비판하고 사물도 五常의 전부를 갖는다면 자신은 알 수 없는 바라고 말하고 있다.22) 네 번째의 주장에 대해서는 五常에 粹然한 것과 粹然하지 못한 것이 있다면 性에 善惡이 있다는 뜻이 된다는 취지로 비판한다.23)

이 같은 비판 속에 나타난 그의 논리를 정리해 보자면 다음과 같다. 인간과 사물 모두에게 五行의 氣가 갖추어 진다는 점에서는 異論의 여지가 없다. 그런데 인간만이 五行의 秀氣를 얻고, 이 五行秀氣의 理만을 五常이라 부를 수 있다고 한다. 다시 말해 사물은 五行之理는 모두 얻지만, 五行秀氣之理(五常)는 하나나 둘을, 인간은 五行秀氣之理의 전부를 얻는다는 것이다. 그러나 이러한 설명에도 여전히 문제는 있었다. 즉 '五行秀氣'라 하더라도 五行에 속하지 않는다고는 말할 수 없는 것인데, 五行은 갖추어지지만 五行의 秀氣는 갖추어지지 않는다고 하는 것은 五行 이외에 다른 별도의 氣가 있는 것처럼 되고 마는 것이다.

李柬이 의문을 가진 것도 바로 이 점이었다. 둘이 직접 만나서 대화한 내용 중에 李柬이 "사물은 天命을 얻지 못하는가?" 하고 묻자, 韓元震이 "얻는다"고 대답하였다. 다시 묻기를 "사물은 五行을 얻지 못하는가?" 하자, 역시 "얻는다"고 대답하였다. 이에 대하여 李柬이 묻기를 "그렇다면 인간이 얻은 것도 天命과 五行에 불과한 것 아닌가? 도대체 사물이 얻지

---

21) 同上, 191쪽, "若以其同得五行之氣 而皆謂之具五常 則彼猛獸之搏噬 蚊蝎之毒螫 禽犢之無別 梟獍之食母 其性然也 而亦莫非自五行中來矣 此亦可以五常目之耶".
22) 同上, "今見其知覺運動略與人近者 而便指認爲五常之德 則正與告子生之謂性之說一般矣 而若曰知覺運動者外 別有五常端緖之可見者 每物皆有如虎狼之仁 蜂蟻之義之類 而又皆幷五者而有之 則非愚之所敢知也".
23) 同上, "若使仁義禮智有粹然不粹 而孟子不復辨別 直以此語性 則其所以明性善者 亦不糊塗乎 性之爲性 不離此五者 而五者乃有粹與不粹 則是性有善惡也".

못한 것이 무엇이란 말인가?" 하였다.24) 물론 이에 대한 한원진의 대답은 앞서 말한 바와 같이 사물은 五行의 秀氣를 하나나 둘만 얻을 뿐이라는 것인데, 역시 쉽게 이해되지 않는 분류라 할 수 있을 것이다.

이상에서 살펴 본 바와 같이 한원진의 '性' 개념은 반드시 理氣合의 상태, 즉 사물이 생겨난 이후에 일컬어지는 것이다. 이때에는 '理'만을 말하더라도 이 '理'는 이미 偏·全의 차이가 있는 기질에 내재한 '理'이다. 나아가 氣의 질적 차이까지도 고려한다. 仁·義·禮·智·信 등 五常은 '理'이지만, 단순히 五行의 理가 아니라 五行秀氣의 '理'라고 한다. '理'가 秀氣를 얻어야만 五常이라 부를 수 있다는 것이다. 이처럼 한원진은 기질의 차이까지 모두 고려한 바탕 위에서 五常을 정의한다. 다시 말해 五常을 五常이라고 부를 수 있게 하는 것은 결국 氣가 秀氣냐 아니냐에 달린 것이다.

因氣質之性이 본연지성이라고 하는 그의 논리는, 氣의 역할을 강조하는 것이기도 하지만,25) 또한 仁·義·禮·智·信 등 五常을 강조하기 위한 것이기도 하다. 本然之性을 논할 때에도 기질의 질적 차이가 고려되고 있다는 점에서는 氣質을 강조한 것이기도 하고, 五常을 단순히 '五行之理'가 아니라, '五行秀氣之理'라 규정한다는 면에서 보면 五常의 의미를 한층 강화시킨 것이기도 하다는 것이다. 五常은 秀氣의 理이기 때문에 萬物에 墮在한 理 중에서도 특별한 것이고, 인간의 心은 五行의 秀氣로 이루어진 유일한 것으로 된다.

---

24) 李柬, 『巍巖集』 卷4, 書, 上遂菴先生 別紙, 대전: 한남대 忠淸文化硏究所, 1990, 34쪽, "愚嘗詰之曰 物不得天命乎 曰得之 不得五行乎 曰得之 然則人之所得亦不過是物也 物之所不得者 果何物歟"(이하 『巍巖集』으로 略함. 이 영인본은 따로 면수를 매기지 않아 각 권별로 매겨져 있는 원본의 면수를 제시한다. 尤庵, 遂庵 등 號의 '庵'자는 '庵'과 '菴'이 혼용되나 본문 중의 서술에서는 '庵'으로 통일하였고, 脚注에서는 인용하는 원문의 표기를 그대로 두었다).
25) 裵宗鎬, 앞의 책, 211쪽 ; 劉奉學, 앞의 책, 89쪽.

五常을 五行秀氣之理로 파악하고 인간에게만 부여된 것으로 파악하는 것은 湖論이 五常을 물리적 법칙으로서의 理보다는 도덕적 의미를 강조한 것이라 생각된다. 五常에서 人・物이 다르다고 말하면 이는 兩者에 적용되는 물리적 법칙이 다르다는 의미라기보다는 도덕 능력의 차이를 말하는 것이라 여겨지기 때문이다. 후술하겠지만(제2장 Ⅱ절), 본래 성리학에서 '理'=五常은 물리 법칙과 윤리 법칙의 통일이고 湖論은 이 중 후자의 의미를 보다 강조한 것이다.

반면 李柬을 비롯한 洛論에서 말하는 '性' 개념은 사물이 구성되는 원리의 측면에 치중하여 설명된다.

> A-5 本然으로 말하면 性과 命에 본래부터 사람과 事物의 다름이 없고 氣質로 말하면 氣의 正과 通을 얻은 것이 사람이 되고 偏과 塞을 얻은 것이 事物이 되며, 正하고 通한 가운데에도 또 淸濁粹駁의 나뉨이 있고, 偏하고 塞한 가운데에도 또 或通과 全塞의 다름이 있으니, 이것은 人物異體의 有萬不齊한 것이 그것이다. 이러므로 그 氣質을 논하면 개의 性이 소의 性이 아닐 뿐만 아니라 盜跖의 性이 舜의 性이 아니며, 그 本然을 말하면 盜跖의 性이 곧 舜의 性일 뿐 아니라 事物의 性이 곧 사람의 性이다.26)

李柬은 性을 '本然之性'과 '氣質之性'으로 양분하여 설명하고 있다. 본연으로 말하자면, 즉 理의 측면에서 말하자면 인간과 사물이 마찬가지이고 氣質과 섞어서 말하면 氣가 有萬不齊하므로 性도 그에 구애되어 有萬不齊하다는 것이다. 이처럼 洛論은 '本然之性'을 순수한 '理'의 본체로 보아 인간과 사물은 모두 이 '理'를 갖추고 있다는 점에서 마찬가지이고

---

26) 『巍巖集』 卷7, 書, 未發詠, 19~20쪽, "以本然言之 性命固無人物之殊 而以氣質言之 則得氣之正且通者爲人 而偏且塞者爲物 而正通之中 又有淸濁粹駁之分 爲 偏塞之中 又有或通全塞之別焉 則是人物異體之有萬不齊者然矣 是故論其氣質 則非惟犬之性非牛之性也 跖之性非舜之性矣 語其本然 則不惟跖之性卽舜之性也 物之性卽人之性矣".

이미 사물이 된 상태에서 말하면 人・物이 서로 다르다고 주장한다. 그가 말하는 命과 性은 생겨나기 이전이냐 생겨난 이후냐의 차이만 있을 뿐 사실은 같은 것이다.27) 또 天命・五常・太極・本然之性・理 등 역시 그 명목이 여러가지이지만, 모두 하나의 '理'이며 단지 가리키는 바에 따라 달리 이름하였을 뿐이라고 한다.28) 이처럼 天命・五常・太極・本然之性・理 등을 같은 것의 다른 이름으로 보는 것은 洛論에 공통되는 관점이었다는 점을 지적해 두고자 한다.

이처럼 洛論에서는 本然之性을 논할 때 氣를 고려하지 않고 말한다. '理'가 인간을 포함한 만물에 부여되었으므로 人性과 物性이 같다고 말하고, 理와 氣가 합쳐져 사물을 이룰 때 氣의 淸濁粹駁에 따라 有萬不齊함이 있으므로 만물이 서로 다르다고 말하고 있는 것이다. 말하자면 李珥의 '理通氣局' 명제를 '性通氣局'으로 해석하는 것이라고 할 수 있다. 인간과 만물이 五常을 공유한다고 하는 洛論의 논리는 五常의 윤리적・도덕적 측면보다 물리적 법칙의 측면을 강조한 것이라 할 수 있다.

물론 洛論도 氣質之性의 차원에서는 人・物性의 차별을 인정한다. 李柬은, "人間은 貴하고 事物은 賤하니 偏・全이 고르지 못하고, 聖人은 지혜롭고 凡人은 어리석으니 善・惡이 같지 못하다. 이는 造化・生成의 지극한 變化요, 氣機推蕩의 極致"29)라고 말한다. 즉 湖論이 人・物의 差別을 本然之性(因氣質의 性)의 차원에서 논함에 비하여 洛論은 人・物, 聖・凡의 차이를 氣質之性의 차원에서 논하고 五常=本然之性의 차원에서 논하지 않을 뿐이다.

결국 양자의 性論上의 차이는 다음과 같이 요약할 수 있겠다. 한원진

---

27) 同上, 卷12, 雜著, 理通氣局辨, 12쪽, "然則所謂性命者 未免爲前後之物".
28) 同上, 卷7, 書, 未發詠, 17쪽, "鄙見則天命五常太極本然名目雖多 不過此理之隨指異名 而初非有彼此本末偏全大小之異也".
29) 同上, 卷12, 雜著, 五常辨 甲午, 34쪽, "人貴物賤 而偏全不齊 聖智凡愚 而善惡不倫 此卽造化生成之至變 氣機推蕩之極致也"

은 天命과 五常을 다른 것으로 본다. 天命은 一原, 즉 太極이고 五常은 '五行秀氣之理'이니 氣質에 따라 이름한 것이라고 한다. 天命에는 偏・全이 있을 수 없지만, 五常은 五行秀氣의 理이니 인간은 五行秀氣의 전부를 얻고, 사물은 五行의 전부를 얻지만 五行秀氣는 일부만을 얻으므로 天命으로 말하면 人・物이 같고 五常으로 말하면 人・物이 서로 다르다고 말하게 된다. 이때의 五常은 물리적인 면보다 도덕적・윤리적인 면이 강조된 것이다.

반면 李柬은 天命 아닌 五常이 없고 五常 아닌 天命이 없으므로 天命이 곧 五常이라고 한다. 人・物을 막론하고 바르고 통한 五常이든(인간의 경우), 치우치고 막힌 五常이든(사물의 경우)30) 五常의 전부를 부여받은 것은 마찬가지라고 말한다. 즉 五常을 말할 때는 氣質의 측면을 고려하지 않은 채 五常=天命은 인간을 포함한 만물이 공유하는 바라고 하는 것이다.31) 이때의 五常은 윤리적인 면보다 물리적인 면이 강조된 것이다.

이처럼 湖・洛 양론 간의 견해 차이가 나오게 되는 원인의 하나는 朱子의 말과 논리 자체에 애매한 점이 있기 때문이었다.32) 다음에서는 주자의 性論을 검토함으로써 주자학에서 性을 論하는 의미와 그 특징의 일부나마 알아보고자 한다. 잘 알려진 바와 같이 주자는 『中庸』제1장의

---

30) 五常 自體에 偏・全이 있는 것이 아니고 五行에 偏・全이 있으므로 五行에 실린 五常에 偏・全이 있는 것이다.
31) 『巍巖集』卷4, 書, 上遂菴先生(辛卯) 別紙, 33~35쪽, "愚意則恐正亦五常也 偏亦五常也 通亦五常也 塞亦五常也 同是五常 而正且通 故能發用 偏且塞 故不能發用 … 德昭嘗執此見 屢年不變 愚嘗詰之曰物不得天命乎 曰得之 不得五行乎 曰得之 然則人之所得亦不過是物也 物之所不得者 果何物歟 德昭曰謂萬物皆具天命之全體則可也 而謂皆具五常之全德則不可 盖天命者 超形器而言 五常者 因氣質而名云云 愚以爲無論性命 其名理已千萬大錯矣 天下豈有天命而非五常 五常而非天命者哉".
32) 이 점에 대해서는 李愛熙, 앞의 논문, 27쪽 참조.

註에서,

> A-6 性은 곧 理이다. 天이 陰陽五行으로 萬物을 化生함에 氣로써 形을 이루고, 理 역시 稟賦된다. 명령과 같다. 이에 人間과 事物이 생겨남에 그 稟賦된 바의 理를 각각 얻음으로 인하여 健順五常의 德이 되니 이른 바 性이다.33)

라고 하여 人·物이 共히 理를 稟受하여 健順五常의 德을 가지고 있고 이것이 性이라고 말한 바 있었다. 그런데 『孟子』 生之謂性章의 註에서는,

> A-7 살피건대 性이라는 것은 사람이 하늘에서 얻은 바의 '理'이다. 生이란 것은 사람이 하늘에서 얻은 바의 氣이다. 性은 形而上者이고 氣는 形而下者이다. 人間과 事物이 생겨남에 이 性을 갖지 아니함이 없으며 이 氣 또한 갖지 아니함이 없다. 그러나 氣로써 말하면 知覺·運動은 人間과 事物이 다름이 없을 것 같다. 理로써 말하면 仁義禮智가 稟賦됨에 事物이 얻은 바가 어찌 온전하겠는가. 이 人間의 性은 善하지 아니함이 없는 까닭에 萬物의 靈長이 된다.34)

라고 하여 인간과 사물의 稟受하는 바가 각기 다르다고 말하였던 것이다. 人·物性 同·異의 문제, 나아가서는 '性'이라는 개념 자체의 문제는

---

33) 『經書』「中庸」, 成均館大學校 大東文化研究院, 1995, 769쪽, "性卽理也 天以陰陽五行化生萬物 氣以成形 而理亦賦焉 猶命令也 於是人物之生 因各得其所賦之理 以爲健順五常之德 所謂性也"(이하 四書는 각각 『論語』, 『孟子』, 『大學』, 『中庸』으로 略하고 이 판본의 面數를 제시함).
34) 『孟子』卷11, 告子章句上, 663~664쪽, "愚按 性者 人之所得於天之理也 生者 人之所得於天之氣也 性形而上者也 氣形而下者也 人物之生 莫不有是性 亦莫不有是氣 然以氣言之 則知覺運動 人與物若不異也 以理言之 則仁義禮智之稟 豈物之所得而全哉 此人之性所以無不善 而爲萬物之靈也 告子不知性之爲理 而以所謂氣者當之 是以杞柳湍水之喩 食色無善無不善之說 縱橫繆戾 紛紜舛錯 而此章之誤乃其根 所以然者 蓋徒知知覺運動之蠢然者 人與物同 而不知仁義禮智之粹然者 人與物異也".

朱子로서도 매우 고민스러운 문제였던 것 같다. 주자 생존 시에도 여러 사람이 이 문제를 주자에게 물어 왔고, 이에 대해 여러 가지로 답하였지만, 끝끝내 애매한 채로 남을 수밖에 없었다. 다음의 인용문은 이 문제에 대해 가장 정리가 잘된 언급이라 볼 수 있는데, 이를 통하여 살펴보기로 하자.

A-8 어떤 사람이 疑問이 있어서 先生(朱子-引用者)께 글을 올려 質問하였다. "人間과 事物의 性은 所謂 같은 것도 있고 所謂 다른 점도 있으니, 그 같은 까닭과 다른 까닭을 안 연후에야 性을 논할 수 있을 것입니다. 무릇 太極이 움직여 二氣(陰陽-인용자)가 형성되고, 二氣가 형성되어 만 가지 변화가 생겨납니다. 人間과 事物이 모두 여기에 根本하므로 이것이 所謂 같은 것입니다. 二氣와 五行이 絪縕 交感하여 만 가지 변화가 같지 않으니 이것이 所謂 다른 것입니다. 같은 것은 '理'이며, 다른 것은 '氣'입니다.

반드시 '理'를 얻은 이후에야 人間과 事物의 性이 될 수 있으므로 그 所謂 같다는 것은 본디 달라질 수 없습니다. 반드시 '氣'를 얻은 이후에야 人間과 事物의 形이 있게 되니 所謂 다르다는 것은 또한 같아질 수 없습니다.

그런 까닭에 선생께서는 『大學或問』에서 因하여 이르기를 "'理'로써 말하면 萬物은 一原이라서 본디 人間과 事物은 貴賤의 差別이 없다. '氣'로써 말하면 바르고 통한 것을 얻어 人間이 되며, 치우치고 막힌 것을 얻어 事物이 된다. 그런 까닭에 혹은 貴하고 혹은 賤하여 능히 가지런할 수 없는 바이라"고 하신 것은 대개 이 때문입니다.

그러나 '氣'가 비록 不齊하고 그것을 얻어야 생겨남이 있지만 人間과 事物은 모두 '理'를 갖지 아니함이 없습니다. 비록 이른 바 같다고 하는 것이 있고 그것을 얻어 '性'으로 삼더라도 人間은 홀로 事物과 다릅니다. 원래 知覺하고 運動하는 것은 '氣'입니다. 仁義禮智는 '理'입니다. 知覺·運動은 人間도 事物도 할 수 있고 仁義禮智도 事物이 본래 가지고 있으나 어찌 온전할 수 있겠습니까.

이제 告子는 그 '氣'를 가리키고자 하면서 '理'를 버려두었고 같은 점에 얽매여 다른 점을 알지 못했습니다. 이것이 孟子께서 물리친 까닭입니다. 선생께서도 『集注』(『孟子集注』-인용자)에서 "'氣'로써 말하면 知覺·運動은 人間과 事物이 다르지 않은 것 같다. '理'로써 말하면 仁義禮智의 稟賦는 事物이 온전히 할 수 있는 바가 아니라"고 하셨습니다.

여기(『孟子集注』-인용자)에서 '氣同理異'를 말한 것은 人間이 貴하여 事物이 견줄 수 없음을 보았기 때문입니다. 저 곳(『大學或問』-인용자)에서 '理同氣異'를 말한 것은 太極의 虧缺이 없어서 내가 할 수 있는 바가 없음을 보았기 때문입니다. 이로써 보건대 무엇이 의심스럽겠습니까. 「集注」와 「大學或問」의 다르고 같은 점을 의심하는 사람이 있어서 이와 같이 답했는데 옳은지 그른지 모르겠습니다"

先生(朱子-인용자)께서 批評하여 이르기를, "이 一條의 論議는 매우 분명하다. 어제 저녁 벗들이 바로 여기까지 강의하면서 역시 이미 대략 말하였다. 그러나 이처럼 條理있게까지는 못하였다"고 하였다.35)

人·物의 性이 같다고도 말할 수 있고, 다르다고도 말할 수 있는데, 그것을 다시 세분하여 '理'의 측면에서 보아도 같은 점과 다른 점이 있고, '氣'의 측면에서 보아도 역시 같은 점과 다른 점이 있다고 한다. '理'

---

35) 『朱子語類』(1), 卷4, 性理1, 59쪽, "某有疑問呈先生曰 人物之性 在所謂同者 又有所謂異者 知其所以同 又知其所以異 然後可以論性矣 夫太極動而二氣形 二氣形而萬化生 人與物俱本乎此 則是其所謂同者 而二氣五行 絪縕交感 萬變不齊 則是其所謂異者 同者 其理也 異者 其氣也 必得是理 而後有以爲人物之性 則其所謂同然者 固不得而異也 必得是氣 而後有以爲人物之形 則所謂異者 亦不得而同也 是以先生於大學或問因謂 以其理而言之 則萬物一原 固無人物貴賤之殊 以其氣而言之 則得其正且通者爲人 得其偏且塞者爲物 是以或貴或賤而有所不能齊者 蓋以此也 然其氣雖有不齊 而得之以有生者 在人物莫不皆有理 雖有所謂同 而得之以爲性者 人則獨異於物 故爲知覺 爲運動者 此氣也 爲仁義 爲禮智者 此理也 知覺運動 人能之 物亦能之 而仁義禮智 則物固有之 而豈能全之乎 今告子乃欲指其氣而遺其理 梏於其同者 而不知其所謂異者 此所以見闢於孟子 而先生於集注則亦以爲 以氣言之 則知覺運動人物若不異 以理言之 則仁義禮智之稟 非物之所能全也 於此 則言氣同而理異者 所以見人之爲貴 非物之所能並 於彼則言理同而氣異者 所以見太極之無虧欠 而非有我之所得爲也 以是觀之 尙何疑哉 有以集注 或問異同爲疑者 答之如此 未知是否 先生批云 此一條論得甚分明 昨晚朋友正有講及此者 亦已略爲言之 然不及此之有條理也".

를 가지고 말할 때, 같다고 하는 것은 太極=理=仁・義・禮・智가 품부되어 人・物이 모두 이것을 가지고 있다는 점에서 같다는 것이고, 다르다고 하는 것은 人間에게 품부된 仁・義・禮・智는 온전하지만 사물에게 품부된 그것은 온전하지 못하다는 점에서 그렇다는 것이다. 또 '氣'를 가지고 말할 때, 같다고 하는 것은 '氣'가 품부되어 知覺・運動한다는 점, 다르다고 하는 것은 인간은 正通한 '氣'를 얻고, 사물은 偏塞한 '氣'를 얻는다는 점이다. 이를 표로 정리해 보면 아래와 같다.

〈표 1〉 朱子의 人・物性 同・異論의 구성 요소

			理의 측면		氣의 측면
人・物 同	ⓐ		・太極의 稟賦 ・'理'를 가지고 있음 ・仁義禮智를 가지고 있음	ⓒ	・知覺 ・運動
人・物 異	ⓑ	人	・仁義禮智가 온전함	ⓓ 人	・正通
		物	・仁義禮智가 온전하지 못함	物	・偏塞

본래 '性'이라는 것은 '理氣合'의 상태에서 일컫는 말이므로, ⓐ, ⓑ, ⓒ, ⓓ의 네 가지 의미가 '性' 개념 속에 모두 포괄되지 않으면 안 되었다. 주자는 '性' 개념에 ⓐ 부분의 의미를 포괄함으로써 본래 '理' 개념에 부여했던 불멸성과 완전성뿐만 아니라 이 '理'가 하나의 윤리 및 물리 법칙으로써 인간과 사물에 공히 관철되고 있음을 나타내고자 한 것으로 생각된다. 다시 말해 인간과 자연에 적용되는 법칙은 하나이므로 인간은 자연 속의 一物이며 자연과 더불어 공존해야 함을 나타내고자 한 것으로 생각된다는 것이다. ⓒ의 의미를 포함시킨 것도 역시 人・物의 연속성, 즉 인간 역시 자연물의 하나로서 존재하고 있다는 점과 물리적 법칙도 공유한다는 사실을 나타내고자 한 것으로 보인다. 그리고 ⓓ의 의미로써 인간과 사물의 구별과 차별성을 확보하고자 하였던 것이라고 생각된다.

그런데 '性'은 개념상 사물에 墮在한 '理'이다. 즉 '理氣合'의 상태에서도 주로 '理'의 측면을 일컫는 것이므로 ⓑ 부분이 '性' 개념의 기초가 되지 않으면 안 되었다. 주자로서도 가장 고민스러웠던 부분이 바로 이 점이 아니었을까 한다. 왜냐하면 이는 ⓐ와 ⓒ, ⓓ의 의미를 동시에 포괄해야 하는 것이기 때문이다. 즉 '理', 또는 '太極'의 완전성과 보편성 등을 확보함과 동시에 現象界에 존재하는 인간과 사물, 인간과 인간 사이의 구별 및 차별 또한 '性' 개념 속에 담으려 했던 것이다. 理와 氣, 양자의 관계는 동전의 양면과 같아서 동일성이 강조되면 차별성이 약화된다. 그러나 동일성을 강조한다고 해서 차별성이 완전히 무시될 수는 없다. 양자는 상반된 개념이고 '決是二物'이요, '不相雜'이지만, 동시에 떨어져서는 존재할 수 없는 '不相離'이기 때문이다.

대개 주자가 '理'와 '氣'를 '決是二物', 또는 '不相雜'이라고 말하는 것은 개념상 그렇다는 것인데, 이처럼 결코 섞일 수 없는 두 개념을 現象界에 존재(존재와 동시에 '理'와 '氣'는 서로 떨어질 수 없다)하는 人·物의 '性' 개념 속에서 다시 합쳐 설명하려 하였기 때문에 이같은 혼란은 불가피한 면이 있었다. 주자는 이러한 모순점을 해결키 위해 소위 '理一分殊'를 말하고 性을 本然之性과 氣質之性으로 나누어 설명하였지만 결코 쉽사리 해결될 수 있는 문제가 아니었다.

李珥도 이러한 논리상의 문제점을 의식하여 理一分殊를 理通氣局으로 설명한다. 즉 주자가 말한 바, '理一分殊'에서 分殊의 이유를 '氣局' 때문이라고 적시한 것이다. 다음의 인용문에서 보듯이 국한하는 것은 '氣'이므로 '理', 또는 '太極'은 動靜·流行이 있을 수 없고 動靜·流行하는 것은 '氣'라고 주장한다.

> A-9 理通氣局은 요컨대 本體 上으로부터 말한 것이니, 역시 本體를 떠나서 따로 流行을 구할 수 없다. 人間의 性이 事物의 性이 아님은 氣의 局이요, 人間의 理가 곧 事物의 理임은 理의 通이다. 모난 그릇과 둥근 그릇은 서로 같지 않지만 그릇 안의 물은 마찬가지이고, 큰 병과 작은

병은 같지 않지만 병 속이 비어 있는 것은 마찬가지이다. 氣가 一本인 것은 理의 通 때문이다. 理가 萬殊하는 것은 氣의 局 때문이다.36)

그런데 이이가 '인간의 性이 사물의 性이 아님은 氣의 局'이라고 말하면서도 '인간의 性이 곧 사물의 性임은 理의 通'이라고 말하지 못하고, '인간의 理가 곧 사물의 理임은 理의 通'이라고 한 것은 '理通氣局'說로도 '性' 개념의 모호함이 여전히 해결되지 못하였음을 웅변하는 것이라 할 수 있다. 현상계의 사물에서 '理通'이란 곧 '性'이요, '氣局'도 '性'이다. 전자는 本然之性이요, 후자는 氣質之性이 되어 '理'의 완전성·보편성과 '氣'의 국한성이 '性' 한 개념 속에 공존해야 했던 것이다.

그렇다면 이와 같은 人·物性을 둘러싼 논의가 가지고 있는 현실적 의미는 무엇이었을까. 주자가 A-6과 A-8의 인용문에서 人·物性의 같음을 이야기하거나 승인할 때는 그 시점이 반드시 사물이 생겨나는 처음의 시점, 즉 사물이 생겨나기 이전이다. 그리고 강조되는 것은 만물에 '理'가 공통적으로 내재됨, 즉 모든 사물은 동일한 법칙을 공유하고 있다는 점이다. 반대로 人·物의 다름을 이야기할 때는 A-7에서 보듯이 시점은 人·物에 서로 다른 기질이 각각 품부된 상태, 즉 사물이 생겨난 이후이다. 그리고 강조되는 것은 인간의 仁·義·禮·智만이 온전하다는 점이다. 즉 서로 다른 기질의 稟賦로 인하여 인간은 도덕능력이 완전하고, 사물은 불완전함을 말하고자 하는 것이다. 이는 다음의 인용문에서 보다 분명해진다.

---

36) 李珥, 『栗谷全書』(Ⅰ), 卷10, 書, 答成浩原, 민족문화추진위원회, 1989, 218쪽, "理通氣局 要自本體上說出 亦不可離于本體 別求流行也 人之性非物之性者 氣之局也 人之理則物之理者 理之通也 方圓之器不同 而器中之水一也 大小之瓶不同 而瓶中之空一也 氣之一本者 理之通故也 理之萬殊者 氣之局故也"(이하 『栗谷全書』(Ⅰ), (Ⅱ) 등으로 略함).

A-10 묻기를, "氣質에 昏·濁이 있어 같지 않다면 天命之性에도 偏·全이 있는가?" 하였다. 답하기를, "偏·全이 있지 않다. 해와 달의 빛은 露出된 곳 같으면 다 보이고, 집 아래쪽 같으면 蔽塞된 곳이 있어 보이기도 하고 보이지 않기도 하는 것과 같다고 할 수 있다. 昏·濁한 것은 '氣'가 昏·濁한 것이므로 스스로 蔽塞되어 집 아래쪽과 같다. 그러나 人間에게는 蔽塞된 것을 通하게 할 수 있는 '理'가 있다. 禽獸도 역시 이 '性'을 가지고 있으나 다만 形體에 拘碍되고 蔽隔이 심한 것을 얻어 태어나 通할 수 있는 곳이 없다. 범과 이리의 '仁', 승냥이·수달의 祭祀, 벌과 개미의 '義'에 이르러서는 도리어 조금 통한 것이니, 비유컨대 한 틈새의 빛과 같다. 원숭이에 이르러서는 모습이 인간과 비슷하여 다른 사물 중에서 가장 神靈스러운데 단지 말을 못할 뿐이다. 夷狄의 경우는 人間과 禽獸의 중간에 있어 마침내 고치기 어렵다"[37]

위의 글에서 주자는 天命에 偏·全이 없다고 전제한 후, 타고난 氣質에 따라 생기는 인간과 금수 간의 차별성을 주로 언급하고 있다. 여기에서 인간이라는 단어는 금수 및 夷狄에 상대하여 쓰이고 있으므로 보통의 인간 모두를 가리키는 것이 아니라 華로서의 인간, 즉 인간다운 행실을 갖춘 인간을 지칭하고 있다고 생각된다. 夷狄은 인간과 금수의 중간에 있는 존재로 파악된다. 그리고 이 이적은 기질에 구애되어 그 기질을 끝내 고치기 어려운 속성을 지니고 있다고 말한다. 물론 금수에 대해서는 통할 수 있는 곳이 없다고 말하고, 이적에 대해서는 끝내 고치기 어렵다고 말함으로써 이적의 경우, 기질을 고칠 수 있는 가능성을 열어두기는 하였다. 그렇지만 역시 그 변화 가능성이 매우 적다고 말하고 있는 것만

---

37) 『朱子語類』(1), 卷4, 性理1, 58쪽, "問氣質有昏濁不同 則天命之性有偏全否 曰 非有偏全 謂如日月之光 若在露地 則盡見之 若在蔀屋之下 有所蔽塞 有見有不見 昏濁者是氣昏濁了 故自蔽塞 如在蔀屋之下 然在人則蔽塞有可通之理 至於禽獸 亦是此性 只被他形體所拘 生得蔽隔之甚 無可通處 至於虎狼之仁 豺獺之祭 蜂蟻之義 卻只通這些子 譬如一隙之光 至於獼猴 形狀類人 便最靈於他物 只不會說話而已 到得夷狄 便在人與禽獸之間 所以終難改".

큼은 틀림없는 것이다.

　한원진 역시 洛論의 주장대로라면 "장차 인간과 금수의 구별이 없어지고 性善이 불명확해지고 道學에 해가 될 것"[38]이라고 말한다. 다만 그의 이러한 언급은 洛論을 비난하기 위한 것이었으므로 洛論에 대한 정확한 평가라고 볼 수는 없고, 차라리 자신의 논리가 가지고 있는 장점을 말하는 것으로 이해해야 할 것이다. 왜냐하면 洛論 역시 氣質之性에서는 人・物의 차별을 이야기하고 本然之性에서는 性善을 이야기하고 있기 때문이다. 즉 자신의 논리가 人・獸의 구별을 보다 엄격히 하고 性善을 명확히 하기 위한 것임을 내세운 것이었다고 할 수 있다. 또한 한원진이 隱逸로서 천거되어 조정에 나아가게 되었을 때 처음부터 끝까지 일관되게 주장한 것이 北伐의 추진이었음을 보면 人・獸 구별의 논리가 엄격한 華・夷 구별의 논리, 春秋大義를 강조하는 논리로 확장되고 있음을 알 수 있다.[39]

　이상에서 湖論과 洛論의 性論을 살펴보았지만, 이 논쟁은 心論으로 번져나가는 것이 필연이었다. 왜냐하면 性論으로부터 직접적으로 알 수 있는 것은 기질로 인하여 人・物의 차이가 생긴다는 것, 太極은 人・物에 공통적으로 내재되어 있다는 것뿐이기 때문이다. 단지 양자의 차이라면 湖論은 本然之性 차원에서 人・物의 다름을 말하고, 洛論은 氣質之性의 차원에서 그 다름을 말한 것뿐이다. 따라서 人・物이 다르다면 구체적으로 무엇이 다르며, 어떻게 다른지를 논해야 했고, 人・物의 차이를 구체적으로 논하기 위해서는 기질을 문제 삼아야 했다. 그렇다면 우선 인간의 心이 토론의 대상이 될 것이었다. 천지 만물에 稟賦된 氣 가운데

---

[38] 『南塘集』(Ⅰ), 卷8, 書, 與崔成仲別紙, 辛卯 4月, 190쪽, "將使人獸無別 性善不明 而爲道學之害也當矣".
[39] 『英祖實錄』 卷10, 英祖 2年 8月 辛未, 600쪽의 기사와 卷11, 英祖 3年 2月 甲子, 619쪽의 기사 참조. 특히 후자의 기사에서 史臣은 韓元震에 대하여 "前後所陳 皆以春秋懲討之義 爲第一急務"라고 평하였다.

가장 순수한 氣를 가진 대상이 바로 心이기 때문이다. 즉 人·物性을 둘러싼 논쟁은 未發氣質 純善·有善惡 문제와 聖·凡心의 同·異문제를 말하기 위한 논리적 전제였던 것이다.

인간의 心에 내재한 性이 發한 것을 情이라고 하고 이 情은 당연히 有善惡이다. 문제는 發하기 이전, 즉 未發 상태의 心은 어떠한가 하는 점이다. 이는 곧 인간의 본질에 대한 규정이 될 것이었다. 한원진은 전술한 바와 같이 五常을 本然之性으로 보았다. 五常은 氣인 五行의 理, 또는 '五行秀氣之理'이기 때문에 因氣質의 性이라 하였다. 또 因氣質의 性이기 때문에 氣의 偏·全에 따라 역시 偏·全이 있으며 人間은 五常의 온전한 것을 얻고, 사물은 치우친 것을 얻는다고도 하였다. 그러한 점에서 인간과 사물은 다르다고 한 바 있다. 이 五常은 因氣質의 '性'이지만 역시 '理'만을 가리킨 것이므로 純善하다고 말한다.

> A-11 대개 내가 말하는 것은 다음과 같다. 心도 하나이고 性도 하나이다. 心은 氣이고 性은 理이다. 氣는 不齊하고 理는 純善하다. 그러므로 '氣' 中에 나아가 '理'를 單指하여 이르기를 本然之性이라 하니 純善無惡한 것이다. '理' 上에 나아가 '氣'를 兼指하여 이르기를 氣質之性이라 하니 有善有惡한 것이다. 그것이 發하여 情이 된다. 心의 氣가 움직이고 性의 理가 그것에 올라 탈 때 氣가 맑으면 理에게서 命을 받아 그 情이 善하게 된다. 氣가 濁하면 理는 氣에 가려져 그 情은 惡하게 된다. 聖人의 氣質은 지극히 맑아 濁하지 않으므로 그 情은 착하지 않음이 없다. 衆人의 氣質은 淸·濁이 서로 섞인 까닭에 그 情은 착할 수도 있고 악할 수도 있다. 情에는 비록 善·惡이 있어 聖人과 凡人이 서로 다르지만 요컨대 모두 하나의 心性으로부터 發出하는 것이다.40)

---

40) 『南塘集』(Ⅰ), 卷22, 書, 與舍弟別紙(辛丑 12月), 501~502쪽, "大抵吾說心一也 性一也 而心卽氣 性卽理也 氣不齊而理純善 故就氣中單指其理曰本然之性 而純善無惡 就理上兼指其氣曰氣質之性 而有善有惡 其發爲情也 心之氣動而性之理乘之 氣淸則聽命於理而其情善 氣濁則理爲氣掩而其情惡 聖人之氣質 至淸

그런데 心의 기질을 말할 때는 비록 未發 상태라 하더라도 기질 자체에 善과 惡의 가능성이 공존하므로 有善惡이라 말하는 것이다. 그러면서도 未發 心의 본체는 虛靈 不昧하고 純善이라고 하였다. 즉 "未發 時에는 氣가 用事하지 않기 때문에 性의 본체는 渾然自若하다. 氣는 비록 치우쳤다 하더라도 理 자체는 바르며 質은 비록 그릇되었더라도 理는 자체는 순수하다. 이에 그 理의 바르고 순수한 것을 單指하여 性善이라고 한다"41)고 말하는 것이다.

한원진이 性善이라 말할 때의 性은 당연히 本然之性, 즉 因氣質의 性이다. 이 因氣質의 性은 氣가 用事한 것이 아니므로 본래의 선한 性을 유지하고 있다. 그런데 心의 기질은 未發時에도 有善惡(氣質이기 때문에 善惡의 가능성을 가졌다는 뜻)하다고 하면서 因氣質의 性은 純善이라고 말한다. 性(理)과 氣質의 합인 心의 未發 상태를 性과 氣質로 나누어 전자는 純善하고 후자는 有善惡이라고 말하고 있는 셈이다. 바로 이 때문에 未發 상태의 心을 性(理 : 純善)과 氣(有善惡)의 합으로서 보면 純善한 것인지 有善惡한 것인지가 애매해지게 되었다.

애초에 李柬이 한원진의 논리를 未發 心體 有善惡論이라 비판한 것도 이 때문이었다. 李柬은 그와 韓元震의 스승인 遂庵 權尙夏에게 "(心의) 未發時에도 善惡이 있습니까?"하고 물었고, 이에 대해 權尙夏는 未發時에는 당연히 선악을 말할 수 없다는 취지로 답한 일이 있었다. 이에 한원진이 다시 스승을 찾아가 자신의 뜻을 이야기한 바, 권상하는 다시 한원진의 말 또한 옳다고 승인하였다.42) 이때의 일을 두고 한원진은 李柬에

無濁 故其情無不善 衆人之氣質 淸濁相雜 故其情有善有惡 情雖有善惡 聖凡之不同 要皆從一箇心性上發出來矣".
41) 同上, 卷9, 書, 答崔成仲(己丑 3月), 204~205쪽, "未發之際 氣不用事 故性之本體 渾然自若 氣雖偏而理自正 質雖駁而理自純 於是單指其理之正且純者而謂之性善".
42) 『巍巖集』 卷4, 書, 附遂菴先生別紙, 49쪽.

게 보낸 편지에서 "당초 그대가 내 說을 스승님에게 말씀드리면서 氣質이란 말을 뺀 채, 내가 未發에도 善惡이 있다고 한다고 여쭈었으므로 스승님께서 내 이론을 그르다 하지 않을 수 없었던 것"[43])이라고 하면서 자신의 뜻은 未發 가운데에도 선악이 있다는 뜻이 아니라(善惡이 결정되지 않았다는 뜻이다), 氣質에 선악이 있다는 것이었다고 해명하였다.[44] 그러나 이와 같은 그의 해명에도 불구하고 그의 논리는 전술한 바와 같이 未發 心體 有善惡論으로 규정될만한 소지가 있었던 것도 사실이다.

이러한 이유로 이간은 한원진의 주장대로라면 전체, 즉 理氣合으로서 心은 有善惡하고 心의 性은 純善한 것이 되는데, 이와 같다면 근본이 두 가지가 되고 만다고 비판한다. 그리고 人心과 道心은 각각 未發時에 善·惡의 싹을 가지고 있는 것이니 어찌 잘못이 아니겠느냐고 반문한다.[45] 부연하자면 性은 心에 내재한 것인데, 둘을 나누어서 하나는 純善하고 하나는 有善惡하다고 할 수는 없다는 비판이다.

이 점에서 未發心에 대한 논쟁은 논점 자체가 서로 어긋나 있는 측면이 있다. 이에 대해 기왕의 연구들은 이 논쟁을 未發心體 純善·有善惡論爭으로 요약[46]하거나 이를 비판하여 未發氣質 純善·有善惡論爭이라 불러야 한다[47]고 주장한다. 그러나 실은 한원진의 논리는 未發氣質 有善惡論이고 李柬의 것은 未發心體 純善論이어서 서로 논점 자체가 어긋나 있었다. 그럼에도 불구하고 논쟁이 지속된 이유는 聖·凡心의 同·異 문

---

43) 『南塘集』(Ⅰ), 卷10, 書, 答李公擧(壬辰 8月), 229~230쪽, "當初高明擧鄙說 稟于函丈 不言氣質者 而直謂某爲未發善惡之論云 則函丈安得不非之也".
44) 同上, "及元震之奉稟 明其鄙說本指氣質之善惡 而非言其未發之中者 則函丈又安得不以爲然也".
45) 『巍巖集』 卷12, 雜著, 未發辨, 27쪽, "如德昭說 心惡而性善 則是二本矣 而人心道心各有苗脈於未發 無乃誤乎".
46) 裵宗鎬, 앞의 책, 209~210쪽.
47) 李相益, 「湖洛論爭의 根本問題 硏究」, 성균관대 석사학위논문, 1986, 61~63쪽.

제, 확장하면 인간 心의 본질이 무엇인가 하는 점을 논해야 했기 때문이었다.

한원진은 기질이 未發인 때에도 기질의 不齊함으로 인해 선악의 가능성이 공존한다 하였으므로 聖人의 心은 타고난 기질이 '至淸無濁'한 것이라 말하지 않으면 안 되었다. 과연 이와 같다면 聖人과 凡人의 구분이 타고난 기질에 의해서 지나치게 뚜렷이 구분되어 범인이 후천적 노력에 의하여 기질을 바꾸어 성인이 되는 길은 매우 좁아지게 되는 것이다.[48]

반면 이간은 다음에서 보는 바와 같이, 未發時의 心 本體는 소위 '明德'이라는 것으로 이는 천하 만물 중에 오직 인간만이 가지고 있는 것이라고 한다. 인간이라면 누구나 明德을 갖고 있는데, 이는 성인과 범인이 마찬가지라고 규정한다. 성인과 범인의 다른 점은 百體에 채워지는 혈기로 이것이 소위 '氣稟'이라는 것이다. 이 氣稟에 구애되어 성인과 범인의 차이가 생긴다고 한다.

> A-12 무릇 하늘이 명하여 事物이 되는데 오직 人間만이 陰陽 五行의 正通한 氣를 얻어 寂感之妙와 中和之德을 갖추어 萬物 중에 神靈스럽고 貴하다. 이것이 明德 本體이니 곧 聖人과 凡人이 같이 얻은 바인 것이다. 孔子가 말한 바 操存舍亡之心과 孟子가 말한 바 仁義禮智之心과 朱子가 말한 바 元無不善之本心이라는 것이 모두 바로 이 心인즉 聖人과 凡人을 莫論하고 이 心 외에는 다른 心이 없다. 다만 그 正通으로 크게 나뉘는 가운데(人・物을 각각 正通한 氣와 偏塞한 氣를 타고난 것으로 크게 구분할 수 있다는 뜻—인용자) 또 淸濁粹駁의 다름이 없지 않다. 이는 곧 血氣가 百體에 채워지는 것이니 所謂 氣稟이 이것이다. 聖人과 凡人 사이에 그 拘碍된 바의 깊고 얕음에 따라 이 心이 어두워지거나 밝아지기도 하고 善하거나 惡해지기도 한다.[49]

---

48) 물론 변화 불가능을 의미하는 것은 아니다. 인간의 心은 正通한 氣로 이루어진 것이어서 변할 수 있는 가능성을 늘 가지고 있다.
49) 『巍巖集』卷12, 雜著, 未發辨, "夫天之命物也 惟人得二五正通之氣 具寂感之妙中和之德 而靈貴於萬物 此明德本體 而卽聖凡之所同得者也 孔子所謂操存舍

그런데 性에는 本然之性만 있는 것이 아니고 氣質之性도 있다. 氣質之性 또한 '性'이고 已發이면 '情'이지 '性'이 아니므로 未發 상태인 心의 氣質之性에 선과 악의 가능성을 포함시키지 않을 수는 없었다. 이러한 이유로 그는 未發 상태를 中底未發과 不中底未發, 둘로 나누게 되었다. 여기서 전자는 心의 本體=明德=本然之心이고, 후자는 氣質之心이 된다. 그리하여 "本然之性을 말할 때는 本然之心에 나아가 '理'만을 單指하여 말하고, 氣質之性을 말할 때는 氣質之心에 나아가 '理'와 '氣'를 兼指해 말해야만 한다"50)는 논리를 펴게 되었다. 그가 聖·凡人 간에 같다고 말할 때의 心은 本然之心이다. 氣質之心에서는 이간 또한 성인과 범인이 다르다고 한다.51)

本然之心에서 本然之性을 논하고 氣質之心에서 氣質之性을 논해야 한다는 이간의 논리는 마치 두 心과 두 性이 따로 있는 것 같은 구조로 되어 있었고, 한원진도 바로 이 점을 비판하였다.52) 이처럼 不中底未發을 氣質之心이라 보고 氣質之心에서 氣質之性을 논해야 한다면, "聖人은 잠시라도 不中底未發한 때가 없으므로 聖人은 氣質之性이 없다고 해야 하는가"53) 하는 한원진의 비판에 대해 이간은 확실한 답을 하지 못했던 것이다.

亡之心 孟子所謂仁義禮智之心 朱子所謂元無不善之心者 都只此心 則不論聖凡 此心之外 無他心矣 但於其正通大分者 又不無淸濁粹駁之異焉 此卽血氣之充於百體者 所謂氣稟是也 聖凡之間 隨其所拘之淺深 而此心爲之昏明焉 爲之善惡焉".
50) 同上, 卷12, 雜著, 未發辨, "所謂大本之性者 當就其本然之心而單指 所謂氣質之性者 當就其氣質之心而兼指矣".
51) 同上, "天君不宰 則血氣用事於方寸 而淸濁不齊 此善惡所混 而德昭所謂未發也".
52) 『南塘集』(Ⅰ), 卷11, 書, 擬答李公擧, 246쪽, "高明所謂心者 無論本然氣質 皆以氣言 而又力辨其界分部伍之不同 夫以兩其之界分部伍不同者 相對而言曰 某心某心 則果非二心乎 二心所具之性 果非二性乎".
53) 同上, 附未發五常辨(乙未 冬), 254쪽, "且聖人平生 無一時不中底未發 則聖人終無氣質之性 而聖人只有一性 衆人却有兩性也".

결국 양자의 논쟁은 인간 心의 본질에 대한 문제로 귀결된다. 복잡하게 전개된 性論이나 心論은 이를 말하기 위한 전제였던 것이다. 湖論이 이처럼 聖·凡心異를 강조하는 이유는 한원진의 다음과 같은 언급에서 잘 드러난다.

> A-13 『大學或問』에 이르기를 "오직 人間이 생겨남에 그 氣의 正通한 것을 얻으니 그 性이 가장 貴하다. 그런 까닭에 마음속이 虛靈·洞徹하여 만 가지 理가 모두 갖추어졌다. 이것이 禽獸와 다른 까닭이다. 바로 여기에 있는 것이 所謂 明德이다. 그러나 그 通함에 或 淸濁의 다름이 없을 수 없고, 그 바름에 美惡의 다름이 없을 수 없다. 고로 賦與된 質이 맑은 자는 지혜롭고 탁한 자는 어리석으며 아름다운 자는 어질고 악한 자는 不肖하다"[『或問』에서의 이야기는 여기서 그친다]고 하였다. 저 淸濁·美惡은 모두 正通한 氣에 속한다. 淸濁·美惡 外에 다시 正通한 氣가 있는 것이 아니다. 正通한 氣가 心이 되고 그 氣에 또 淸濁·美惡의 나뉨이 있다. 그런 까닭에 智·愚·賢·不肖가 같지 않다. 이것이 朱子가 말한 바, "사람이 배우는 까닭은 나의 心이 聖人의 心과 같지 않은 때문이다. 나의 心이 곧 聖人의 心과 더불어 다르지 않다면 오히려 배워서 무엇 할 것인가"라고 한 것이다. 心은 一身의 主가 된다. 그러므로 心이 이미 바르면 百體가 그를 따른다.[54] ([ ] 안은 韓元震 자신의 割註임)

위의 인용문에서 드러나듯이 그가 성인과 범인의 차별을 강조하는 이유는 바로 성인으로부터의 배움을 강조하기 위한 것이었다. 비록 주자의

---

[54] 同上, 擬答李公擧, 244쪽, "大學或問曰 惟人之生 得其氣之正且通者 而其性爲最貴 故其方寸之間 虛靈洞澈萬理咸備 其所以異於禽獸者 正在於此 所謂明德也 然其通也 或不能無淸濁之異 其正也 或不能無美惡之殊 故所賦之質淸者智而濁者愚 美者賢而惡者不肖[或問說止此] 此以淸濁美惡 皆屬之正通之氣 而淸濁美惡之外 更無有正通之氣矣 正通之氣爲心 而其氣又有淸濁美惡之分 故有智愚賢不肖之不同 此朱子所謂人之所以爲學者 以吾心不若聖人之心故也 吾之心卽與聖人之心無異 尙何學之爲哉者也 心爲一身之主 故心旣正則百體從之矣"([ ] 안은 割註-인용자, 以下 同).

말을 인용한 것이기는 하나, 성인은 '至淸無濁'한 기질을 타고나 옳지 않음이 없으므로 그 언행을 본받는 것에 학문하는 최고의 목적이 있다고 말하고 있는 것이다. 성인의 언행을 본받는 지름길은 성인의 언행을 기록한 경전을 연구하는 것이 아닐 수 없다. 반면 洛論의 宗匠이자 湛軒 洪大容의 스승이었던 渼湖 金元行(1702~1772)이 湖論에 대해 "天下가 善하게 되는 길을 막는 것은 반드시 이 說일 것"이라고 말한 바와 같이 모든 사람이 聖人이 될 수 있는 가능성을 보다 강조하는 것이었다.55)

물론 湖論도 범인이 성인이 될 가능성 자체를 부정하지는 않는다. 범인이 후천적 노력에 의하여 성인이 된다는 것은 주자학의 큰 전제가 되는 것이다. 이에 대하여 李珥는 다음과 같이 말한다.

> A-14 지난 번 서신에서 "未發한 때에도 不善의 싹이 있다"고 한 것은 다시 생각해 보니 더욱 크게 틀린 것을 알겠다. 兄(成渾을 지칭함—인용자)이 大本을 알지 못하니 病의 뿌리가 바로 여기에 있다. 未發이란 것은 性의 本然이요, 太極의 妙함이요, 中이요, 大本이다. 이에 또한 不善의 싹이 있다고 하면 이는 聖人만 홀로 大本을 가지고 있고 常人은 大本이 없는 것이다. 孟子의 性善說은 空虛한 高談이 되고 사람은 堯·舜이 될 수 없을 것이다.56)

여기서 李珥가 말하는 未發은 李柬의 中底未發에 가까운 의미이다. 왜냐하면 이 서신의 앞부분에서 "喜怒哀樂의 未發을 中이라 한다. 中이라는 것은 天下의 大本이다. 어찌 善·惡이 있다 말할 수 있겠는가"57)라고 말하고 있기 때문이다. 여기서 未發이란 性의 본연을 말하는 것이므

---

55) 劉奉學, 앞의 책, 89~90쪽.
56) 『栗谷全書』(Ⅰ), 卷9, 書, 答成浩原, 196쪽, "昨書以爲未發之時 亦有不善之萌者 更思之 尤見其大錯 吾兄之不識大本 病根正在於此 未發者 性之本然也 太極之妙也 中也 大本也 於此亦有不善之萌 則是聖人獨有大本 而常人無大本也 孟子性善之說 爲駕虛之高談 而人不可以爲堯舜矣".
57) 同上, "喜怒哀樂之未發 謂之中 中也者 大本也 安有善惡之可言耶".

로 성인과 범인 모두 이 大本을 가지고 있다고 한다. 그리고 그는 이렇게 말해야 사람마다 堯·舜같은 聖人이 될 수 있는 가능성을 확보할 수 있다고 생각하고 있다. 그렇기 때문에 子思는 "君子의 喜怒哀樂이 未發한 것을 中이라 한다"고 말하지 않고 그냥 "喜怒哀樂이 未發한 것을 中이라 한다"고 말했다는 것이다.58)

앞에서 한원진이 聖·凡人의 未發心이 서로 다르다고 해야 성인을 배우는 의미를 찾을 수 있다고 말한 것과 김원행이 湖論의 주장대로라면 천하가 모두 선해지는 길을 막게 된다고 말한 것, 그리고 李珥가 聖·凡人의 未發心이 모두 大本을 가지고 있다고 해야 사람마다 堯·舜이 될 수 있다고 말한 것을 대비시켜 보면, 이 논쟁이 갖고 있는 현실적 의미가 자명해진다.

우선 학문의 목적이라는 측면에서 볼 때, 湖論은 聖·凡人 간의 차등을 강조함으로써 성인의 언행을 본받는 것을, 洛論은 개인이 자신의 기질을 고쳐 성인의 경지에 나아는 것을 학문의 최고 목적으로 각각 설정한다. 그리고 학문의 대상이라는 측면에서 볼 때, 湖論은 주로 인간 자신의 심성과 성인들의 언행, 즉 경전에 대한 연구에, 洛論은 모든 사물에 공통적으로 내재된 本然之性의 추구, 즉 인간과 사물의 본성 연구에 중점을 두게 될 것이었다.

이상에서 살펴 본 바와 같이 湖洛論爭은 본래의 주자학 자체가 가지고 있는 논리적 난점들, 특히 '性'의 개념 문제를 둘러싸고 벌어진 것이었다. 양자는 처음부터 '性'의 개념을 서로 다르게 규정했기 때문에 어차피 결론이 내려질 수 있는 논쟁이 아니었고, 세상을 보는 서로 다른 관점으로서 양립하였다. 필자로서는 이 논쟁이 갖는 사상사적 의의에 대해 감히 논평할 수 없지만, 그 의미의 일단은 엿볼 수 있었다. 이를 정리하

---

58) 同上, "子思何不曰君子之喜怒哀樂之未發謂之中 而乃泛言喜怒哀樂之未發謂之中也".

면 다음과 같다.

첫째, 本然之性의 次元(湖論)과 氣質之性의 次元(洛論)이라는 차이는 있지만, 湖・洛 양론이 모두 현실 사물로서의 人・物의 차별을 논하고 있다. 따라서 인간과 사물의 상대적 지위를 논한 것이라고는 할 수 없다. 둘째, 湖論이 人・物性 異를 주장한 것은 주로 五常의 도덕적・윤리적 의미를 강조하고자 한 것이었고, 洛論이 人・物性 同을 주장한 것은 五常이 가진 물리적 법칙의 측면을 강조하면서 이것이 인간을 포함한 만물에 공유되어 있음을 나타내고자 한 것이었다. 셋째, 聖・凡心 同・異論爭은 주로 학문에 대한 태도의 차이를 초래하였다. 湖論은 聖・凡心 異를 주장함으로써 성인을 본받는 것에 학문의 최고 목적이 있다고 여겼고, 학문의 우선적 대상도 경전의 연구로 귀결될 것이었다.[59] 洛論은 聖・凡心 同을 주장함으로써 기질을 고치는 것을 학문의 우선적 목표로 여겼고, 학문의 대상의 측면에서는 만물에 공통적으로 내재한 물리적 법칙에도 주목하게 되었다. 이러한 이유로 사물에 대한 연구라든가, 일상의 여러 현상에 대한 연구와 같은 格物 공부를 중요시하게 될 개연성이 갖추어진 것이다.

II. 心性論

이미 서론에서 연구사의 검토를 통해 알아보았듯이 홍대용의 心性論에 대해서는 脫性理學・反朱子學으로 보는 견해, 氣 一元論으로 보는 견해, 기본적으로는 洛論的 心性論을 유지한 것으로 보는 견해 등이 있다.

---

[59] 李坰丘, 「영조~순조 연간 湖洛論爭의 展開」 『韓國學報』 93, 일지사, 1998, 116~117쪽에 따르면 韓元震은 그의 제자들이 천문학, 역법 등에 경도되는 것을 '怪事'로 여겼다고 한다.

이 절에서는 홍대용의 심성론이 과연 어떠한 것이었는지를, 앞 절에서의 논의한 湖·洛 兩論과의 비교를 통하여 알아보고자 한다.

홍대용은 그의 가계나 학통으로 보아 洛論的 분위기 속에서 성장하였음을 쉽게 알 수 있다. 그의 스승이자 당대 洛論의 宗匠이었던 渼湖 金元行은 夢窩 金昌集(1648~1722)의 손자이고, 竹醉 金濟謙(1680~1722)의 아들이다. 農巖 金昌協(1651~1708)의 아들이자 堂叔인 觀復庵 金崇謙(1682~1700)에게 입양하여 종조부 三淵 金昌翕(1653~1722)과 陶庵 李縡(1680~1746) 문하에서 수학하였다. 張志淵은 그의 조부인 金昌協을 洛論의 鼻祖로 보기도 하였다.[60]

金元行은 四書 중에서 『中庸』을 특히 중시하였는데, 이는 그의 저작을 대략 훑어보아도 알 수 있는 사실이다. 『渼湖集』에는 「中庸問答」, 「中庸講說」 등이 따로 기록되어 있는 바, 그다지 분량이 많지도 않은『中庸』에 관한 언급이 특별히 많다는 점이 바로 드러난다.[61] 이들이 『中庸』을 중시한 까닭은 앞에서 이미 언급하였듯이 『中庸』 서장의 朱子註가 洛論의 중요한 이론적 근거가 될 뿐 아니라 그 밖에도 人物性同論으로 해석할 수 있는 朱子註가 많았기 때문이라고 생각된다.

金元行은 湖洛論爭에 대하여 "십여 년간을 고민했으나 결론짓지 못했다"[62]고 하면서 한 발 뒤로 물러서는 태도를 취하였다. 그의 이러한 태도는 이 문제가 결코 쉽사리 해결될 수 없음 잘 알고 있었기 때문일 것이다.[63] 전술하였듯이 洛論은 하나로 통일되어 있는 이론이 아니었고 한원진 당대에도 최소한 네 가지 정도의 이론이 있었다. 그들이 공유하는 것

---

60) 張志淵, 『朝鮮儒敎淵源』 2, 나랏말씀, 1998, 65쪽.
61) 金元行, 『渼湖全集』, 여강출판사, 1986(이하 『渼湖全集』으로 略함).
62) 金元行, 『渼湖集』 卷14, 雜著, 明德說疑問, 民族文化推進會, 1998, 276쪽, "然而積十餘年之疑而不能決 則其愚眞可哀也"(이하 『渼湖集』으로 略함).
63) 同上, "近又始聞韓南塘諸丈 亦以此往復辨難 紛然而不能一 然則明德之說 果若是其難明者乎".

은 聖·凡心同, 人·物性同, 未發心體 純善 등의 명제였고 이를 논증하는 방식은 약간씩 차이가 있었다. 湖洛論爭이 한차례 휩쓸고 조선의 지식계에서는 이 논쟁이 결코 결론지어 질 수 없다는 사실과 어느 한 쪽의 논리가 틀린 것이 아니라 선택의 문제라는 사실을 알게 되었을 것이다. 그리하여 湖洛論爭 이후에는 각자 자기의 선택에 따라 한 쪽을 지지하되 논쟁에서는 한 발 물러서는 태도를 취하는 풍토가 자리 잡게 되었던 것이 아닐까 한다.

한 발 물러섰다고는 하나 김원행은 역시 낙론적 심성론을 고수하는 인물이었다. 그는 "朱子가 理·氣를 논할 때 매번 말하기를 비록 떨어지지 아니하나[不離] 또한 서로 섞이지도 않는다[不雜]고 하였다. 이 두 구절은 차의 바퀴나 새의 날개와 같아서 한 쪽을 버려둘 수 없다. 超形氣, 因氣質論은 太極에 대해 不雜 一邊, 五常에 대해 不離 一邊만 말한다. 이것이 과연 朱子의 뜻이겠는가"64)라고 말한다. 超形氣·因氣質論은 물론 한원진의 주장이고, 위의 언급은 그에 대한 비판이다.

그의 성리설과 관련하여 한 가지 주목해 둘 것은 그가 天을 단순히 理로만 보지 않고, 主宰의 뜻을 겸한 것으로 보았다는 점이다. 제자 중 한 사람이 "天은 곧 理입니다. 그래서 이르기를 '天以陰陽五行化生萬物 氣以成形 理亦賦焉 猶命令也'65)라고 하였습니다. 天과 理를 두 가지 물건으로 본 듯합니다. 그렇지 않습니까?" 하고 묻자, 이에 대해 "理가 陰陽 五行으로써 만물을 化生하였다고 말하면 과연 말이 되겠는가. 天을 말한 所以는 宜當 穹然히 위에 있는 것으로써 말한 것이고, 主宰를 겸한 것으로 보아야 한다. 天은 곧 理의 좇아 나온 바이다"라고 하였다.66) 즉

---

64) 『渼湖全集』「中庸問答」, 629쪽, "朱子之論理氣 每言雖不相離 亦不相雜 此兩句如車輪鳥翼 捨一不得 今此超形氣因氣質之論 則太極只是不雜一邊 五常只是不離一邊 其於朱子之旨何如也".
65) 『中庸』, 769쪽.
66) 『渼湖全集』「中庸講說」, 650쪽, "問天卽理也 而曰天以陰陽五行化生萬物 氣

'理'는 의지를 갖추지 않은 것으로, 그리고 天은 理가 좇아 나온 바로써 主宰의 뜻을 겸한 것으로 본 것이다.

홍대용은 12세 되던 해인 1742년, 石室書院 金元行의 문하에 들어가 수학한 이래, 金元行이 院長을 지낸 바 있는 宋時烈 獨享의 華陽書院[67] 齋任을 맡기도 하고,[68] 스승으로부터 '타인에게 비할 수 없는 眷愛'[69]를 받는 등 洛論系의 중심인물로 성장하였다. 이러한 그의 환경적 요인으로부터도 그의 심성론이 洛論에 기반하였을 것임을 쉽게 예상해 볼 수 있다. 그가 심성론에 대하여 쓴 글은 그리 많지 않지만, 그의 심성론이 어떠하였는지 정도는 알아 볼 수 있다고 생각된다. 다음에서는 홍대용의 「心性問」이라는 글의 전반부를 아래에서 보이고자 한다.

> B-1 무릇 '理'를 말하는 자는 반드시 "形體가 없으나 理는 있다"고 말한다. 이미 "形體가 없다"고 했으면 있다는 것은 어떤 물건인가. 이미 "理가 있다"고 말했으면 어떻게 無形이면서 "있다"고 말할 수 있겠는가. 대개 소리가 있으면 있다고 하고, 色이 있으면 있다고 하고, 냄새와 맛이 있으면 있다고 한다. 이미 이 네 가지가 없다면 이는 形體와 方所가 없는 것이니 所謂 있다는 것은 어떤 물건인가.
>
> B-2 또 이르기를, "소리도 냄새도 없으나 造化의 樞紐가 되고 品彙의 根底가 된다"고 하면, 이미 作爲하는 바가 없는데 무엇으로써 그 樞紐·根底가 됨을 아는가.

以成形 理亦賦焉 猶命令也 此則若以天與理爲二物者然如何 曰理以陰陽五行化生萬物 則其果成說乎 所以說天 當以穹然在上者言 而兼主宰看 天卽理之所從出也".

67) 金元行은 1769년 華陽書院의 院長이 되었다고 한다. 이에 대해서는 李坰丘, 앞의 논문, 115쪽.
68) 同上, 內集 卷2, 桂坊日記, 甲午年 12月 25日, 170쪽, "且華陽書院 有所謂齋任者 臣嘗忝居 故果累次往來矣".
69) 洪大容, 『湛軒書』(上), 內集 卷1, 湌上記聞, 景仁文化社, 1969, 115쪽, "吾視君於士友中 實不易得 眷愛非比他人"(이하에서는 『湛軒書』(上)·(下)로 略함). 본문에서 제시되는 譯文은 민족문화추진회에서 번역한 『(國譯)湛軒書』, 민족문화추진회, 1967을 주로 참조하였으며 약간의 수정을 가하였음.

B-3 ① 또 所謂 '理'라는 것은 '氣'가 善하면 역시 善하고, '氣'가 惡하면 역시 惡하다. 이 때의 '理'는 主宰하는 바가 없이 '氣'가 하는 바에 따를 뿐이다. ② '理'는 본래 善하나 그 惡은 氣質에 拘碍된 바 되고, 그 本體가 아니라고 말할 것 같으면, 이 '理'는 이미 萬化의 根本이 된 것이다. ③ 어찌 '氣'로 하여금 純善이 되게 하지 못하고 이 駁濁 乖戾한 '氣'를 낳아서 天下를 어지럽게 하는가. ④ 이미 善의 根本이 되고 또 惡의 根本이 된다고 하면 이는 事物에 따라 遷變하는 것이고 전혀 主宰함이 없는 것이니 옛부터 聖賢이 무슨 까닭으로 하나의 '理'자를 극구 말하였겠는가. 老子의 虛無와 佛敎의 寂滅이 여기서 갈라진다. 그 까닭이 어디에 있는가.

B-4 지금 배우는 자가 입만 열면 性善을 말한다. 所謂 '性'이라는 것이 善함을 어떻게 아는가. 어린 아이가 우물에 빠진 것을 보고 惻隱之心을 갖는다면 진실로 本心이라 할 수 있다. 만약 玩好를 보고 利心이 油然히 생겨 按排할 틈도 없이 곧바로 빠져 들면 어찌 本心이 아니라고 말할 수 있겠는가. 이 '性'이라는 것은 一身의 '理'이고 '理'는 소리와 냄새가 없는 것이니 善·惡 두 글자를 장차 어디에 붙일 것인가.

B-5 仁·義를 말하면 禮·智가 그 中에 있고, '仁'을 말하면 '義'가 또한 그 중에 있다. '仁'이란 것이 '理'이다. 人間은 人間의 '理'를 갖고, 事物은 事物의 '理'를 갖는다. 所謂 '理'라는 것은 '仁'일 뿐이다.

B-6 하늘에 있어서는 '理'라 하고, 事物에 있어서는 '性'이라 하며, 하늘에 있어서는 '元·亨·利·貞'이라 하고, 事物에 있어서는 '仁·義·禮·智'라 하지만 그 실은 하나이다.

B-7 草木이라 해서 知覺이 전혀 없는 것은 아니다.

B-8 비와 이슬이 내려 싹이 움트는 것은 惻隱之心이다. 서리와 눈이 내려 枝葉이 떨어지는 것은 羞惡之心이다. '仁'은 곧 '義'요, '義'는 곧 '仁'이다. '理'라는 것은 하나일 따름이다.

B-9 豪釐의 미세함도 다만 이 仁·義이다. 天地의 큼도 다만 이 仁·義이다. 더할 수 없이 크고 덜 수 없이 작으니 지극하도다.

B-10 草木의 '理'는 곧 禽獸의 '理'이다.

B-11 호랑이의 '仁'과 벌·개미의 '義'는 그 發現處에 따라 말하는 것이다. 그 '性'을 말하면 호랑이라고 어찌 '仁'뿐이겠으며, 벌·개미라고 어찌 '義'뿐이랴. 호랑이의 父子關係는 '仁'이고 이 '仁'을 행하게 하는 所以는 '義'이다. 벌·개미의 君臣關係는 '義'이고 이 '義'를 發하게 하는 所

以는 '仁'이다.

B-12 무릇 같은 것은 '理'이고 같지 않은 것은 '氣'이다. 珠玉은 지극히 보배롭고, 糞壤은 지극히 賤하다. 珠玉이 보배로운 所以와 糞壤이 賤한 所以는 仁·義이니 이것이 '理'이다. 그런 까닭에 珠玉의 '理'는 糞壤의 '理'요, 糞壤의 '理'는 珠玉의 '理'이다.

B-13 일은 善·惡할 것 없이 四端에서 벗어나지 않는다.

B-14 꽃이 피고 잎이 떨어지는 것을 사람들은 모두 하늘의 造化라 하면서도 人間의 一動 一靜이 또한 '天之爲' 아님이 없음을 알지 못한다.70)

B-1에서 B-4까지는 스스로 답하기 위해 의문을 제기한 부분이고, B-5 이하는 이에 대한 自答이다. 전체를 놓고 보자면 '理'라는 것은 무엇인가, 어떤 역할을 하는가 등에 대해 설명하는 것이다. 이에 대한 그의 답은

---

70) 同上, 內集 卷1, 心性問, 1~3쪽, "凡言理者 必曰無形而有理 旣曰無形則有者 是何物 旣曰有理 則豈有無形而謂之有者乎 盖有聲則謂之有 有色則謂之有 有臭與味則謂之有 旣無是四者 則是無形體無方所 所謂有者 是何物耶 且曰無聲無臭 而爲造化之樞紐 品彙之根柢 則旣無所作爲 何以見其爲樞紐根柢耶 且所謂理者 氣善則亦善 氣惡則亦惡 是理無所主宰 而隨氣之所爲而已 如言理本善 而其惡也 爲氣質所拘 而非其本體 此理旣爲萬化之本矣 何不使氣爲純善 而生此駁濁乖戾之氣 以亂天下乎 旣爲善之本 又爲惡之本 是因物遷變 全沒主宰 從古聖賢 何故而極口說一理字 老氏之虛無 佛氏之寂滅 於是乎分 其故安在 今學者 開口便說性善 所謂性者 何以見其善乎 見孺子入井有惻隱之心 則固可謂之本心 若見玩好而利心生油然 直邃不暇安排 則何得謂之非本心乎 此性者 一身之理 而理無聲臭矣 善惡二字 將何以着得耶 言仁義則禮智在其中 言仁則義亦在其中 仁者理也 人有人之理 物有物之理 所謂理者 仁而已矣 在天曰理 在物曰性 在天曰元亨利貞 在物曰仁義禮智 其實一也 草木不可謂全無知覺 雨露旣零 萌芽發生者 惻隱之心也 霜雪旣降 枝葉搖落者 羞惡之心也 仁卽義 義卽仁 理也者 一而已矣 毫釐之微 只此仁義也 天地之大 只此仁義也 大而不加 小而不減 至矣乎 草木之理卽禽獸之理 虎狼之仁 蜂蟻之義 從其發見處言也 言其性則虎狼豈止於仁 蜂蟻豈止於義乎 虎狼之父子仁也 而所以行此仁者義也 蜂蟻之君臣義也 而所以發此義者仁也 夫同者理也 不同者氣也 珠玉至寶也 糞壤至賤也 此氣也 珠玉之所以寶 糞壤之所以賤 仁義也 此理也 故曰珠玉之理卽糞壤之理 糞壤之理卽珠玉之理也 事無善惡 不出乎四端 花開葉落 人皆曰天之造化 不知人之一動一靜 亦莫非天之爲也"(이하『湛軒書』(上)·(下)로 略함).

'理'는 곧 '仁'이며, '仁'은 仁・義・禮・智를 모두 포괄하는 것이고, 인간과 사물 모두에게 공통적으로 부여되었다는 것이다. 위의 인용문에 이어지는 뒷부분에서는 道義를 즐기는 마음가짐에 대하여 말하고 있는데 心性論과는 직접 관련이 없으므로 생략하였다.

우선 살펴보아야 할 것은 B-1부터 B-4까지, 일련의 의문문을 반어적 표현으로 볼 것인가, 단순한 의문문으로 볼 것인가 하는 점이다. 이 부분을 단순한 의문문으로 보고 B-5 이하를 그에 대한 自答으로 이해하게 되면 洪大容의 心性論은 洛論的인 것으로 평가할 수 있다. 반면 이 부분을 반어적 표현으로 보게 되면 洪大容이 理의 實在性, 理 本善, 性善 등 성리학의 중요한 명제들을 부정한 것으로 평가하게 된다. 旣往의 연구들은 대개 B-1에서 B-4까지의 의문문을 반어적 표현으로 보았다. 예를 들면 B-1을 '理에 形體가 없다는 것은 理가 實在하지 않는다는 것'으로, B-2를 理가 '造化의 樞紐라거나 만물의 뿌리라는 것은 절대로 있을 수 없다는 것'[71]으로 각각 해석하였다. 이 밖에도 洪大容의 心性論을 氣 一元論, 脫性理學, 反朱子學 등으로 규정하는 연구들은 대개 이 부분을 반어적 표현으로 해석한다.[72] 그러나 이 부분은 반어적 표현으로 보기 어렵다고 생각된다. 이를 만일 반어적 표현으로 이해한다면 B-5 이하와는 전혀 동떨어진 이야기가 될 뿐 아니라, 글 자체가 모순되기 때문이다. 이 글은 B-1부터 B-4까지의 自問과 B-5 이하의 自答으로 이루어진 글이다. 그렇기 때문에 「心性問」이라는 제목이 붙은 것이다. 다음에서는 이 글이 나타내고자 하는 바를 자세히 살펴보기로 하자.

B-1에서의 질문은 '理'를 말할 때 '無形而有理'라고 하는데 형체가 없으면서도 있다고 말하는 것은 무엇이 있다는 것인가 하는 것이고, B-5가

---

71) 金文鎔, 앞의 논문, 42쪽.
72) 趙東一, 「朝鮮後期 人性論과 文學思想」 『韓國文化』 11, 서울대 한국문화연구소, 1990, 103~104쪽 ; 趙誠乙, 「洪大容의 歷史認識」, 222쪽 ; 尹絲淳, 앞의 논문, 323쪽.

이에 대한 답이 된다. 즉 '理'란 '仁'이고 '仁'이기 때문에 '無形而有理'라고 말할 수 있다는 것이다. '仁'은 無形이지만 측은지심으로부터 분명히 모든 인간이 가지고 있다는 사실을 알 수 있기 때문이다.

본래 '無形而有理'라는 표현은 주자가 常山 陸九淵(1139∼1193) 형제와 더불어 濂溪 周敦頤(1017∼1073)의 '無極而太極'이라는 명제에 대해 논쟁하면서 사용한 말이다. 주자에 따르면, 周敦頤의 '無極而太極'이라는 명제는 '理'가 있기 때문에 太極이라 말하고 형체가 없기 때문에 無極[73]이라 말한 것으로 이해해야 한다고 한다.[74] 理는 본래 形體와 方所가 없다는 것이다. 홍대용은 다른 글에서, "心이란 것은 神明하고 헤아릴 수 없는 事物로서 形體도 없고 소리와 냄새도 없다"[75]고 말한다. 이로써 보면 B-1은 理가 없다는 것을 반어적으로 표현한 것이 아니라, '聲·色·臭·味 등 形體와 方所가 없는데 있다고 하는 것은 무엇이 있다는 것인가' 하는 자문으로 보아야 한다.

이어지는 B-6은 B-5를 부연하여 설명한 것이다. 仁·義·禮·智·信의 五常을 한 글자로 요약하면 '仁'이고 이것이 바로 '理'라고 주장한다.[76] 이 '理'가 하늘에 있을 때는 '理', 또는 '元·亨·利·貞'이라 부르고 인간과 만물에 墮在하였을 때는 '性', 또는 '仁·義·禮·智'라 부르지만 그 실은 하나라는 것이다. 후술하겠지만 이러한 주장 역시 성리학

---

73) 朱熹, 『朱子大全』(上), 卷36, 書, 答陸子美, 保景文化社, 1984, 613쪽, "又謂著無極者 便有虛無好高之弊 則未知尊兄所謂太極是有形器之物耶 無形器之物耶 若果無形而但有理 則無極卽是無形 太極卽是有理 明矣"(이하『朱子大全』(上)·(中)·(下)로 약함).
74) 同上, 答陸子靜, 616쪽, "故語道體之至極 則謂之太極 語太極之流行 則謂之道 雖有二名 初無兩體 周子所以謂之無極 正以其無方所無形狀 …(下略)".
75) 『湛軒書』(上), 內集 卷1, 「答徐成之論心說」, "且心者 神明不測之物也 無形狀 無聲臭".
76) 伊川 程頤도 '仁이란 天下의 正理'라고 말한 바 있다. 朱熹 外 編, 『近思錄』卷1, 保景文化社, 1995, 34쪽, "仁者 天下之正理"(이하『近思錄』으로 略함).

의 기본적인 명제이며, 洛論에서 특히 강조되는 논리이다. 다음에서 보듯이 주자도 仁・義・禮・智를 仁으로 요약한다.

> C-1 원래 하늘로부터 얻은 것은 다만 하나의 仁일 뿐으로, 이것으로써 마음의 전체가 되는 바이다. 그런데 仁 가운데서도 네 가지로 나눌 수 있다. 하나는 仁의 仁이요, 둘은 仁의 義요, 셋은 仁의 禮요, 넷은 仁의 智이다. 仁에는 이 네 가지가 네 기둥처럼 안을 받쳐 주고 있는데, 오직 仁만이 이를 統攝한다. 마음 안에는 이 네 가지가 있을 뿐이며, 萬物과 萬事가 모두 여기에서 나오는 것이다.77)

이를 B-5, B-6과 비교해 보면 같은 논리임을 알 수 있다. 주자 역시 만물이 하늘로부터 얻은 것은 다만 하나의 '仁'일 뿐이라고 말하고 있다. 또 仁・義・禮・智를 한 글자로 요약하면 '仁'이라는 것이니, 홍대용은 새로운 견해를 밝힌 것이 아니라 주자의 견해를 반복하고 있는 것이다. 뿐만 아니라 伊川 程頤(1033~1107)도 "四德78)의 元은 五常의 仁과 같이 전체를 포괄한다"79)고 한 바 있다.

홍대용이 B-13에서 "일은 善・惡을 막론하고 四端에서 벗어나지 않는다"고 한 것과 만물과 만사가 모두 仁・義・禮・智에서 나온다는 주자의 말도 사실상 같은 의미이다. 또 仁・義・禮・智가 하늘에 있어서는 元・亨・利・貞이 된다는 것도 이미 주자가 말한 바이다.80) 그리고 五常, 理, 天命, 性을 같은 것의 다른 이름으로 보는 것은 앞 장에서 살펴

---

77) 『朱子語類』(1), 卷6, 性理3, 115쪽, "當來得於天者 只是箇仁 所以爲心之全體 却自仁中分四界子 一界子是仁之仁 一界者是仁之義 一界者是仁之禮 一界者是仁之智 一箇物事 四脚撑在裡面 唯仁兼統之 心裡只有此四物 萬物萬事 皆自此出".
78) 四德은 흔히 仁・義・禮・智를 말하지만, 여기에서의 四德은 元・亨・利・貞을 말한다. 仁은 元, 義는 亨, 禮는 利, 智는 貞에 각각 해당한다.
79) 『近思錄』卷1, 25~27쪽, "伊川先生日 … 四德之元 猶五常之仁 偏言則一事 專言則包四者".
80) 『朱子語類』(1), 卷6, 性理3, 107쪽, "仁義禮智 便是元亨利貞".

본 바와 같이 洛論의 주된 특징이다.

B-2도 B-1의 연속선상에서 '理'라는 것은 作爲하는 바가 없는데 어떻게 造化의 樞紐가 되고 品彙의 根底가 되는지 알 수 있는가 하는 질문인 것이고, 이에 대한 답이 B-8이다. 비와 이슬이 내려 싹이 움트는 것은 측은지심이라는 것인데, 측은지심을 보면 仁이 작용하고 있음을 알 수 있다고 답하는 것이다. 또 싹이 트고 잎이 지고 하는 일[造化]들도 모두 仁・義・禮・智로부터 나오는 것이니 造化의 樞紐요, 品彙의 根底라는 것이다. 따라서 이 부분은 理가 造化의 樞紐가 되고 品彙의 根底가 됨을 부정하는 것이 아님을 알 수 있다. 오히려 惻隱之心과 羞惡之心을 설명하면서 '비와 이슬이 내려 싹이 움트는 것'과 '서리와 눈이 내려 枝葉이 떨어지는 것'과 같이 자연 현상을 그 사례로 들고 있음에 주목해야 한다고 생각된다. 앞서 지적한 바와 같이 洛論이 五常을 도덕 법칙으로서만이 아니라 물리 법칙으로도 보고 있는 것과 궤를 같이 하는 것이기 때문이다.

다음 B-3의 ①은 理와 氣의 관계를 설명하는 전통적인 방식 중의 하나이다. 李珥는 "氣를 타고 유행하는 理가 있는데 이때의 '理'는 氣에 따라 善惡이 결정된다"고 말하였다.[81] 李柬도 "氣稟이 正通하면 理 역시 正通하고 氣稟이 偏塞하면 理 역시 偏塞하다"고 말한다.[82] 金元行도 "理는 공변될 따름이다. 理가 氣를 탈 때, 善한 氣에 타면 善하고 惡한 氣에 타면 惡하니 모두 氣의 하는 바에 따르고 理는 하는 일이 없는 듯하다"[83]고

---

81) 『栗谷全書』(Ⅰ), 卷9, 書1, 答成浩原, 196쪽, "本然之理固純善 而乘氣流行 其分萬殊 氣稟有善惡 故理亦有善惡 夫理之本然 則純善而已 乘氣之際 參差不齊 淸淨至貴之物及汚穢至賤之處 理無所不在 而在淸淨則理亦淸淨 在汚穢則理亦汚穢".
82) 『巍巖集』卷12, 雜著, 未發有善惡辨, 22쪽, "氣之正通 理亦正通 氣之偏塞 理亦偏塞 而本心存則天理明 本心亡則天理滅 此自然不易之實事也".
83) 『渼湖集』卷14, 雜著, 雜記, 273쪽, "理只是公而已 氣乘於氣也 乘乎善則善 乘乎惡則惡 皆一隨氣之所爲 而理若無所與焉".

말한다. 이때의 理는 氣를 타고 流行하는 '理', 즉 分殊의 理이다. 이런 경우의 理, 즉 기질에 구애된 '理에는 善惡이 있다'[84]고 말한다.[85]

②에서는 本然의 理, 즉 본래 善한 理(理一)를 설명하고 있다. 그렇기 때문에 이때의 理는 萬化의 근본이 된 '理'라고 말하고 있는 것이다. 문제는 그 다음이다. ③의 부분은 ②의 부분을 이어서 理[理一의 理]가 主宰能이 있다면 왜 氣를 善하게 하지 못하는가 하는 것이며, ④는 정반대로 전혀 主宰함이 없다면[分殊의 理], 예부터 성현들이 '理'에 대해 그토록 힘써 말할 이유가 없다는 것이다. 또한 ④에서는 理에 전혀 主宰함이 없다면 聖賢들이 극구 理를 말할 이유가 없으며 理의 主宰能을 완전히 부인했기 때문에 老子와 佛敎의 理論이 나오게 된다고 말하고 있는 것이다.[86] 따라서 B-3에서 제기하는 의문은 理에는 主宰能이 전혀 없다고도 말할 수 없고 전적으로 主宰하는 것도 아니라는 것이니 그렇다면 理란 도대체 어떤 역할을 하는가 하는 것이다.

이에 대한 답이 B-5이다. 여기에서 그는 '理'란 '仁'이라고 답하고 있다. 더불어 B-13, B-14에서 보듯이 그 역할에 대해서도 설명을 덧붙이고

---

84) 『近思錄』 卷1, 39쪽, "人生氣稟 理有善惡".
85) 金文鎔, 앞의 논문, 42쪽에서는 "理는 본래적으로 善한 것(理本善)이 아니라 氣에 따라 善惡이 결정되는 것인 바, 氣에 대해 主宰性을 갖는다고 할 수 없다는 것이다"라 하였고, 趙東一, 앞의 논문, 103쪽에서는 "理가 善의 근거라는 見解를 理가 氣를 主宰한다는 것과 함께 부정해서 理氣二元論이 인정될 여지가 없게 했다"고 한다. 그 밖에 金仁圭, 「洪大容 人間理解의 두 樣相」 『東洋古典研究』 9, 동양고전학회, 1997, 235~236쪽 등 홍대용의 사상을 氣一元論으로 규정하는 연구들은 대개 이 부분을 홍대용이 理本善을 부정한 것으로 해석하지만, 그렇게 볼 수 없다고 생각된다.
86) 朱子는 불교가 老莊을 표절한 것에 지나지 않는다고 비판하였다. 또한 불교에서는 心을 논할 때, 氣質之性만 말하고 本然之性이 있음을 알지 못하며, 理를 긍정할 줄 모른다고 비판한 바 있다. 이에 대해서는 大濱皓, 앞의 책, 186~187쪽과 勞思光, 鄭仁在 譯, 『中國哲學史(古代篇)』, 探究堂, 1995, 364~371쪽을 참조.

있다. 만사가 모두 '仁'에서 비롯되는 것이며, 인간의 一動 一靜이 또한 '天之爲'라는 것이다. 洪大容은 다른 글에서 다음과 같이 말한다.

> C-2 무릇 物은 같으면 모두 같고, 다르면 모두 다르다. 그러므로 理란 것은 천하의 같은 바이고, 氣란 것은 천하의 다른 바이다. … 그러나 孟子가 性을 말할 때, 다만 四端을 主로 하였고 程子가 心을 論할 때 반드시 그 본래 善함을 말하니, 그 까닭이 무엇인가? 그 用을 보면 다르고 그 本을 말하면 같으나, 오직 이 本體의 밝음은 聖人이라 해서 드러나는 것이 아니요, 愚人이라 해서 어두워지는 것이 아니요, 禽獸라 해서 缺한 것이 아니요, 草木이라 해서 전혀 없는 것이 아니다. 다름아니라 體는 神聖하고 또 純粹하여 氣에 구애되었다고 해서 그 근본을 잃는 것이 아니기 때문이다. 이로써 보면 賢愚의 같음과 같지 아니함을 알 것이요, 賢愚의 같음과 같지 않음을 알면 禽獸의 같음과 같지 아니함을 알 것이요, 禽獸의 같고 같지 않음을 알면 草木의 같고 같지 않음을 알 것이다. … 그러므로 이르되 愚는 氣에 局限되고 物은 質에 局限되나 心의 靈함은 한가지라 한다. 氣는 변할 수 있어도 質은 변하지 못한다. 이것이 人間과 物의 다름이다. <u>天地에 가득 찬 것은 다만 이 氣뿐이고 理는 그 가운데 있다.</u> 氣의 근본을 논하면 澹一하고 沖虛하여 淸濁을 말할 것이 없고, 그 昇降하고 飛揚함에 미쳐서는 서로 부딪히고 서로 밀쳐, 찌꺼기와 나머지가 같지 않음이 있게 된다. 이에 맑은 氣를 얻어 化한 者가 人間이 되고 흐린 氣를 얻어 化한 者가 物이 된다. 그 중 지극히 맑고 지극히 순수하고 神妙하여 헤아릴 수 없는 者가 마음이 되어 모든 理를 묘하게 갖추고 만물을 宰制하는 所以가 된다. 이는 人間과 物이 마찬가지이다.[87] (밑줄은 인용자 강조)

---

[87] 『湛軒書』(上), 內集 卷1, 答徐成之論心說, 4~5쪽, "凡物同則皆同 異則皆異 是故理者天下之所同也 氣者天下之所異也 … 然而 孟子之道性 只主於四端 程子之論心 必言其本善 此其故何也 觀其用則異 語其本則同 惟此本體之明 不以聖而顯 不以愚而晦 不以禽獸而缺 不以草木而亡 無他 體神且粹 不拘於氣而失其本故也 由是觀之 則賢愚之同不同可知 賢愚之同不同可知 則禽獸之同不同可知 禽獸之同不同可知 則草木之同不同可知也 … 故曰 愚局於氣 物局於質 心之靈則一也 氣可變 而質不可變 此人物之殊也 充塞于天地者 只是氣而已 而理在其中 論氣之本 則澹一沖虛 無有淸濁之可言 及其升降飛揚 相激相盪 糟粕

앞의 글에서 "程子는 心을 말할 때 그 本善을 말하였다"고 하고, 다시 뒤에서 氣에 구애되었다고 해서 그 근본을 잃는 것이 아니라고 말한 것으로 미루어 보면 홍대용은 '理本善'을 긍정하고 있음을 알 수 있다. 또한 "호랑이가 자식에게 慈愛之心이 油然히 나고 蜂蟻가 임금에게 敬畏之心이 自然히 나니, 이에 그 心이 본래 善한 것이 人間과 같음을 알 수 있다"[88]고도 말하고 있다. 기질에 구애되었다 하더라도 그 근본을 잃지 않는다는 것은 氣에도 불구하고 心의 본체는 純善하다는 것이며 그것이 순선한 所以는 理 이외에 다른 것일 수 없다. 따라서 心 本善의 긍정은 곧 理 本善을 긍정한 것으로 볼 수 있다고 생각되고, 이러한 논리는 앞서 살펴보았듯이 洛論의 未發 氣質 純善論 그 자체이다.

理의 主宰能에 대한 홍대용의 언급이 이처럼 복잡하게 된 것은 洛論이 가지고 있는 논리 구조상 당연한 것이라 하지 않을 수 없다. 주지하다시피 李滉은, 四端을 理發而氣隨之한 것이라 하였고 七情을 氣發而理乘之한 것이라 하였다. 즉 四端과 같이 善한 情은 理가 주도적 역할을 하기 때문에 善하게 되었다고 하는 논리인 것이다. 반면 李珥는 四端은 七情 중에 善한 일부분이며 모든 情은 氣發而理乘之하는 것이라고 주장하였다. 즉 理는 적극적으로 氣를 조작하여 善하게 하는 主宰能을 가지고 있지 않다는 논리인 것이다.

그런데 洛論의 경우는 율곡학파에 속하면서도 그 성리설이 퇴계학파와 율곡학파의 논리를 절충한 것 같은 형태를 갖추고 있다.[89] 예컨대 李柬도 "우리나라 先賢들의 文集 중에서 退溪集은 먼저 보아야만 한다. 그

煨爐 乃有不齊 於是得淸之氣 而化者爲人 得濁之氣 而化者爲物 就其中 至淸至粹 神妙不測者爲心 所以妙具衆理 而宰制萬物 是則人與物一也".

88) 同上, 6쪽, "虎狼之於子也 慈愛之心油然而生 蜂蟻之於君也 敬畏之心自然而生 此可見其心之本善 與人同也".

89) 安在淳,「朝鮮後期 實學派의 思想的 系譜」『儒敎思想과 東西交涉』, 道和柳茂相先生華甲紀念論文集刊行委員會, 1996, 238쪽.

중에서도 門人들과 주고받은 書翰은 더 더욱 익숙해져야 하고 깊이 파고 들어야한다"90)고 하여 李滉의 사상을 높이 평가하고 있었다. 洛論의 심성론이 절충적이었기 때문에 李滉처럼 理에 대하여 적극적 主宰性을 부여할 수도, 李珥처럼 그 主宰性을 전적으로 부정할 수도 없었던 것이다.

다음으로 B-4에서 홍대용은 性이 善한지 어떻게 아는가 하는 의문을 제기한다.91) 다시 말해 惻隱之心도 本心이고 利心도 本心인데, 性이 善함을 어떻게 아는가 하는 의문이다. 明道 程顥(1032~1086)는 "善은 본래부터 性이지만 惡 또한 性이라 하지 않을 수 없다"92)고 하였다. 이때의 性은 기질에 구애된 性, 즉 氣質之性을 말하는 것이고 氣가 用事한 상태에서 말하는 것이다. 金元行도, "惡도 또한 性이라 하지 않을 수 없다. 다만 本然이라고 할 수는 없다"93)고 말한다. 洪大容의 언급도 心의 未發이 아니라 已發한 心을 주제로 말하고 있는 것이다. 惻隱之心도 情이고, 利心도 情이다. 情은 心에 속한 것이니 이 둘 모두 本心이다.

孟子가 말한 性善은 측은지심을 보고 사람마다 仁을 가지고 있음을 알 수 있고, 이 仁이 바로 인간의 性이니 인간의 性은 善하다는 것이다. 그러나 측은지심이라고 해서 수미일관하게 선한 情은 아니다. 이에 대해서는 李珥의 설명이 자세하다.

> C-3 지금 우리의 마음이 처음에 性命의 正에서 바로 나왔다가도 우리가 그것을 善으로 完成시키지 못하고 私를 섞으면 이는 처음에는 道心이다 끝에는 人心으로 마치는 것이고, 그와 반대로 우리의 마음이 처

---

90) 『巍巖集』 卷9, 書, 與內弟柳聖齊 己丑, 2쪽, "我東先賢文集中退溪集 不可不先觀 而其中與門人往復書札 尤不可不熟玩 而深入也".
91) 金文鎔, 앞의 논문, 84~86쪽과 許南進, 「洪大容(1731~1783)의 科學思想과 理氣論」『아시아문화』 9, 춘천: 한림대학교 아시아문화연구소, 1993, 146쪽 등은 이를 性善說을 부정한 것으로 보았다.
92) 『近思錄』 卷1, 39쪽, "善固性也 然惡亦不可不謂之性也"(이하 『近思錄』으로 略함).
93) 『渼湖集』 卷14, 雜著, 雜記, 273쪽, "惡亦不可不謂之性 但不可謂之本然".

음에는 形氣에서 나왔더라도 그것이 正理에 어긋나지 않은 경우에는 道心과 틀리지 않은 것이며, 또는 처음에 正理에 틀린 마음이라도 곧 그릇된 줄 알고 그 마음을 고쳐서 欲을 따르지 않으면 이는 처음의 人心이 道心으로 결말을 짓는 것이다.94)

측은지심은 仁의 단서이니 性命의 正에서 나온다. 그런데 그것을 善으로 이끌지 못하고 私를 섞으면 道心이 아니라 人心이 된다는 것이다. 반대로 形氣에서 나온 마음이라도 그것이 바른 '理'에 어긋나지 않으면 道心으로 결말을 짓게 된다고 한다. 다시 말해 已發心의 선악을 결정하는 것은 그것이 理發인가 氣發인가에 달린 것이 아니라 그 이후의 '意'의 역할, 즉 인간의 자율적 노력에 따르는 결과이다. 그러므로 李珥는 말하기를, "대저 心이 發하지 않은 때는 性이 되고 이미 發한 것은 情이요 發한 뒤에 헤아리고 생각함은 意가 된다. 心은 性, 情, 意의 主가 되므로 그 未發, 已發과 發動한 후의 計較商量을 다 心이라 이른다. 發하는 것은 氣요 發하는 所以는 理이다. 心이 發할 때에 正理에서 바로 나와 氣가 用事하지 못하는 것은 道心이니 곧 七情의 善한 一邊이요 心이 發할 때에 氣가 이미 用事하는 것은 人心이니 七情의 善과 惡을 합한 전부이다. 이때 氣의 用事를 알고 精하게 살펴서 正理에 따르게 하면 人心이 道心의 命을 들을 것이요 만일 精하게 살피지 못하고 그 향하는 바대로 도모하면 情이 勝하고 慾이 불같이 일어 人心은 더욱 위태롭고 道心은 더욱 희미해진다. 精하게 살피는 것과 살피지 못하는 것은 다 意가 하는 바이므로 공부하는 데는 먼저 意를 精誠스럽게 하여야 한다"95)고 말한다.

---

94) 『栗谷全書』(Ⅰ), 卷9, 書1, 答成浩原(壬申), 194쪽, "今人之心 直出於性命之正 而或不能順而遂之 間之以私意 則是始以道心 而終而人心也 或出於形氣 而不咈乎正理 則固不違於道心矣 或咈乎正理 而知非制伏 不從其欲 則是始以人心 而終以道心也".
95) 同上, 194~195쪽, "大抵未發則性也 已發則情也 發而計較商量則意也 心爲性情意之主 故未發已發及其計較 皆可謂之心也 發者氣也 所以發者理也 其發直

B-4는 C-3에서 李珥가 한 말과 내용상 같은 것이다. 측은지심도 本心이고 利心도 本心이니 理가 스스로 사물을 선하게 할 수는 없다는 것이다. 그럼에도 불구하고 性을 善하다고 하는데, 무엇이 善하다는 것인가 하는 自問이다. 이에 대한 B-5 이하의 답 또한 '理'란 '仁'이고, '性卽理'이므로 '性' 역시 '仁'이라 말로 요약된다. 즉 仁・義・禮・智가 곧 '理'이며 '性'이므로 善하다는 것이다.

B-12는 그 예가 된다. 珠玉의 보배로움은 善에 비유되었고, 糞壤의 賤함은 惡에 비유되었다. 그리고 '理'는 珠玉을 보배롭게 하고, 糞壤을 賤하게 하는 所以로서 존재한다. 이 '理'는 B-9, B-10에서 보듯이 만물에 공통된 것이다. 즉 주자가 말한 바 '理同'이나, 李珥가 말한 바 '理通', 洛論의 이른 바 '性同'과 그 의미하는 바가 같은 것이라 생각된다. 氣는 사물을 서로 다르게 하는 것(B-12)이다. 草木의 理가 곧 禽獸의 理이고 (B-10), 珠玉의 理가 곧 糞壤의 理이다. 이 논리를 확장하면 인간의 理도 금수, 초목 등과 마찬가지이다. 그는 다른 글에서도 '理라는 것은 천하의 같은 바이고, 氣라는 것은 천하의 다른 바'[96]라고 하였는데, 이는 바로 '理同氣異'를 말하는 것이다.

또 萬事가 모두 仁・義・禮・智에서 벗어나는 것이 아니라는 점에서 (B-9, B-13) 仁・義・禮・智, 즉 '理'에 主宰로서의 역할이 전혀 없다고 할 수도 없고, 반대로 仁・義・禮・智에서 나왔다 하더라도 그것이 곧 善으로 귀결되는 것은 아니기 때문에 전적으로 主宰한다고도 말할 수 없다는 것이 洪大容의 견해이다.

出於正理而氣不用事則道心也 七情之善一邊也 發之之際 氣已用事則人心也 七情之合善惡也 知其氣之用事 精察而趨乎正理 則人心聽命於道心也 不能精察而惟其所向 則情勝慾熾 而人心愈危 道心愈微矣 精察與否 皆是意之所爲 故自修莫先於誠意".

96) 『湛軒書』(上), 內集 卷1, 「答徐成之論心說」, 4쪽, "理者天下之所同也 氣者天下之所異也".

제2장 心性論　57

　B-4의 利心도 本心이라는 말은 주자학의 관점에서 보아 당연한 말이라는 점은 앞서 언급한 바와 같지만, 보기에 따라서는 人欲을 긍정한 것으로 생각될 수도 있다. 그러나 홍대용의 본뜻은 人欲을 긍정한 것이 아니었다고 생각된다. 그는 "善을 하면서 밖에 나타남을 구하며, 남의 앎이 두려워 惡을 버리면 그 일은 公이지만 그 뜻은 私"[97]라고 말한다. 즉 악한 일을 하지 않는 자체는 公이지만, 남의 눈이 두려워 그렇게 한다면 그 뜻이 私에서 나왔다는 것이다. 그러므로 "君子가 善을 하고 惡을 버리는 까닭은 다만 道理가 마땅히 그렇게 해야 하기 때문"[98]이라고 말한다. 여기서 말하는 公이란 물론 天理之公이고 私는 人欲之私이다.

　본래 '私'자에도 두 가지 용례가 있다. 하나는 形氣之私이고, 다른 하나는 人欲之私이다. 전자는 대체로 주로 性命之正에 상대하여 일컬어지는 것이고 人心을 가리키는 것이다.[99] 인간은 누구나 理와 氣, 즉 形氣로 이루어진다. 그러므로 形氣로부터 나오는 감각이 없을 수 없다. 이는 聖人도 예외가 될 수 없는데, 예컨대 배고픔·배부름·추위·따뜻함·男女之欲 등이 그것이다.[100] 이것은 불가피한 것이므로 惡은 아니지만, 방치하면 人欲으로 흐르기 쉬운 것이다.[101] 그런 이유로 人心은 위태롭다고 말하는 것이다. 그것을 私라고 하는 이유는 내 몸의 形氣에서 생기므로 다른 사람은 알 수가 없기 때문이지 惡하기 때문에 私라 하는 것이 아니다. 이러한 의미에서의 私는 성리학에서 결코 부정된 바 없었다. 때문에 伊川 程頤도 "만약 利害가 없다면 어찌 計較하겠는가. 利害라는 것은 天下의 常情이다. 사람은 누구나 利를 좇고 害를 피할 줄 안다"[102]고

---

97) 同上, 四書問辨, 大學問疑, 傳六章, 16~17쪽, "爲善而求形於外 去惡而畏人之知 則其事雖公 而意則私".
98) 同上, 16쪽, "君子之所以爲善而去惡者 亦只看道理之當如是而已".
99) 大濱皓, 앞의 책, 299쪽.
100)『心經』, 保景文化社, 1995, 17~18쪽, "潛室陳氏曰 五峰此語 儘當玩味 如飮食男女之欲 堯舜與桀紂同 但中理中節 卽爲天理 無理無節 卽爲人欲".
101) 大濱皓, 앞의 책, 218쪽.

말한다.

　후자, 즉 人欲之私는 天理之公의 상대어이자 반대어이다. 人欲이기 때문에 나쁘다기보다는 천리에 반하기 때문에 나쁜 것이다. 이미 개념 자체가 천리와 公에 반하는 것이요, 개인만을 위하여 천하를 저버리는 나쁜 행위나 마음을 지칭하는 것이다.103) 예를 들면 '功이 없는데 어질다는 소리는 듣기 위해 賞을 준다거나 罪가 있는데 죽이는 것을 싫어한다는 소리를 듣기 위해 赦免하는 것이니 私를 주창하고 公을 업신여기는 것'104)이다.

　人心과 道心은 모두 한 사람의 心이고 두 心이 따로 있는 것은 아니다. 心이 발할 때에 形氣之私에서 發하면 이는 人心이다. 이 人心이 反天理 循人欲하면 人心에서 시작하여 人心으로 끝맺는 것이고, 存天理 去人欲하면 人心에서 시작하여 道心으로 끝맺는 것이다. 心이 발할 때 그것이 形氣之私에서 나오는가, 性命之正에서 나오는가 하는 것은 인간이 결정할 수 있는 문제가 아니지만 그것을 정밀하게 살펴 道心으로 끝맺고 못하고는 인간 주체의 노력[意] 여하에 달린 문제이다. 때문에 李珥는 공부하는 데에는 먼저 意를 정성스럽게 해야 한다고 말하는 것이다.

　B-4에서 홍대용이 말하고 있는 利心은 形氣之私에서 나온 마음, 즉 人心을 말하고 있는 것이다. 惻隱之心을 性命之正에서 나온 道心으로, 利心을 形氣之私에서 나온 人心으로 대비하고 있다. 장난감을 보고 탐내는 마음이 생기는 것은 人欲이라기 보다는 人心인 것이다. 聖人이라 해서 이 人心이 없는 것이 아니요, 小人이라 해서 道心이 없는 것이 아니

---

102) 『近思錄』 卷7, 299쪽, "若無利害 何用計較 利害者 天下之常情也 人皆知移利而避害".
103) 『南塘集』(Ⅱ), 卷37, 雜識, 外篇 上, 301쪽, "所謂私欲者 本非是難察者 只是反於理之謂".
104) 同上, "如以刑賞一事言之 則無功而賞 欲求好仁之名 有罪而赦 欲求惡殺之名者 此其徇私蔑公".

다.105) 그러므로 人心(利心)도 本心이요, 道心(惻隱之心)도 本心인 것이다. 善·惡의 가치판단은 그 뒤의 행위를 보고 하는 것이다.

정리하여 말하자면 앞의 B-1에서 제기한 질문, "소위 있다는 것은 어떤 물건인가"에 대한 답은 仁·義·禮·智가 있으며, 이 四德은 仁으로 요약할 수 있고 仁이 곧 理이니 仁이 있다는 것이다. B-2에서 제기한 "作爲하는 바가 없는데 무엇으로써 그 樞紐·根底가 됨을 아는가"에 대한 답은 싹이 움트고 가지와 잎이 떨어지는 모든 일이 仁·義·禮·智에서 벗어나지 않으니 그로써 알 수 있다는 것이다. B-3에서 제기한 "主宰의 역할이 있는가"에 대해서는 전혀 없다고도 전적으로 主宰한다고도 말할 수도 없다고 답한다. 또 만일 전적으로 부정한다면 불교와 노자의 이론과 같아진다고 말한다. B-4에서 "性이 선한지 어떻게 아는가"라고 한 데 대해서는 性이 곧 理요, 仁·義·禮·智이기 때문(B-6)이라고 답한다. 仁·義·禮·智가 악할 수는 없기 때문이다. B-14에서 '사람의 一動一靜이 또한 天之爲'라고 한 것은 명백히 존재론적으로 '理'를 긍정한 것이다.

이상에서 주로 분석 대상으로 삼은 홍대용의 「心性問」이란 저작은 그 내용으로 미루어 보아 비교적 이른 시기에 작성된 글이고, 「答徐成之論心說」쪽이 좀 더 나중에 작성된 것으로 보인다. 그의 心性論은 湖洛論爭의 당사자들에게서 보는 것과 같은 정도의 정밀함을 보여주고 있지는 못하다. 이는 그 자신이 "性理說은 알기 어려운 것이어서 初學者에게는 오히려 해롭다"106)고 생각하여 심혈을 기울이지 않았기 때문일 것이다. 그렇다고는 해도 그가 낙론적 심성론을 견지하였다는 것만큼은 이상에서와 같이 분명해졌다고 생각된다.

이기·심성론에 대한 언급이 거의 없어서 확신할 수는 없지만, 홍대

---

105) 『中庸』, 4쪽, 細註에 "朱子曰 … 雖聖人不能無人心 如飢食渴飮之類 雖小人不能無道心 如惻隱之心是"라 하였다.
106) 『湛軒書』(上), 內集 卷2, 桂坊日記, 乙未年 2月 18日, 189쪽, "初學之坐談性命 非徒無益而又害之".

용과는 평생의 동지였던 燕巖 朴趾源도 대체로 그와 유사한 생각을 갖고 있었던 것으로 생각된다.

> C-4 만물의 생겨날 때 어찌 氣 뿐이랴. 天地는 大器이고, 가득찬 것은 氣이고 그것을 채운 所以는 理이다. 陰과 陽이 서로 밀칠 때, 理는 그 가운데 있으며, 氣가 그것을 둘러싼다. 마치 복숭아가 씨앗을 품고 있는 것이 모든 과일에서 같은 모습이듯이, 돈이 땅에 흩어졌으나 만 낱이 한 끈에 꿰어 있듯이. 이는 理가 근원은 하나이고, 길은 달라도 한 곳에 이른다.107)

朴趾源은 만물 생성의 所以로서의 '理'를 긍정하고 그것이 만물에 고르게 갖추어진다고 말하고 있다. 그의 문학적인 이 같은 설명 방식은 충분하지는 않지만 독자로 하여금 洛論을 연상케 하는 것이라 생각된다. 특히 복숭아가 씨앗을 품고 있는 것처럼 모든 과일이 그러하다는 설명에 이르러서는 더욱 그러하다.

이상에서 살펴본 바와 같이 북학파를 대표하는 洪大容의 심성론은 洛論을 계승한 것이었다. 그렇다면 앞서 살펴 본 바와 같이 낙론적 심성론의 특징이 그의 사상에도 상당한 영향을 미치고 있었을 것으로 예상된다. 즉 인간과 聖人만이 아닌 모든 사물에 내재한 理를 학문의 대상으로 설정하고 자신의 기질을 고쳐 성인의 경지로 나아가려는 노력을 기울이는 등의 특징이 그의 학문관에서도 나타날 것으로 생각된다. 다음 장에서 이 점에 대하여 살펴보기로 한다.

---

107) 朴趾源,『燕巖集』卷2, 書, 答任亨五論原道書, 景仁文化社, 1966, 37쪽, "萬物之生 何莫非氣也 天地大器也 所盈者氣 則所以充之者理也 陰陽相盪 理在其中 氣而包之 如桃懷核 萬顆同兆 如錢算地 萬銖同貫 此理之一原 而殊塗同歸者也"(이하 『燕巖集』으로 略함).

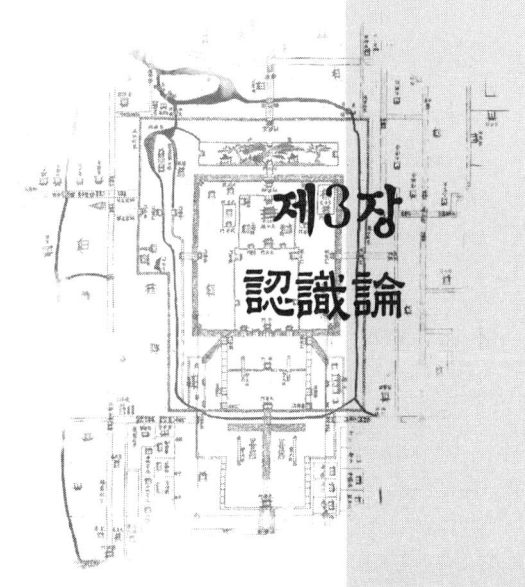

제3장
認識論

제3장 認識論

I. 學問觀

　　洪大容도 마찬가지이지만 洛論系의 학자들은 四書 중, 특히 『中庸』을 중시하는 경향이 있었다. 이는 앞서 지적했듯이 『中庸』의 朱子註에서 洛論의 중요한 이론적 근거를 찾을 수 있기 때문이기도 하였지만, 이외에 또 다른 의미도 가지고 있었다. 즉 『大學』이나 『論語』가 주로 治者의 학문이라면 『中庸』은 군자의 학문이라는 성격이 강했던 것이다. 주지하다시피 『大學』은 "修身·齊家·治國·平天下"라는 명제를 설명한 것인데, 修身이나 齊家에 관한 내용도 물론 포함되어 있지만 그 최종적인 목적은 治國·平天下에 있는 것이라고 할 수 있다. 중국 '송나라 때의 曾鞏(1019~1083)은 神宗에게 올린 상소에서 『大學』을 治道의 근본으로 삼아야 한다 하였고, 司馬光(1019~1086), 呂公著(1018~1089) 또한 『大學』은 帝王의 德을 이룩할 수 있는 근본적인 法을 서술하고 있는 책'[1]이라고 하였다고 한다. 朝鮮朝에서도 『大學』, 『大學衍義』 등이 제왕학의 기본 교과서 역할을 하였다는 사실도 이미 알려진 바와 같다.[2]

　　반면 『中庸』은 "君子는 中庸하고 小人은 中庸에 反한다"[3]고 한 공자의 말에서 보듯이 군자가 갖추어야 할 도리가 많이 포함되어 있었다. 또

---

1) 박완식 編, 『大學·大學或問·大學講語』, 이론과 실천, 1993, 10쪽.
2) 鄭在薰, 「明宗·宣祖年間의 經筵」 『朝鮮時代史學報』 10, 朝鮮時代史學會, 1999, 43~44쪽.
3) 『中庸』, 777쪽, "仲尼曰 君子中庸 小人反中庸".

『中庸』에는 실천을 중시하는 경향도 있었다. 주자는 『中庸』에서 道에 대해 해설하기를 "道란 길이다. 인간과 사물이 각각 그 性의 자연함에 따르면 그 日用事物之間에 각각 마땅히 행해야 할 길을 알게 된다. 이것이 所謂 道"라고 한다.[4] 그가 이처럼 道를 심원한 것으로 여기지 않고 日用 事物 사이에 널려 있고 마땅히 해야 할 일들이라고 명쾌하게 정의하는 경우는 찾아보기 어렵다. 이러한 해석에 주목하게 되면 道란 곧 日用의 일, 마땅히 행해야 할 일을 하는 것이라는 결론에 이르게 되고 따라서 실천의 문제가 전면에 부상되는 것이다.

본래 유교, 특히 주자학에서 知와 行의 문제는 늘 동시에 논해지는 것이다.[5] 주자도, "知와 行은 인간이 두 발이 앞서거니 뒤서거니 하면서 나아가는 것처럼 함께 나아가야 한다"고 말한다.[6] 또 양자의 관계에 대해서는, "굳이 선후를 논하면 知先行後가 되지만 輕重을 논하면 行이 重하다"고 한다.[7] 즉 논리적 순서로 말하면 알고 나서야 행할 수 있으니 知가 앞서지만 현실적으로는 行이 더 중요하다는 것이다. 그러나 論者에 따라서는 논리적 선후를 중요시하여 知를 앞세우기 하고 현실적 경중을 중요시하여 行을 앞세우기도 하는 차이가 있을 수 있었다. 예컨대 星湖 李瀷(1681~1763)은 먼저 "앎의 이치를 통한 뒤에야 讀書의 心行도, 孝悌의 身行도 가능하다"고 하여 行보다는 知에 우선권을 부여하였다고 한다.[8]

---

4) 同上, 770쪽, "道猶路也 人物各循其性之自然 則其日用事物之間 莫不各有當行之路 是則所謂道也".
5) 丸山眞男, 김석근 譯, 『日本政治思想史研究』, 통나무, 1995, 137쪽.
6) 『朱子語類』(1), 卷14, 大學1, 281쪽, "日知與行 工夫須著並到 知之愈明 則行之愈篤 行之愈篤 則知之益明 二者皆不可偏廢 如人兩足相先後行 便會漸漸行得到 若一邊軟了 便一步也進不得 然又須先知得 方行得 所以大學先說致知 中庸說知先於仁 勇 而孔子先說知及之 然學問・愼思・明辨・力行 皆不可闕一".
7) 『性理大全』卷48, 學6, 知行, 759쪽, "知行常相須 如目無足不行 足無目不見 論先後知爲先 論輕重 行爲重".
8) 柳仁熙, 「星湖僿說의 哲學思想」『震檀學報』59, 震檀學會, 1985, 160쪽.

湖洛論爭에서는 비록 知・行의 문제가 전면에 부상되지는 않았지만 그 내면에는 이 문제 역시 포함되어 있었다고 하지 않을 수 없다. 이미 앞에서 언급한 바 있지만, 湖論은 五行秀氣之理인 五常을 인간만이 온전하게 부여받았음을 천명함으로써 인간의 도덕 능력과 더불어 理가 갖는 도덕법칙의 측면을 강조하였다. 나아가 聖・凡心異論을 통하여 학문적으로 성인에 대한 배움에 초점을 맞추었다. 이는 곧 知의 강조, 즉 인간의 理性 능력 강조로 이어지게 된다. 韓元震과 평생 동지적 관계를 유지하였던 屛溪 尹鳳九(1681~1767)는 "비록 正通한 氣가 稟賦되었지만, 淸濁이 없을 수 없다"고 전제한 후, "氣는 靈活하여 變할 수 있으니, 힘써 배우면 性을 回復할 것"9)이라고 말한다. 聖・凡心이 서로 다름을 말하고는 곧 기질을 고치기 위해 힘써 배울 것을 주장하는 것이다.10)

성인으로부터 배운다는 것[學問]은 곧 知의 영역에 속하는 것이다. 韓元震은 다음과 같이 말한다.

> D-1 나는 心의 用이 곧 智의 用이라고 말한다. 智 또한 능히 다섯 가지의 德을 포함하여 一心의 用을 오로지 할 수 있다. 그런 까닭에 知覺이 갖추는 바의 理는 통합하여 말하면 智이니 智는 知覺의 理가 된다. 知覺이 행하는 바의 情은 통합하여 말하면 智의 情이니 知覺은 智의 用이 된다. 11)

즉 智는 知覺의 理요, 知覺은 智의 用이며, 仁・義・禮・智・信 등

---

9) 尹鳳九, 『屛溪集』(Ⅰ), 卷3, 詩, 其十一 衆人, 민족문화추진회, 1998, 50쪽, "雖稟氣正通 不能無淸濁 顏亦有些麤 況乎在傑跖 靈活猶可變 力學性乃復"(이하 『屛溪集』(Ⅰ)・(Ⅱ)・(Ⅲ) 등으로 略함).
10) 『屛溪集』(Ⅱ), 卷39, 講義, 金幼道心性講說 壬午, 281쪽, "禹湯顏曾 亞聖心之氣 猶不無麤些 故學而反之以循性也".
11) 『南塘集(Ⅱ)』 卷30, 雜著, 知覺說, 150쪽, "余謂心之用 卽智之用也 智亦能包五者之德而專一心之用 故知覺所具之理 統而言之則智也 而智爲知覺之理 知覺所行之情 統而言則智之情也 而知覺爲智之用矣".

五德을 '智'라는 한 글자로 요약할 수도 있다는 입장이다.[12] 이것은 앞서 살펴본 정자·주자와 홍대용 같은 낙론계 학자들이 五常을 仁으로 요약했던 것과는 다른 매우 특이한 주장이다. 知를 강조한다고 하여 行이 무시되는 것은 물론 아니지만 知에 특별한 지위를 부여한 만큼 실천 행위보다 지적 행위에 강조점이 두어지는 특징을 보이고 있는 것도 틀림없는 사실이었다.

반면 낙론계의 학자들은 지적 행위보다 실천 행위를 우선시하고, 따라서 '日用當行之事'를 강조하는 경향을 보인다.

D-2 드디어 辭朝하는 수령을 인견하였는데, 懷德縣監 李柬이 나와 엎드렸다. 임금이 그가 抄選됐다는 말을 듣고 傳敎하기를, "山林에서 讀書하였으니, 반드시 學問하는 요점을 알 것인데, 내가 듣고자 한다" 하니, 李柬이 말하기를, "신은 듣건대, 학문하는 本末은 知와 行이라고 합니다. 知와 行 가운데 각기 큰 이치가 있습니다. 一物·一事의 이치를 모두 마땅히 알아야 할 것이나 心身에 日用하는 倫常·紀綱의 문제야말로 반드시 먼저 곧바로 결단하여 了解해야 하니, 이것이 致知의 큰 이치입니다. 行으로 말하자면 하나의 善과 하나의 행실을 진실로 마땅히 극진하게 해야 하나, 修己上에 나아가 말하면 天理·人欲의 나뉨에서 곧바로 판단하여 구별해 내어야 합니다. 治人 上에 나아가 말하자면 善을 善하게 여기고 惡을 惡으로 여겨 진실되게 힘을 쓰면 이것이 力行의 큰 이치입니다. 학문을 하면서 그 큰 이치를 먼저 하지 않으면 학문하는 요점이 아닐 듯 싶으니, 孟子가 이른바 '먼저 그 큰 것을 세워야 한다'고 한 것이 이것을 이른 것이 아니겠습니까?"[13]

---

12) 同上, "知覺所以然之理 分而名之則爲仁義禮智 總而名之則單言智字 亦可也".
13) 『英祖實錄』卷3, 英祖 元年 2月 丁亥, 473쪽, "遂引見辭朝守領 懷德縣監李柬進伏 上聞其爲抄選 敎曰 山林讀書 必知爲學之要 予欲聞之 柬曰 臣聞爲學本末 知與行而已 知行之中 各有大致 一事一物之理 皆所當知者 而日用身心倫常綱紀上 必先直截理會 此卽是致知之大致也 以行言之 則一善一行 固所當盡者 而就修己上言 則天人理欲之分 直截辨得 就治人上言 則善善惡惡 眞實用力 此是力行之大致也 爲學而不先其大致 則恐非爲學之要 孟子所謂先立其大者 非謂是歟". 이하 본문에 제시되는 『實錄』기사 번역문은 서울시스템(주)에서 발

앞의 인용문은 낙론계의 중심인물 중 하나였던 李柬을 천거에 의해 발탁한 영조가 그를 친히 불러 학문의 요점을 물은 것이다. 이에 대한 이간의 위와 같은 대답은 湖論의 영수였던 한원진이 발탁된 처음부터 일관되게 復讐雪恥에 관한 상소를 올렸던 사실과 묘한 대조를 이루고 있다.14) 학문의 요점에 대해 이간은 '日用의 倫常·紀綱 따위가 곧 致知의 큰 이치'라고 말하면서 먼저 이것부터 세워야 한다고 進達하고 있다. 知·行을 동시에 이야기하면서 양자의 균형을 잡고는 있지만 知의 측면에서도 日用의 일들에 대해 결단할 것을 앞세우고 있다는 점에서 실천 중시라고 말할 수 있다고 생각된다. 왜냐하면 日用이란 일상 생활에서 실천하는데 필요한 것들을 지칭하는 것이어서, 실천을 전제로 한 知를 말하고 있기 때문이다.

홍대용의 스승인 김원행 또한 실천 행위의 중요성을 강조한다. 그는, "『中庸』의 三達德은 바로 知·仁·勇으로써 차례를 삼았다. 알되 勇이 없으면 앎이 철저하지 못한 것이며, 어질되 勇이 없으면 어짊에 철저하지 못한 것이다. 知와 仁은 모두 勇에 기대니 勇이 마무리 지어 끝맺는 所以가 된다"15)고 말한다. 여기서 勇이란 실천력·추진력을 말하는 것이다. 이러한 김원행의 의견은 三達德에 독특한 이해라고 할 수 있다. 본래 순서로 말하면 김원행의 지적대로 知·仁·勇의 순서가 되지만, 결정력의 면에서 보면 仁이 知·勇의 바탕이 된다. 왜냐하면 仁은 知·勇에 대해 선악의 결정력이 있지만, 知·勇은 仁을 결정할 수 없기 때문이다. 다시 말해 어질면 지혜롭고[不惑] 용감하지만[不懼], 반대로 지혜롭고 용감하다고 해서 곧 바로 어진 것은 아닌 것이다.16) 물론 김원행이 이러한

행한 『朝鮮王朝實錄』 CD-ROM의 번역을 참고하였음.
14) 제1장의 주 39)와 같음.
15) 『渼湖集』 卷10, 書, 答洪大容, 201쪽, "中庸三達德 正以知仁勇爲序 知而無勇 則知也不徹 仁而無勇 則仁也不徹 知與仁 皆賴於勇 而勇所以結尖以爲終也".
16) 이에 대해서는 勞思光, 앞의 책, 105~106쪽을 참조.

논리적 순서·결정관계를 인정하지 않는 것은 아니겠지만 勇을 '마무리 지어 끝맺는 所以', 즉 선한 행위의 완성자로서 높이고 있는 것은 실천의 강조로 보아도 무방한 것이라 생각된다. 이는 실천 없는 知·仁이 현실적으로 무의미함을 강조하는 것이라 할 수 있다. 어떤 행위를 마무리 지어 끝맺지 못한다면 그 앞의 행위는 무의미해지는 것이기 때문이다.

이에 대한 낙론계 인물들의 언급을 좀 더 살펴보기로 하자. 낙론계의 중심적 인물로 활동했던 則止軒 兪彦鎬(1730~1796)는 燕巖 朴趾源과 친밀한 관계를 유지하였던 인물이며,[17] 그의 친형인 大齋 兪彦鏶(1714~1783)은 陶庵 李縡의 문인이었다.[18] 그는 정조 즉위 초기, 경연에서 다음과 같이 발언하였다.

> D-3 임금이 말하기를, "'知'와 '行'은 어느 한쪽도 폐해서는 안 되는데, 知가 의당 먼저 있어야 하지 않겠는가?" 하니, 李獻慶이 말하기를, "먼저 알고 난 뒤에 행할 수 있기 때문에 '知'가 '行'의 앞에 있어야 합니다. 그러나 『小學』의 가르침에는 먼저 청소하고 應對하는 것으로부터 시작하고 있으니, 이로써 말한다면 '行'이 '知'의 앞에 있어야 합니다" 하였다. 兪彦鎬는 말하기를, "'知'와 '行'은 어느 한쪽도 폐할 수 없는 것입니다만, 先後를 가지고 말한다면 '知'가 先이 되고 輕重으로 말한다면 '行'이 重한 것이 됩니다. 비유하자면 길을 가는 것과 같아서 익히 알고 있는 길인데도 머뭇거리면서 退步함으로써 결국 앞으로 가지 못하는 것보다는 용기 있게 곧바로 나아가 비록 혹 더듬거리며 다니다가 찾다가 하면서 그래도 목적한 곳에 도달하는 것이 낫습니다. 이로써 말한다면 '行'이 '知'보다 重합니다" 하였다. 임금이 말하기를, "이 말이 진실로 옳다. 行하면서도 모르는 것은 그래도 성실한 사람이 될 수 있지만, 알면서도 행하지 않는 것은 도리어 退托의 경지로 돌아간다. 그런 때문에 사람이 혹 經史를 해박하게 알고 義理를 익히 안다고 해도 行實이 그에 따르지 못하는 경우가 있다"[19]

---

17) 劉奉學, 앞의 책, 153~154쪽.
18) 張志淵, 앞의 책, 98~99쪽.
19) 『正祖實錄』卷3, 正祖 元年 1月 甲午, 650쪽, "上曰 知行不可偏廢 而知當在先

그는 "先後로 論하면 知가 먼저이지만, 輕重으로 論하면 行이 重하다"고 한 주자의 말을 인용한 뒤, 行 없는 知를 퇴보로, 知 없는 行은 더 듬거리는 하지만 그래도 목적지에는 도달하는 것으로 각각 비유하고 있다. 정조 역시 이 말에 동의하면서 '知 없는 行은 성실한 사람이라도 될 수 있지만 行 없는 知는 도리어 退步하는 것'이라고 결론짓는다. 조금 거친 표현으로나마 정리해서 말하자면 知 없는 行은 그나마 긍정적인 가치를 갖지만, 行 없는 知는 오히려 퇴보, 즉 부정적인 가치만을 갖는다는 것이다. 이러한 行에 대한 가치 판단은 앞서 언급한 李瀷이나 韓元震의 그것과 분명한 차이를 보이고 있는 것이다.

洛論에서는 이처럼 知에 앞서 行을 강조하였는데, 이는 현실적으로 어떠한 의미를 갖는 것이었을까. 다음에서는 兪彦鎬와 정조의 언급을 통하여 살펴보기로 하자.

> D-4 임금(正祖−인용자)이 말하기를, "『大學』의 공부에 次序가 있기는 하지만, 오늘은 '格物'을 하고 내일은 '致知'를 하며 또 그 다음날은 '誠意'를 한다고 말하는 것은 아니다. 일반 백성의 학문도 오히려 학문이 성취되기를 기다려 事爲에 시행하는 것인데, 帝王家에 이르러서는 二帝·三王이 천하를 맡아 다스릴 때를 제외하고는 혹 어려서 제왕이 되는 경우도 있고 혹 늙어서 공부한 것이 없는 경우도 있는데, 학문이 성취된 뒤에 비로소 정치를 하게 된다면 이는 할 수 없을 듯하다" 하니, 兪彦鎬가 말하기를, "비단 帝王家의 학문뿐만이 아니라 일반 백성의 공부라 할지라도 또한 모두 이 공부를 다 한 뒤에 비로소 저 공부를 하는 것은 아닙니다. 德이 증진되는 순서에는 비록 界限이 있는 것이지만 공부는 그렇지 않습니다" 하였다.[20]

乎 獻慶曰 先知而後可以行 故知在行先 而小學之敎 先從洒掃應對 以此言之 則行在知先矣 彦鎬曰 知行不可偏廢 而以先後言之 則知爲先 以輕重言之 則行爲重 譬如行路者 與其熟知程途 而因循退步 終不得行 不如勇往直前 雖或摘埴 而且行且尋 猶償以得到其所也 以此言之 則行重於知也 上曰 此言儘然 行而不知 猶爲原懋之人 知而不行 則反歸於退托之科 故人或有博通經史 該貫義理 而行有所不掩者矣".

D-5 임금이 말하기를, "卿(宋德相을 말함-인용자)이 아뢴 내용이 좋다. 知行 두 글자로 인하여 내가 반복하여 생각한 것이 있다. 학문을 하는 방도는 格物致知를 먼저 하는 것을 귀하게 여기고, 誠意·正心은 그 다음인 것이다. 知行을 가지고 말하건대, 窮·格은 知에 속하는 것이고 誠·正은 行에 속하는 것이다. 그러나 어찌 모든 것을 다 알고 난 뒤에야 비로소 行에 대한 공부를 논의할 수 있겠는가. 오늘 하나의 사물에 대한 이치를 터득하고 내일 또 하나의 사물에 대한 이치를 터득하여 오늘 한 가지 일을 행하고 내일 한 가지 일을 행함으로써 知가 1寸이 증진되면 行도 1寸이 증진되게 하여 아울러 연마하여 나란히 증진되게 해야 하는 것이요, 어느 한쪽도 폐기해서는 안 되는 것이다. … 또 말하는 사람들이 혹 匹庶의 학문은 修身齊家하는 일에 그치는 데 불과하다고 하지만, 나는 그렇지 않은 점이 있다고 여긴다. 匹庶들의 학문도 帝王의 학문과 다를 것이 없다. … 이로써 살펴본다면 匹庶라 할지라도 또한 治平의 학문을 생각하지 않을 수 있겠는가? 단지 제왕의 학문은 匹庶의 학문과 緩急의 차이가 있을 뿐이다. 匹庶에게는 학문이 治平의 경지에 도달하지 못하더라도 우선 德業을 연마하여 증진시킴으로써 功效를 이루기를 요구할 수 있으니, 이것이 聖人이 이른바 어려서 배워서 장성하여 행한다는 것이다. 帝王에 이르러서는 어릴 때 이미 治平의 책임을 맡았는데, 修身·齊家의 공부가 깊은 경지에 도달하지 않았다는 것을 핑계하여 이에 治平의 공부를 버리고 하지 않을 수 있겠는가? 더욱 한편으로는 공부에 힘을 쓰고 한편으로는 다스려 가야 하는 것이다. 이 때문에 帝王의 학문은 더욱 急하고 더욱 重하다. 匹庶들의 학문과 매우 다른 것은 참으로 이 때문인 것이다. 아! 上古 때에는 진실로 聰明한 사람이 元后가 되었는데, 夏·商이 천하를 후손에게 대대로 물려주면서부터 임금이 된 사람이 반드시 모두 聰明한 자질을 지니지 않았어도 天位는 드디어 대대로 지켜 내려오는 물건이 되었으니, 모든 공부에 힘쓰는 방도에 대해 더욱 부지런하고 감히 황음하고 안일하지 아니하여 上天이

---

20) 同上, 卷3, 正祖 元年 1月 甲午, 650쪽, "上曰 大學工夫 雖有次序 而非今日格物 明日致知 又明日誠意之謂也 匹庶之學 猶可待夫學之成就 始諸事爲 而至於帝王家 旣非二帝三王官天下之時 則或有幼而爲帝王者 或有老而無工夫者 欲待學成而後始乃爲治 則恐不可爲也 彥鎬曰 非但帝王家學問 雖匹庶之工夫 亦不可盡爲此工夫 然後始爲彼工夫也 進德之序 雖有界限 而工夫則不然也".

임금이 되게 한 뜻을 저버리는 일이 없어야 옳을 것이다. 이는 내가 글 뜻으로 인하여 마음이 격앙된 까닭이다" 하였다.[21]

　실천 강조가 갖는 현실적 의미는 위에서 보듯이 修身・齊家 이후에 治國・平天下라고 하는『大學』의 次序가 동시에 추구되어야 할 가치로 인식된다는 점에 있었다. 格物・致知・學問의 성취(D-4) 등은 모두 知의 영역에 속하는 것이고, 또한 修身의 영역에도 속하는 것이다. 治國・平天下는 行의 영역에만 속하는 것이고, 儒者가 추구하는 궁극적 실천 행위의 하나이다.
　정조는 현실적으로 학문이 완성된 뒤에야 정치, 즉 治國・平天下를 목표로 하는 일에 나설 수는 없다고 말하고 兪彦鎬는 이에 동의한다(D-4). 즉 현실적으로 知가 완성된 후에야 行할 수는 없다는 것이다. 이렇게 말하는 것과 논리적 순서를 말하는 것이기는 하지만 知先行後라 말하는 것은 분명한 차이가 있는 것이라고 생각된다.
　이 논리를 확장하면 왕의 통치 행위는 중단이 없어야 하므로 修身의 완성을 기다려 통치하는 것이 아니라 修身 공부와 동시에 통치 행위가 이루어질 수밖에 없다는 것을 승인하게 된다(D-5). 修身은 知(格物・致

---

21) 同上, 卷6, 正祖 2年 12月 辛未, 80쪽, "上曰 卿之所奏乎矣 因知行二字 予有所反復者矣 爲學之道 貴先格致 而誠正次之 以知行言之 窮格屬知 誠正屬行 然豈可盡知而後 始議做工於行乎 今日格一物 明日格一物 而今日行一事 明日行一事 知得一村 行得一村 交修竝進 不可偏廢者也 … 且說者 或以爲匹庶之爲學 不過止於修齊之事云 予則以爲此有不然 匹庶之學 與帝王無異焉 … 以是觀之 雖匹庶 亦豈可不念於治平之學乎 但帝王之學 與匹庶 差有緩急之殊 在匹庶則學未到治平之域 姑可進德修業 以責成效 此乃聖人所謂幼學壯行也 至於帝王 則冲幼之時 已任治平之責矣 其可委之以修齊以上工夫之未造 而乃以治平之功 讓而不居乎 尤當一邊用工 一邊做治也 是以帝王之爲學 爲尤急尤重 而與匹庶 煞有殊焉者 誠以此也 噫上古之時 則亶聰明者作元后 而自夫夏商家天下之後 爲人主者 未必盡有聰明之資 而天位遂作世守之物 則凡所用工之方 益加俛焉孜孜 不敢荒逸 而無負上天作后之意可也 此予所以因文義 激仰于中者也".

知)와 行(正心・誠意)을 포괄하는 것이지만, 治國・平天下는 行만을 의미하는 것이다. 修身이 완성되지 않았더라도 治國・平天下에 나설 수 있다는 것은 곧 知가 완전하지 않더라도 行할 수 있고, 또 行해야만 한다는 논리의 연장선상에 있는 것이다.

兪彦鎬는 이와 같은 修身・齊家・治國・平天下의 동시적 추구가 단지 帝王에게만 해당되는 것이 아니라 사대부에게도 마찬가지라고 주장하였고(D-4), 정조 역시 훗날의 경연(D-5)에서 이에 동의하는 말을 하고 있다. 匹庶도 帝王과 마찬가지로 修身이 완성되지 않았더라도 治國・平天下의 일을 공부해야 한다고 말하는 것이다(D-5). 따라서 사대부는 修身이 완성되지 않았더라도 치국・평천하에 참여하여 임금을 보필할 수 있다는 것이요, 수신과 치국은 동시에 수행되어야 할 가치가 된다. 다만 필서와 제왕의 다른 점은 그 완급의 차이, 즉 제왕은 이미 어려서부터 치국・평천하의 책임을 지고 있다는 현실적 조건에 연유하는 완급의 차이만이 있을 뿐이라는 것이다(D-5).[22]

이와 같은 修身・齊家・治國・平天下의 동시적 추구는 실상 왕권의 초월적 권위에는 약간이나마 흠집을 남기는 것이 아닐 수 없다. 정조 자신도 夏・商 이후의 왕은 총명한 자이기보다는 선조로부터 왕위를 물려받은 자라 인식하고 있었다(D-5). 이 논리를 연장하면 왕의 修身이 완성된 것이 아니므로 신하들의 보필은 불가결한 요소로 격상될 수 있다고 생각된다. 다시 말해 行, 즉 실천의 추구가 가져온 현실적 결과는 도덕의 완성을 전제하지 않고도 정치에 임할 수 있는 가능성을 열어 놓은 것이며, 불완전한 도덕성을 보완하기 위해 국왕 및 관료의 共治라는 이념을

---

[22] 이 점에서 사대부는 修身・齊家의 완성을 추구하여 治國・平天下에의 참여를 거부, 또는 유보할 수 있는 자유가 있다고 할 수 있을 것이다. 이러한 점으로부터 미루어 보자면 洛論系 인물들이 湖論系 인물들에 비해 상대적으로 현실 정치에 보다 적극적으로 참여하였을 가능성이 있다고 생각된다. 이에 대한 것은 추후의 연구과제로 남겨 두고자 한다.

강화하는 역할을 하였을 가능성이 있다는 것이다.

이러한 실천의 강조는 다음에서 보듯이 홍대용에게서도 동일하게 관찰되는 것이다.

> D-6 내(洪大容-인용자)가 말하기를, "睿敎가 매우 타당합니다. 日用當行之事를 切問・近思하고 隨事體行한다면 性理란 것도 또한 별 것이 아니라, 곧 日用에 흩어져 있는 것입니다. 知와 行이 아울러 진보되면 한 근원이며 큰 근본인 性과 天道를 환히 꿰뚫을 수 있을 것입니다. 그러나 初學으로서 性命을 이야기하고 앉아 있는 것은 한갓 유익이 없을 뿐만 아니라, 도리어 해로운 것입니다" 하니 東宮이 말하기를, "그 말이 지극히 옳소. 子貢같은 총명한 이로도 晩年에야 비로소 性과 天道를 얻어 들었다 하오. 그렇다면 처음 배우는 자가 진실로 차례를 건너 뛸 수는 없는 것이오. 桂坊의 말이 매우 타당하다 하겠소. 이 말을 보더라도 桂坊은 고집스럽고 막힌 이론은 하지 않는 듯하오" 하였다. 李鎭衡이, "桂坊의 의론은 본래가 이와 같습니다" 하였다.23)
>
> D-7 아아! 聖人을 좋아할 줄이야 누구인들 모르랴마는 세상에는 그렇게 힘쓰는 사람이 없고, 下流를 미워할 줄이야 누구인들 모르랴마는 뭇 사람은 모두 그에게로 돌아간다. 이는 다름 아니라 行하지 않은 탓이다. 사람이 能히 그 아는 바를 행한다면 어찌 옛 사람에게 미칠 수 없겠는가?24)

그는 聖人이 되고자 하는 마음이 있어도 行하지 않으면 下流가 되고 만다고 한다(D-7). 즉 성인에 이르는 길은 아는 만큼 行하는 것이고 실천

---

23) 『湛軒書』(上), 內集 卷2, 桂坊日記, 乙未年 2月 18日, 189쪽, "臣曰 睿敎甚當 日用當行之事 切問而近思 隨事體行 則性理亦非別物 卽散在於日用 及其知行竝進 則一原大本 性與天道 可以豁然貫通 初學之坐談性命 非徒無益而有害之 令曰 此言極是 以子貢之穎悟 晩年始聞性道 則初學儘不可躐等 桂坊之言甚當 觀此言則 桂坊似不爲固滯之論 李曰 此桂坊議論 本來如此".
24) 同上, 內集 卷3, 序, 贈周道以序, 257쪽, "嗚呼 孰不知聖人之可好 而世無其人 孰不知下流之可惡 而衆皆歸之 無他 不行之過也 人能行其所知 何古人之不可及哉".

없이는 성인이 될 수 없다는 것이다. 또 性理의 이론은 알기 어려운 것이어서 初學者에게는 해가 되는 것이고, 性理란 만물에 내재한 것(人物性同)이므로 日用當行之事에서 知·行을 아울러 진보시킨다면 性과 天道에도 통할 수 있게 된다고 말하고 있다(D-6). 아는 바를 행한다면 성인의 경지에 오르지 못할 까닭이 없고(D-7), 知·行을 함께 진보시키면 性과 天道에 豁然貫通할 수 있다는(D-6) 그의 논리는 전술한 洛論의 특징을 그대로 보여주는 것이기도 하다. 홍대용은 다음에서 보듯이 여기에서 그치지 않고 당대 사대부들의 공허한 학문을 비판하고 실천의 의미를 보다 구체화시키기에 이른다.

> D-8 글을 읽을 때에는 ⋯ 먼저 그 大義를 살핀 다음에 그 자세한 曲折을 미루어 생각하여 반드시 일상의 일과 행위에 적용해 보아야 할 것이요, 章句에 얽매이지 말아야 한다. 한 구절만 보았더라도 꼭 알아야 하며, 한 구절만 알았더라도 꼭 행해야 한다. 한 번 알고 한 번 행하면 발과 눈이 함께 나아가게 될 것이다. 經書와 史書 이외의 異端 雜書는 반드시 그 단점은 버리고 장점만 취해야 하며, 음탕하고 이치에 맞지 않는 말은 공부에 방해되고 뜻을 잃기 쉬운 것이니, 절대로 눈길을 머물게 해서는 안 된다.25)
>
> D-9 반평생 동안 정신을 소모하면서 백여 편의 쓸 데 없는 글을 지었으니, 私利를 위하는 문서로서 한갓 사람의 의견만 혼란시켰을 뿐, 마침내 세상 敎化에는 도움이 없게 되었소. 아아! 이것은 실로 近世 儒學者의 마음속에 도사린 불치의 고질병이오. ⋯ 그리고 차라리 사업에는 게을리 할지라도 오직 글 읽는 데에는 널리 못할까 두려워하고, 차라리 本原은 날로 거칠어 갈지언정 오직 저술을 많이 못할까 두려워 하니, '행하고 남은 힘이 있으면 글을 배운다'는 聖人의 훈계가 사라진지 아아! 이미 오래되었도다.26)

---

25) 同上, 內集 卷3, 說, 自警說, 273~274쪽, "讀書 ⋯ 先觀其大義 而後推其曲 必措諸事爲 而毋繳繞於章句 才見一句 便要知之 才知一句 便要行之 一知一行 足目兩進 經史之外 異端雜書 亦必捨其所短而取其所長 如淫媟不經之說 害工喪志 切勿寓目".

그는 자신을 경계하는 글(D-8)에서도 많이 읽는 것과 章句에 얽매이는 것보다는 적게 읽더라도 반드시 그 뜻을 알아야 하며 알게 된 것은 반드시 실천해야 한다고 다짐하고 있다. 행하고 남는 힘이 있으면 학문도 하는 것이라고 한다(D-9). 그리하여 "精一을 읽으면 精一로 나아가고 敬・義를 읽으면 敬・義로 나아간다. 나는 그대에게 '行'이라는 한 글자를 준다"27)고 말하게 되었다. 그렇게 해야 知・行이 날로 발전하여 옛 사람의 경지에 이를 수 있다는 것이다.

그는 애초에 知란 行이 없으면 완전한 知라 할 수 없다고 생각하였다. 그는, '먼저 알고 난 뒤에 행한다는 것은 古今의 通義'라고 하여 논리적 순서상 知先行後임을 부정하지는 않는다. 그러나 "비록 그렇더라도 半分을 알았으면 반드시 계속하여 半分을 行해야 할 것이며, 半分을 行한 뒤에야 바야흐로 知가 完全하고 行 역시 完全하다고 할 수 있다"고 말한다.28) 즉 行은 知의 완성자인 것이며, 성인의 경지에의 도달 여부를 결정짓는 요소(D-7)인 것이다. 行에 대한 洪大容의 이러한 자세는 앞서 인용한 金元行의 말, 즉 "勇이 仁과 知를 마무리지어 끝맺는 所以가 된다"고 한 것과 그 궤를 같이 하는 것이면서도 한층 行의 의미가 강화된 것이라 할 수 있다.

그가 힘써 지식을 진보시키고 또 그에 따라 행하고자 했던 바는 글을 많이 읽고 많이 짓는 것이나 앉아서 性命을 이야기하는 것이 아니라, 세상 교화에 도움이 될만한 日用의 일들이요, 누구나 마땅히 행해야 할 일

---

26) 同上, 內集 卷3, 書, 與人書 二首, 251쪽, "半生耗神 做得百十卷尤贅之書 成就私利之契券 而徒亂人意 卒無補於世敎也 嗚呼 此實近世儒學心腹膏肓不治之疾也 … 寧事業之有闕 惟恐看書之不博 寧本原之日荒 惟恐著書之不多 餘力學文 聖訓之弁髦 吁已久矣".
27) 同上, 內集 卷3, 序, 贈周道以序, 257쪽, "讀精一 便去精一 讀敬義 便去敬義 吾與子行之一字".
28) 同上, 外集 卷1, 杭傳尺牘, 與鐵橋書, 391쪽, "先知以後行 此古今之通義也 雖然知得半分 必繼以行得半分 行得半分然後 方可以語知之全分 而行亦全分矣".

들이었다. 이러한 일들을 통해 '옛 사람의 경지'(D-7)에 이를 수 있다고 본 것이다. 요컨대 그는 理氣論이나 心性論에 대해서는 洛論的 입장을 견지하되, 이는 알기 어려울 뿐 아니라 자칫 공허해지고 현실에 아무런 도움이 되지 않을 염려가 있으므로 이것만을 일삼는 것에는 반대하고 日用當行之事에 절실하게 묻고[切問] 가까이 생각하며[近思]하며 일에 따라 몸소 행할 것[隨事體行, D-6]을 역설하고 있는 것이다.

日用이나 民生에 관한 것은 그의 스승 김원행 역시 중시하던 것이었다. 김원행은, "학문이란 별다른 것이 아니니 곧 民生과 日用의 일인 것이다. 학문이 우활하여 일상에 적용할 수 없는 것은 진실한 학문이 아니다. … 실용을 추구하지 않기 때문에 當務를 밝히는 경우가 드물고 日常을 다스림이 적어지게 되었다. 이것이 어찌 학문하는 본의이겠는가"[29]라고 하였던 것이다. 홍대용 역시 그의 스승에 대하여, "일찍이 묻고 배우는 것은 진실한 마음에 있고 하는 것은 실용적인 일에 있으니 진실한 마음으로 실용적인 일을 하면 허물이 적고 業을 성취할 수 있다 들었다"[30]고 추억하고 있었다. '民生', '日用', '實用'은 김원행의 학문에서도 가장 중요한 부분이었다.

이처럼 낙론 계열의 학자들이 실천과 日用當行之事를 중시하는 것은 그들의 심성론에 그 싹이 있었다고 생각된다. 낙론은 인간과 사물이 五常을 함께 갖추었다고 주장할 뿐만 아니라 성인과 범인이 모두 明德 本體를 가지고 있다는 사실을 인정한다. 성인과 범인은 명덕 본체를 함께 갖추었으나, 다만 타고난 기질의 차이만 있을 뿐이므로 범인이 성인이 되기 위해서는 그 기질만 고쳐 나가면 되는 것이다.

물론 호론에서도 기질 변화의 가능성 자체를 부정하지는 않는다. 예컨대 韓元震은 "聖學의 核心은 性善을 아는 것보다 급한 것이 없고, 氣

---

29) 『渼湖全集』, 「渼湖先生言行錄」, 411쪽.
30) 『湛軒書』(上), 內集 卷4, 祭文, 祭渼湖金先生文, 296~297쪽.

質을 변화시키는 것보다 큰 것이 없다"고 하여 기질의 변화를 중요시하였다. 그러나 역시 "性善을 알아야 氣質을 變化시킬 수 있고 然後에 배움을 말할 수 있다"고 하여 知를 기질 변화에 앞세웠고[31] 尹鳳九는 기질을 고치기 위해 力學할 것을 주장[32]하였다. 정리해서 말하자면 호론은 五常을 智로 요약하고 지적 추구를 통하여 성인의 경지에 도달할 수 있다고 생각했던 데 비하여, 낙론은 실천 행위를 중시하였고 홍대용은 여기에서 더 나아가 行을 知의 완성자이며 성인이 되기 위한 필수적인 요소(D-7)로 인식하였던 것이다.

홍대용 역시 "기질의 변화를 어찌 하루아침에 얻을 수 있겠습니까. 때와 장소에 따라 공부해 가는 것을 잊지 않음이 가장 긴요한 방법입니다"[33]라고 세손 시절의 정조에게 충고하였고, 人・物의 다른 점을 논하면서 "愚는 氣에 局限되고 物은 質에 局限되나 心의 靈함은 한가지라 한다. 氣는 변할 수 있어도 質은 변하지 못한다. 이것이 人間과 事物의 차이"[34]라고 말하고 있다. 즉 사물은 質에 국한되어 변하기 어렵지만 인간은 비록 어리석더라도 氣에 국한되었으므로 변할 수 있다는 점에서 인간과 사물은 다르다는 것이다. 이는 인간의 변화 가능성, 예컨대 어리석음을 고쳐 지혜로움으로 나아가는 것이 가능할 뿐 아니라 필수적인 것임을 강조하는 것이 아닐 수 없었다.

氣와 質의 관계를 약간 설명하자면, 본래 성리학에서는 氣에 正通偏塞, 淸濁粹駁의 차이가 있어서 마침내 현실계에 존재하는 만물 사이에도 차이가 있게 된다고 이야기된다. 그 중에서 맑은 氣를 얻으면 人間이 되

---

31) 『南塘集』(Ⅱ), 卷35, 雜識, 內篇 上, 268쪽, "盖聖學之要 莫急於知性善 莫大於 變化氣質 知性善而能變化氣質 然後學可言矣".
32) 『屏溪集』(Ⅰ), 卷3, 詩, 其十一 衆人, 50쪽, "雖禀氣正通 不能無淸濁 顔亦有些 麤 況乎在傑跖 靈活猶可變 力學性乃復".
33) 『湛軒書』(上), 內集 卷2, 桂坊日記, 乙未年 4月 9日, 199쪽, "臣曰 變化氣質 何可取必於一朝也 隨時隨處 不忘加功 最爲要法".
34) 同上, 內集 卷1, 答徐成之論心說, 5~6쪽, "氣可變 而質不可變 此人物之殊也".

고 탁한 氣를 얻으면 사물이 된다. 氣는 다시 氣(陽)와 質(陰), 둘로 나눌 수 있는데 맑은 氣를 다시 氣라 하고 탁한 氣를 質이라 한다.35) 그런데 맑은 氣는 可變이고 탁한 氣, 즉 質은 不可變이다. 인간은 사물에 비하여 맑은 氣를 타고 났고, 그 중에서도 지극히 맑고 지극히 순수하고 신묘하여 헤아릴 수 없는 것이 心이 되었으므로36) 인간의 心은 상당히 可變的인 것이다. 사물은 質에 국한되었으므로 不可變이다.

그렇다면 홍대용이 그토록 강조한 실천의 내용, 즉 日用當行之事의 구체적인 내용은 무엇이었을까. 다음에서는 이 점에 대하여 살펴보기로 하자.

> D-10 옛날의 敎育은 그 어릴 때에 이미 六藝로써 가르쳤으므로 그 자람에 이르러 위로 비록 道를 아는 데까지 미치지는 못하더라도 아래로 적용함에 어긋나지 않았다. 지금 사람은 오로지 章句만을 힘써 그 근본은 얻었으나 그 末藝에는 맞지 않아 專廢해 버린다. 이러므로 道를 아는 사람을 이미 얻기 어려울 것인즉, 章句 誦說만은 비록 그 어긋남이 없다 하더라도 日用의 闕할 수 없는 것에 도리어 어두워 살피지 못하고 왕왕 사정에 어두운 것을 높은 韻致로 여기고, 庶務를 속속들이 밝히는 것을 卑俗한 것으로 여긴다.37)
>
> D-11 대저 根本은 물론 사람이 마땅히 급히 힘써야 할 바이지만 末도 또

---

35) 『朱子語類』(1), 卷3, 「鬼神」, 37쪽, "氣之淸者爲氣 濁者爲質 知覺運動 陽之爲也 形體 陰之爲也". 性理學에서 논하는 대부분의 개념들이 그러하듯이 氣와 質의 개념도 상대적인 것이다. 氣를 淸濁에 따라 氣와 質로 나누고, 그 氣와 質을 淸濁에 따라 氣와 質로 또 나눈다. 마치 陰陽을 논할 때, 陰 속에도 陰陽이 있고, 陽 속에도 陰陽이 있으며, 陰 속의 陰에 다시 陰陽이 있다고 하는 식이다. 이에 대해서는 大濱晧, 앞의 책, 107~137쪽 참조.
36) 『湛軒書』(上), 內集 卷1, 答徐成之論心說, 6쪽, "於是 得淸之氣而化者爲人 得濁之氣而化者爲物 就其中至淸至粹 神妙不測者爲心".
37) 同上, 小學問疑, 8쪽, "古之敎也 於其幼時 已敎以六藝 故及其長也 上而雖未及知道 下而不失爲適用 今人之專務章句 固得其本 而於其末藝 不合專廢 是以知道之人 旣未易得 則誦說章句 雖或無差 而日用之不可闕者 却昧焉不察 往往以疎脫事情爲高致 綜核庶務爲卑俗".

한 생략할 수 없다. 만일 이 말대로 하면 聖人은 그 根本만 일삼고 그 末節은 힘쓰지 않은 것이 되니 어찌 가하겠는가?38)

D-12 가만히 생각건대 周易에는 時義를 귀히 여겼고, 孔子는 周나라를 따른다 하였으며, 옛날과 지금은 시대 사정이 다르기 때문에 三王의 예가 같지 않았던 것이오. 지금 세상에 있어서 옛 道를 행하고자 하면 또한 어렵지 않겠소? 몇 년, 몇 세대에 걸쳐 분석한다 해도 실상 몸과 마음이 다스려지고 어지러워짐과 가정과 나라가 흥하고 쇠하는 데에는 아무 관계가 없고, 다만 모여서 다툰다는 나무람만 오게 하는 데에 족할 뿐인 즉, 아마도 律曆, 算數, 錢穀, 甲兵이 알맞은 대로 세상에 쓰이는 것만 같지 못한 것이오. 익지 않는 五穀은 익은 돌벼만 못한 것인데, 하물며 불타버린 나머지를 주워 모아서 漢儒의 번잡한 말을 억지로 갖다 붙이고, 그 글귀마다 해설하여 聖人의 마음을 깨닫고자 하여 마음과 힘을 그릇되게 많이 들임이겠소?39)

홍대용이 힘써 행할 것을 주장하는 日用當行之事란 禮・樂・射・御・書・數의 六藝, 日用의 궐할 수 없는 것, 事情, 庶務를 속속들이 밝히는 것(D-10), 時宜에 맞는 것, 律曆・算數・錢穀・甲兵, 세상에 쓰이는 것(D-12) 등이었다. 이러한 일들은 소위 末藝(D-10), 또는 末節(D-11)에 속하는 것들이었다. 중요성을 비교하자면 물론 根本이 末節보다 중요한 것이다. 그러나 그렇다고 해서 말절을 생략할 수는 없다는 것이다. 성인도 근본만 일삼고 말절은 버려두었을 리가 없다는 것이다.(D-11)

그가 이처럼 말절에 대해 가치를 부여하고 있는 것은 이를 통해서 '根本＝道'에 이를 수 있다고 생각한 데에서 비롯되었다. 즉 성리란 모든 사

---

38) 同上, 內集 卷1, 大學問疑, 傳四章, 16쪽, "夫本固人之所當急務 末亦不可以略也 若如此說則 聖人徒事其本 而不務其末 其可乎哉".
39) 同上, 內集 卷3, 書, 與人書 二首, 245쪽, "竊意 易貴時義 聖稱從周 古今異宜 三王不同禮 居今之世 欲反古之道 不亦難乎 窮年累世 縷析毫分 而實無關於身心之治亂 家國之興衰 而適足以來聚誦之譏 則殆不若律曆算數錢穀甲兵之可以適用而需世 猶不失爲秭稗之熟也 況其掇拾於煨燼之餘 而傅會以漢儒之雜 欲其句爲之解 而得聖人之心 多見其枉用心力也".

물에 똑같이 내재한 바이므로 "性理란 日用에 흩어져 있다"(D-6)고 말할 수 있었던 것이고, 이러한 日用當行之事를 切問·近思라는 방법을 통하여 格物하고 窮理하는 일이 곧 그 사물에 내재한 性理＝道를 깨달아 가는 길이라는 것이다.

현실적인 측면에서 볼 때, 日用當行之事의 추구가 갖는 의미는 더욱 중대하였다. 설령 '根本＝道'에 이르지는 못하더라도 최소한 아래로 적용하는데 어긋나지 않고(D-10), 세상에 알맞게 쓰일 수 있다(D-12)는 장점이 있었다. 뿐만 아니라 이것은 국가의 흥쇠를 결정하는 하나의 요인(D-12)이 되기도 하였다. 국가의 흥쇠를 결정짓는 하나의 원인이 되기도 하는 편이성과 실용성의 추구, 이것이 바로 日用當行之事가 의미하는 바였다.

동시대의 다른 사람들도 '專實向裏'[40]하는 것으로 인정하였던 그의 이러한 학문에 대한 태도는 朴趾源에게서도 마찬가지로 나타나고 있다.

> D-13 臣 趾源은 아룁니다. … 紫陽 先生(朱子－인용자)의 학문은 하늘과 사람을 꿰뚫었고 그의 道는 여러 聖人에 근접하였습니다. 천하의 일에 알지 못하는 바가 없었으며 또한 천하의 일에 능하지 못한 바도 없었습니다. 그 큰 것으로 말하자면 땅이 짊어진 것과 바다에 실린 거대한 것이었습니다. 그 작은 것으로 말하자면 누에의 실과 소의 털처럼 미세함에 이르렀습니다. … 儒者는 한가지 事物이라도 모르는 것이 있으면 이를 부끄럽게 여깁니다. … 聖賢이 本과 末, 정밀한 것과 조잡한 것을 말할 때, 거론되지 않은 것이 없었으니, 功利가 사람에게 끼치는 것이 깊고도 먼 것입니다.[41]

---

40) 同上, 內集 卷2, 桂坊日記, 乙未年 8月 26日, 205쪽, "李曰桂坊廢科 大是難事 古人曾有妨工奪志之訓 爲學業者 類多放蕩無拘撿 桂坊之廢科 想是專實向裏之計也".

41) 『燕巖集』卷16,「課農小抄」, 諸家總論, 344쪽, "臣趾源曰 … 紫陽夫子 學貫天人 道接群聖 於天下之事 無所不知 亦於天下之事 無所不能 語其大 則地負海涵 語其細 則蠶絲牛毛 … 儒者 恥一物之不知 … 聖賢之言本末精粗 靡有不擧

박지원은 주자가 성인에 가까운 賢人이 된 까닭을 모든 사물을 格物·窮理하여 知·行에 능치 못한 바가 없었다는 것과, '本'과 '末'에 모두 충실하였던 데에서 구하고 있다. 그러므로 儒者는 한 가지 사물에 대해서라도 모르는 것이 있다면 이를 수치로 여겨야 한다고 말하고 있는 것이다.

요컨대 홍대용의 학문관은 道(本)와 末節(末)을 구분하여 道(本)뿐만 아니라 末에 해당하는 것들에도 정당한 가치를 부여한 것이고, 末(日用事物)에 대한 格物·窮理를 통하여 道(本)에 도달하려는 것이었다. 따라서 그들의 학문적 관심은 지극히 현실적이고, 실용적인 일들에 집중되었다. 朴齊家가 말한 바, "대개 利用하고 厚生하는 것이 하나라도 빠진 것이 있으면 위로 正德을 해롭게 한다"[42]고 한 것과 박지원이 말한 바, "利用 然後에 厚生할 수 있고 厚生 然後에 正德할 수 있다"[43]고 한 것은 바로 이러한 학문관으로부터 성립될 수 있었다고 생각된다.

정리해서 말하자면 홍대용과 북학파의 학문관은 末節에서 根本으로, 가까운데서 먼 것으로의 추구라는 방향성을 갖는다. 이와 같은 학문 방향의 설정은 그들의 인식론상의 전환이 있었음을 예상케 해주는 것이다. 때문에 다음에서는 이들의 인식론에 대해 살펴보기로 하겠다.

II. 認識論

홍대용에 대한 기왕의 연구들 가운데 그의 인식론에 대해 언급한 것

而功利之及於人 深且遠矣".
42) 朴齊家, 『楚亭全書』(下), 「北學議」, 自序, 亞細亞文化社, 1992, 418쪽, "夫利用厚生 一有不修 則上侵於正德 故子曰 旣庶矣而敎之 管仲曰 衣食足而知禮節"(이하 『楚亭全書』(上)·(中)·(下) 등으로 略함).
43) 『燕巖集』卷1, 洪範羽翼序, 14쪽, "利用然後 可以厚生 厚生然後 德可以正矣".

은 매우 드문 편이다. 이는 홍대용이 주자의 '格物致知'說을 옹호했던 사정과 관련되어 있는 것으로 생각된다. 많지 않은 연구 가운데 주목되는 것은 金文鎔과 柳仁熙의 연구이다. 김문용은 홍대용의 인식론이 '주관적이고 선험적인 원리보다는 감각과 경험을 중시하는 쪽으로 문을 열어 놓고' 있었으며, '합리성과 경험성의 통일로 발전할 가능성을 가지고 있는 것'으로 평가하였다.44) 그의 이러한 평가는 대체로 동의할 수 있는 것이지만 약간 소극적인 것이 아닐까 생각된다. 그는 홍대용이 천인합일론적 세계관을 벗어나지 못하였고 이러한 세계관하에서는 인식 주체와 객체에 대한 명확한 구분 의식이 없으며 인식론적 관심 또한 강할 수 없다고 주장하였다. 그리하여 홍대용이 '높은 자연과학적 관심에도 불구하고 다른 한편에서 여전히 낮은 인식론적 관심을 유지'하고 있는 한계를 갖는다고 평가하기에 이르게 되었다.45)

그가 이처럼 홍대용의 인식론을 저평가하게 된 것은 주로 성리학, 또는 주자학에 대한 성격 규정에서 기인한다고 생각되지만, 이러한 평가에 대한 필자의 직접적인 의문은 과연 낮은 인식론적 관심을 유지한 채로 자연과학적 관심을 높여 갈 수 있는가 하는 점이다. 말하자면 홍대용과 같은 수준의 과학적·수학적 지식이 인식론적 바탕 없이 이루어졌다고 보기 어렵다는 것이다.

반면 柳仁熙는 홍대용의 인식론을 '탐구적 궁리법'이라 이름하고 이러한 궁리법이 실학자들에게 공통임과 주자 궁리법의 계승임을 밝혔다는 점에서 홍대용의 인식론에 긍정적 시각으로 접근한 최초의 것이라 생각된다.46) 다만 주자의 궁리법과 홍대용의 그것이 계승관계에 있음을 강조한 탓에 양자의 차별성이 크게 부각되지 못한 측면이 있다고 생각된다.

주자학의 인식론은 格物·致知로 요약된다.47) 주자는『大學』소재의

---

44) 金文鎔, 앞의 논문, 134~135쪽.
45) 同上, 134쪽.
46) 柳仁熙,「洪大容 哲學의 再認識」, 136쪽.

格物・致知에 대해 格物은 하나의 사물에 나아가 그 사물의 理를 모두 남김없이 窮究하는 것, 致知는 그 궁구의 결과로 알게 된 것이라고 해설하였다.[48] 여기서 사물이란 단지 현상계의 사물만을 가리키는 것은 아니고 사건이나 모든 현상을 가리키기도 한다.[49] 즉 격물이란 사물이나 현상 등에 나아가 그 이치를 궁구하는 것이고, 치지란 격물의 결과, 인식주체가 대상물의 이치를 알게 되는 것을 말하는 것이다.

우선 인식의 대상은 물론 사물이나 현상에 내재한 理이다. 이 '理'는 '所以然之故'이자 '所當然之則'이다. 흔히 전자는 물리적 법칙을, 후자는 사회적 윤리로 이해된다.[50] 양자 가운데 所以然之故(本源性・必然性・法則性)[51]는 所當然之則(倫理)에 비해 상위의 개념이다.[52] 주자는 공자가 "백성들을 따르게 할 수는 있지만 알게 할 수는 없다"고 한 말에 대하여 해설하기를, "백성들로 하여금 理의 당연한 바를 따르게 할 수는 있지만 그 所以然을 알게 할 수는 없다"고 하였다.[53] 그렇다면 所以然을 아는 것이 우월한 것이고 所當然之則에 따르는 것은 所以然之故를 알 수 없거나 알게 할 수 없는 경우, 우선 실천하기 위해 제시되는 것이라 할 수 있다. 흔히 所以然之故와 所當然之則을 종합하여 말할 때, '所以當然之則'(規則, 倫理 綱領)이라 말하지 않고 '所以當然之故'(原理, 理由)[54]라

---

47) 陳來, 앞의 책, 262쪽.
48) 『朱子大全』(中), 卷51, 答黃子耕, 190쪽, "格物只是就一物上 窮盡一物之理 致知便只是窮得 物理盡後 我之知識 亦無不盡處".
49) 『大學』, 14쪽, "格至也 物猶事也".
50) 陳來, 앞의 책, 264~265쪽.
51) 大濱晧, 앞의 책, 66쪽.
52) 同上, 66~73쪽.
53) 『論語』卷8, 泰伯, 220쪽, "子曰 民可使由之 不可使知之"라고 한 孔子의 말과 이에 대해 "民可使之由於是理之當然, 而不能使之知其所以然也"라고 한 朱子의 언급을 참조.
54) 同上, 卷2, 爲政, 78쪽, "天命卽天道之流行 而賦於物者 乃事物所以當然之故也 知此則知極其精而不惑 又不足言矣".

말하는 것도 바로 이러한 점에서 비롯된 것이라 할 수 있다. 요컨대 "所以然은 所當然보다 지적 차원이 높다"는 것이다.[55]

주자의 格致說은 所以然之故에 대한 이러한 파악 위에서 성립한다. 그의 格致說은 주로 伊川 程頤(字는 正叔, 1033~1107)의 주장을 차용한 것인데, 그가 말하는 格物의 방법은 모두 세 가지로 구성되어 있었다. 첫째는 窮理, 즉 귀납적 방법이라 말할 수 있는 것이다. "사물은 반드시 理가 있으니 모두 窮究해야"[56] 하고 "一身에서 萬物의 理에 이르기까지 많은 理를 알게 되면 豁然貫通"[57]하게 되는 것이다. 즉 사물을 하나하나 연구하여 각각의 理를 추구해 나가는 과정으로, 가까운 곳부터 시작하여 먼 곳으로 인식의 범위를 넓혀가는 것이다. 둘째는 類推, 즉 연역적 방법이다. 즉 "格物은 천하의 사물을 모두 窮究하고자 함이 아니라, 단지 하나의 事物에서 완전히 窮究하면 그 밖의 사물은 類推할 수 있다"[58]는 것이다. 왜냐하면 "대개 만물은 하나의 理를 각각 구비하고 만 가지 理는 모두 하나의 根源에서 나오니 이것이 바로 類推해 나가면 통하게 되는

---

55) 大濱皓, 앞의 책, 72쪽.
56) 『朱子語類』(2), 卷18, 大學5, 399쪽, "又問 物必有理 皆所當窮云云 曰 此處是緊切 學者須當知夫天如何而能高 地如何而能厚 鬼神如何而爲幽顯 山岳如何而能融結 這方是格物".
57) 同上, 394쪽, "問自一身之中以至萬物之理 理會得多 自當豁然有箇覺處 曰此一段 尤其切要 學者所當深究 道夫曰 自一身以至萬物之理 則所謂由中而外 自近而遠 秩然有序而不迫切者 曰然 到得豁然處 是非人力勉强而至者也".
58) 同上, 397쪽, "問程子言 今日格一件 明日格一件 積習旣久 自當脫然有貫通處 又言 格物非謂盡窮天下之理 但於一事上窮盡 其他可以類推 二說如何 曰旣是敎類推 不是窮盡一事便了 且如孝 盡得箇孝底道理 故忠可移於君 又須去盡得忠 以至於兄弟·夫婦·朋友 從此推之無不盡窮 始得 且如炭 又有白底 又有黑底 只窮得黑 不窮得白 亦不得 且如水雖是冷而濕者 然亦有許多樣 只認冷濕一件也不是格 但如今下手 且須從近處做去 若幽奧紛拏 郤留向後面做 所以先要讀書 理會道理 蓋先學得在這裏 到臨時應事接物 撞著便有用處 且如火爐 理會得一角了 又須都理會得三角 又須都理會得上下四邊 方是物格 若一處不通 便非物格也".

所以"59)라고 한다. 이것은 이미 알게 된 하나의 '理'로부터 다른 사물을 유추하여 가는 연역적 방법이다. 셋째는 豁然貫通인데, 앞에서와 같은 과정을 통해 "어느 날 아침에 豁然貫通하게 되면 모든 사물의 안팎과 세밀한 곳과 거친 곳에 도달하지 못함이 없게"60) 된다는 것이다. 그러나 이 활연관통은 인간의 노력만으로 달성되는 것은 아니라고 한다.61) 인간의 노력으로 달성되는 것이 아니라는 점에서 주자의 활연관통에 관한 언급은 사실상 불교 頓悟說의 부활이라 평가되기도 한다.62) 이러한 주자의 격물설은 당대로부터 시작하여 후대에 이르기까지, 적지 않은 반발에 부딪혔다. 당대에는 象山 陸九淵(1139~1193)과 이 문제를 두고 논쟁하였고, 후세에는 이를 결정적 이유로 하여 양명학과 갈라서게 되었던 것이다.63)

홍대용은 이러한 주자의 격물설을 어떻게 받아 들였을까. 이 문제는 홍대용의 양명학에 대한 견해로부터 추적해갈 수 있다. 그는 양명학의 특징이 '良知'說에 있다고 파악한다.64) 그는 陽明 王守仁(1472~1529)의 良知說에 대하여 다음과 같이 말한다.

> E-1 대저 良知라는 것은 孟子의 말입니다. 진실로 이를 다할 것 같으면, 大人의 마음이 바로 赤子의 마음인 것이니 대저 누가 옳지 않다고 하겠습니까? 그러나 그 다하여 간다는 일이 窮理하는 공부를 선행하지 않으면 동쪽을 가리키어 서쪽이라 하고 도적을 자식으로 오인하는 데

---

59) 同上, 398쪽, "行夫問 萬物各具一理 而萬理同出一源 此所以可推而無不通也 曰近而一身之中 遠而八荒之外 微而一草一木之衆 莫不各具此理 如此四人在坐 各有這箇道理 某不用假借於公 公不用求於某 仲思與廷秀亦不用相假借 然雖各自有一箇理 又郤同出於一箇理爾 如排數器水相似".
60) 『大學』, 24쪽, "至於用力之久 而一旦豁然貫通焉 則衆物之表裏精粗無不到 而吾心之全體大用無不明矣".
61) 주 57)과 같음.
62) 馮友蘭, 鄭仁在 譯, 『中國哲學史』, 형설출판사, 1977, 386쪽.
63) 陳來, 앞의 책, 380~381쪽.
64) 『湛軒書』(上), 外集 卷1, 杭傳尺牘, 與篠飮書, 375쪽, "陽明之背朱子大要 在於格物致知".

이르지 않겠습니까? … 이것이 바로 先覺者가 홀로 얻은 것이며 窮理가 귀한 이유입니다. 지금 만약 講學하는 것은 제쳐 놓고 고요히 눈 감고 앉아 오로지 本心이나 良知에만 뜻을 기울인다면 비록 한 때의 집중시킨 힘으로 다소 마음이 맑아지고 깨우쳐 해득하게 되는 공이 있다 하더라도 일의 변동이 복잡하게 몰리게 되면 마침내 정신을 못 차리는 혼란에 빠지게 되어 이른바 삼백 가지 禮儀와 삼천 가지 威儀, 廣大함을 이루고 精微함을 다하는 등의 일에서 결국 聖人과 같이 될 수 없을 것입니다.65)

위에서 보듯이 그가 '良知'說에 반대하는 이유는 양명학이 良知를 주장하면서 窮理를 부정한다는 데 있었다. '良知'說이 옳지 않은 이유에 대해 그는, 만일 良知에만 전념한다면 모든 사물과 행위 각각에 내재한 이치를 일일이 궁구하여 성인같이 될 수 없다고 말하고 있다. 그가 모든 사물의 이치를 일일이, 그리고 남김없이 궁구하여 성인의 경지로 나아가는 일을 다른 무엇보다 중요하게 생각하고 있음을 알 수 있다. 이는 그가 주자의 격물설 중에서도 특히 궁리의 방법에 중점을 두고 있는 것이라 할 수 있다.

이러한 그의 언급은 그가 단순히 주자를 옹호하려는 의도에서 격물설을 지지하는 것이 아니었음을 보여준다. 그가 양명학에 대해 여러 차례 호의적으로 평가하였음에도 불구하고 양명학에 반대한 이유는 바로 주자가 아닌, 주자의 '格物致知'說을 옹호하기 위한 것이다. 다시 말해 그는 格物·致知라는 인식 방법을 옹호하기 위해 良知說을 비판하였고 결과적으로 주자가 옹호되었다는 것이다. 이는 다음에서 보듯이 그가 주자의 견해라 하더라도 실증되지 않는 것, 확실치 않은 것 등에 대해서는 비판

---

65) 同上, 375~376쪽, "夫良知者 孟子之說也 苟其致之大人之心 乃赤子之心也 夫誰日不可 然其所以致之者 不先之以窮理之功 其不至於指東爲西 認賊爲子乎 … 是乃先覺之所獨得 而窮理之所以貴也 今若姑捨講學 靜坐瞑目 專意於本心良知之間 則雖一時凝定之力 稍有澄化悟解之功 而事變紛沓 卒已汨亂 所謂三千三百致廣大盡精微者 終不能與聖人矣".

을 아끼지 않았던 점에서도 알 수 있다.

> E-2 小註에 "백성으로 하여금 訟이 없게 함은 나에게 달린 일이어서 根本이 되니, 이는 聽訟이 末이 되는 所以이다"고 하였는데, 이 說은 좀 의심스럽다. 대개 使民無訟은 新民의 일이니 末이지만, 使民無訟하는 所以는 그 근본을 알아 먼저 그 明德을 밝히는 데에서 말미암기 때문이다. 대저 根本은 물론 사람이 마땅히 급히 힘써야 할 바이지만 末도 또한 생략할 수 없다. 만일 이 말대로 하면 聖人은 그 根本만 일삼고 그 末節은 힘쓰지 않은 것이니 어찌 가하겠는가?[66]

앞 절에서도 일부 인용한 바 있는 위의 사료는 주자가 『大學』 4장의 小註에서 "使民無訟 在我之事 本也 此所以聽訟爲末"이라고 註釋한 것에 대해 의문을 제기한 것이다. 말하자면 공자가 말한 바, "訟事를 판결하는 일은 나도 남들과 마찬가지이지만 나는 반드시 訟事가 없게끔 한다"[67]는 것에 대하여 주자는 訟事를 듣는 일은 末이요, 訟事가 없게끔 하는 것은 修身에 관련된 문제라서 根本이 된다고 하면서 使民無訟과 聽訟을 本과 末로 나누어 설명하였던 것이다. 이에 대해 홍대용은 만일 주자의 설명처럼 使民無訟을 本, 聽訟을 末로 나눈다면 聖人은 根本만을 일삼고 그 末節에는 힘쓰지 않는 것이니 어떻게 옳다고 할 수 있겠는가 하고 반문한다.

이처럼 그의 주자에 대한 비판은 주자나 주자의 이론 자체에 대한 것이 아니라 주로 지나친 分屬과 類聚에 대한 것이었다. 주자의 『中庸』에 대한 해설에 대해서도 다음과 같이 말한다.

---

66) 同上, 內集 卷1, 大學問疑, 傳四章, 16쪽, "小註 使民無訟 在我之事 本也 所以聽訟爲末 此說恐可疑 蓋使民無訟 新民之事 末也 然所以事(使의 誤字-인용자)民無訟者 由其知本而先明其明德故也 夫本固人之所當急務 末亦不可以略也 若如此說則 聖人徒事其本 而不務其末 其可乎哉".
67) 『大學』, 23쪽, "子曰 聽訟 吾猶人也 必也使無訟乎 無情者 不得盡其辭 大畏民志 此謂知本".

E-3 首章의 註에 天地位를 致中의 效라 하고 育萬物을 致和의 驗이라 하였습니다. 무릇 지극히 고요하여 치우침이 없는 것이 어찌 育萬物의 本이 아니겠으며, 物에 應하며 借가 없음이 어찌 位天地의 功이 아니겠습니까. 이는 本末이 서로 기다리고 始終이 서로 原因이 되니, 나눠 둘로 해서는 이치가 그렇지 않을 것입니다. 또 이같이 分屬함이 말이 안 되는 것은 아니지만 經訓에 보탬이 없고 後學에 利益됨이 없이 訓詁의 弊를 열기에만 알맞으니, 차라리 拙할지언정 巧하지 않음이 옳지 않겠습니까.68)

위에서 보듯이 그는 주자가 經文을 지나치게 類聚하고 分屬하는 것, 특히 모든 것을 本·末로 나누는 것에 대하여 심하게 반발하고 있었다 (E-2, E-3). 그가 本·末의 지나친 類聚·分屬에 대해 반발한 이유는 이미 앞에서 밝힌 바와 같이 末節에도 정당한 가치를 부여하기 위한 것이었다고 생각되지만, 여기서 중요한 것은 설령 주자의 말이라 하더라도 납득할 수 없으면 비판을 아끼지 않는 태도이다.

그는 공자가 泰伯의 德을 지극한 德이라고 칭송한 것69)에 대한 주자의 주석에도 세 가지 의심스러운 점이 있다고 말하고 있다. 첫째는 주자가 小註에서 "'王(周 文王의 祖父인 古公 亶父) 때에 商은 쇠퇴하고 周는 날로 강대해졌다. 대왕의 셋째 아들인 季歷이 昌(周 文王)을 낳았는데 聖德이 있었다. 이로 인하여 대왕이 商을 꺾을 뜻을 갖게 되었는데, 泰伯 (대왕의 장자)이 이에 따르지 않았다"70)고 말했는데, 그렇다면 이는 벌써

---

68) 『湛軒書』(上), 內集 卷1, 四書問辨, 中庸問疑, 寄書杭士嚴鐵橋誠問庸義, 51쪽, "首章註 以天地位爲致中之效 育萬物爲致和之驗 夫至靜無偏 獨非育萬物之本乎 應物無差 獨非位天地之功乎 此其本末相須 始終相因 分而二之理宜不然 且如是分屬 非不成說 惟無補於經訓 無益於後學 而適足以啓訓詁之弊 則寧踈而無密 寧拙而毋巧 不亦可乎".
69) 『論語』卷8, 泰伯, 211쪽, "子曰 泰伯其可謂至德也已矣 三以天下讓 民無得而稱焉".
70) 同上, "大王之時 商道浸衰 而周日彊大 季歷又生子昌 有聖德 大王因有翦商之志 而泰伯不從".

跋扈할 마음 가진 것이 아닌가 하는 점이었다. 둘째는 泰伯의 德이 과연 지극하였다면 泰伯이 장자이니 왕위를 계승하고 동생인 仲雍(태왕의 둘째 아들)과 季歷이 서로 도와 周의 德이 盛하게 할 수도 있는데, 대왕이 장자를 버리고 三子를 세우려고 하여 마침내 泰伯과 仲雍으로 하여금 달아나 夷狄의 용모로 살게 하였으니 이처럼 불의하면서 천하를 얻고자 한 것이 과연 옳은가 하는 점이다. 셋째는 태왕 때에 아직 商의 紂王이 왕위에 있은 것이 아니므로 周의 성덕이란 다만 제후의 법도를 지키고 그 家國을 잘 다스리는 것뿐인데도 공자가 천하를 양보했다고 泰伯을 칭찬한 것은 역시 대왕과 무왕 부자가 벌써부터 천하에 뜻을 두고 있었던 것이 아닌가 하는 점이었다.[71]

주자의 논리 전개 방식과 홍대용의 그것을 비교해 보면 분명한 차이가 있다. 주자의 논리는 공자의 말을 절대시하여 泰伯을 지덕으로 보고 대왕과 泰伯, 季歷 사이의 일을 도의에 어긋나지 않게 설명하려 애쓴 것이었다. 반면 홍대용의 논리는 실증되지 않고 논리에 맞지 않으면 의심하는 매우 실증적인 것이었다. 이는 그가, "『左傳』과 『史記』의 말로써 실증한다면 태왕 이래로 경영하고 揣摩한 것이 이미 一朝一夕의 일이 아니니 어찌 成·湯과 美를 나란히 하고 唐·虞의 禪讓과 같이 볼 수 있으랴"[72]하고 말한 것에서 드러나듯이 공자나 주자의 권위를 빌지 않고, 실증되지 않으면 의심하는 태도를 잘 나타내 주는 것이라 생각된다.

주자학과 양명학에 대한 그의 태도는 분명하였다. 북경에서 한족 선비들과 주자학과 양명학을 두고 토론할 때에도 주자학의 편에 섰으며 이후 그들과 주고받은 편지에서도 끊임없이 주자를 강조하였다. 이에 대해서는 그 스스로가 한족 선비 중 가장 친밀하였던 엄성에게 헤어지기 얼마 전에 주어, 엄성으로 하여금 '후손에게 전하여 영원히 보배로 삼겠다'

---

71) 『湛軒書』(上), 內集 卷1, 四書問辨, 論語問疑, 34~35쪽.
72) 同上, 35쪽, "若實以左馬之說 則太王以來 經營揣摩 已非一朝一夕之故矣 安得幷美於成湯 而一視於唐虞之禪讓乎".

는 말을 듣게 된 글에 잘 정리되어 있다. 즉 "주자는 공자의 뒤를 이었다. 주자가 아니면 나는 누구에게 돌아가겠는가. 비록 그러하나 그에 의지하여 구차히 같은 척하는 것은 아첨이고 억지로 다른 의견을 세우는 것은 도적"73)이라는 것이다. 그가 굳이 주자를 옹호하는 이유는 단순히 주자이기 때문이 아니라 그의 학문적 방법이 옳다고 생각했기 때문이고 그 가운데 그가 가장 옹호한 것은 역시 실천적 궁리법이었던 것이라도 생각된다.

뿐만 아니라 그는 師門에 대해서도 이러한 태도를 취했는데, 경상도 여행 시 구해 읽은 尹拯(1629~1714)의 글을 보게 된 것이 그 계기가 되었다. 윤증의 글을 통하여 그는 우암 송시열과 윤증 사이의 일에 대해 의혹을 갖게 되고, 이를 스승인 金元行에게 질의하여 매우 격한 노여움을 샀던 것이다. 그는 송시열에 대하여 말하기를, 美村 尹宣擧(1610~1669)74)의 碑文 짓기를 거절치 못하였으면 성실히 지어야 함에도 불구하고 朴世采의 글을 인용만 하였을 뿐 자신은 짓지 않겠다 하였으니 구차할 뿐만 아니라, 그 뒤의 행위도 심한 면이 있었다는 점을 지적하고 있다. 나아가 송시열이 평생 내세운 春秋 大義에 대해서도 윤증의 말대로 아무런 實이 없지 않았는가 하는 의문을 제기하고 있는 것이다.75)

또 윤증에 대해서는 그가 자신의 부친을 변호하기 위해 말하기를, "權順長과 金益兼은 비록 節死했지만 꼭 죽어야 할 의리는 없었던 것이고 李珥도 젊었을 때의 실수를 스스로 깨닫고 바른 길로 돌아왔듯이 尹宣擧도 이때의 실수를 인정하고 철천지한이라 말하고 있었으므로 별로 죄 될 것이 없다"고 한 것에 대해, 있을 수 있는 주장임을 인정하였다. 오히려 송시열 일파가 이러한 윤증의 변명에 대해, "權順長과 金益兼을 죽을 필

---

73) 同上, 外集 卷2, 抗傳尺牘, 乾淨衕乾淨衕筆談 續, 585쪽, "朱子後孔子也 微夫子 吾誰與歸 雖然依樣苟同者佞也 强意立異者賊也".
74) 尹拯의 父, 尹宣擧가 죽자 尹拯은 부친의 碑文을 宋時烈에게 의뢰하였다.
75) 『湛軒書』(上), 內集 卷1, 渼上記聞, 114~115쪽.

요도 없는데 죽은 사람으로 여겼다"고 하거나, "栗谷의 실수를 과장하면서 尹宣擧를 栗谷에 비교하여 栗谷을 깎아 내리고 있다"고 비난하는 것은 남의 말을 일부러 곡해하는 것이라고 말하고 있다. 또한 윤증이 背師했다76)는 주장에 대해서도 아버지와 스승이 비록 一體이지만, 輕重이 없을 수는 없으므로 양쪽과의 관계를 모두 온전히 할 수 없는 형편에 이미 이르렀다면 아버지를 편들어 스승과 갈라섬이 당연한 것이니 이러한 점에서 尹拯의 죄를 오히려 용서할 수 있지 않겠는가 말하고 있다.77)

그의 이러한 언사는 그가 만일 노론 출신이 아니었다면, 또 辛壬士禍로 인해 피해를 입었던 가문의 자손이 아니었으면 과연 무사했을까 싶을 정도의 말이 아닐 수 없었다. 낙론의 宗匠인 스승이나 노론의 영수였던 송시열, 나아가서는 주자나 공자의 말이라 할지라도 실증되지 않고 논리적으로 어긋나면 반드시 의심하고 회의하는 것이 그의 사상의 한 특징을 형성하고 있었다.

위에서 본 바와 같이 실증과 논리를 통하여 명분을 추구하고 시비를 가리려 하고, 또 앞 절에서 언급한 바와 같이 末節에 대한 연구를 통하여 근원적인 道, 성인의 경지에 도달하려 하는 그의 태도를 격물의 세 가지 방법 중, 귀납적 방법이라고 말할 수 있을 것이다. 이러한 귀납적 방법의 중시는 논리적 필연성은 약하지만, 낙론적 심성론을 바탕으로 하여 성립될 소지가 많았다고 할 수 있다. 낙론은 실천을 중시하였고, 실천 중시는 日用當行之事와 末節에 대한 연구로 이어졌으며, 이것이 실증을 통하여 궁극의 이치에 도달하려는 귀납적 방법 중심의 인식론을 성립시키는 바탕이 되었다고 생각된다.78)

---

76) 尹拯은 젊었을 때 宋時烈의 門人이었다.
77) 『湛軒書』(上), 內集 卷1, 渼上記聞, 115쪽.
78) 洪大容은 유추의 방법이나 豁然貫通에 대해 적극적으로 부정하지는 않았지만, 그렇다고 해서 적극적으로 긍정하는 언급도 찾아보기 어렵다. 그러나 귀납적이라 할 수 있는 窮理에 대해서는 적극적으로 옹호하였다. 이 점으로

이렇듯 궁리 중심의 귀납적 인식론을 전개하고, 日用當行之事를 중시하게 되면 배움의 대상은, 湖論에서처럼 성인의 언행에만 중점을 두는 것이 아니라, 그 폭이 자연 넓어질 수밖에 없었다. 성인은 모든 이치에 통달한 사람이기는 하지만, 그렇다고 해서 日用事物에 대한 이치를 남김없이 다 가르친 것은 아니기 때문에 성인의 언행을 본받는 것만으로는 부족한 점이 있었다. 또 대부분의 사람은 모든 이치에 통달하기 어렵고, 기껏해야 몇 가지 이치에 통달할 수 있을 뿐이므로 각자 깨닫고 알게 된 바를 서로 가르치고 배워야만 성인의 경지에 이르는 길이 열리게 되는 것이다. 따라서 배움의 대상도 연구의 대상만큼 그 폭이 넓어지게 된다.

朴趾源의 표현을 빌자면, "舜 임금과 孔子가 聖人이 된 것도 남에게 묻기 좋아하고 잘 배운데 불과"[79]하였다. 성인들도 범인들에게 묻고 배웠으므로 그 배움의 대상이 奴隷든, 夷狄이든 크게 문제될 것은 없었다. 나보다 나은 점이 있고, 正德에 해가 되지 않는다면 당연히 배워야 하는 것일 뿐이었다. 즉 淸이 華인지 夷인지, 또는 조선이 華인지 夷인지를 따지는 것은 배움의 차원에서 볼 때 부차적인 문제였던 것이다. 비록 末藝에 해당하는 것일지라도 저들에게 우리보다 나은 점이 있다면 배워야 했다. 北學의 논리는 바로 이러한 인식론으로부터 성립될 수 있었다고 생각된다.

정리하여 말하자면 홍대용은 낙론이라는 심성론을 바탕으로 실증적이고 궁리 중심의 귀납적 인식론을 전개한 끝에 사물에 주목해야 할 논리적 근거를 마련할 수 있었다. 이로써 '末', 즉 日用當行之事에 대한 연구와 실천을 통하여 '根本＝道'에 도달한다고 하는 학문적 목표가 세워지게 되었다. 물론 이와 같이 末節・日用當行之事에 주목하고 이를 중시한

미루어 보면 그의 인식론상의 중심이 귀납적인 방법에 있다고 보아도 좋을 것이다.
79) 『燕巖集』卷7, 序, 北學議序, 105쪽, "雖以舜孔子之聖且藝 卽物而創巧 臨事而製器 日猶不足 而智有所窮 故舜與孔子之爲聖 不過好問於人 而善學之者也".

것이 道=根本에 대한 무시나 폄하를 의미하는 것은 아니었다. 오히려 궁극적인 道가 사물에 내재하였음을 강하게 긍정함으로써 末節 중시와 사물 연구의 필요성·정당성을 확보할 수 있는 것이었다. 이로써 홍대용과 북학파 학자들은 무엇을 연구해야 할 것인가 하는 문제와 누구로부터 배울 것인가 하는 문제에 대해서 분명한 해답을 갖게 되었다. 연구의 대상은 日用當行之事요, 배움의 대상은, 正德에 해가 되지만 않는다면, 우리보다 나은 기예를 가진 자 모두였다. 홍대용의 학문이 음악, 천문학, 수학 등 미치지 않는 곳이 없었던 것은 결코 우연이 아니었던 것이다.

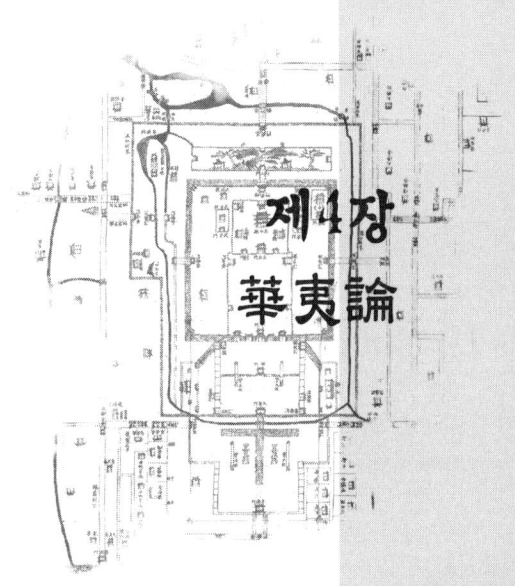

제4장
華夷論

제4장 華夷論

I. 北伐論의 華夷論

華夷論은 전근대 동아시아세계의 국가들이 공유하던 세계인식의 방법으로, 인식 가능한 범위 내의 세계를 階序的인 것으로 파악하는 것이다. 중국에서 발생한 초기의 화이론은 중국을 인식 가능한 세계의 지리적 중심으로, 그리고 漢族을 가장 우월한 종족으로 생각하는 것이었다. 그러나 이후 유교가 지배이념으로 자리 잡으면서부터 지리나 종족의 의미보다는 도덕의 실천 여부가 華·夷 구분의 핵심적 기준이 되었다.[1] 특히 다음의 주자의 언급에서 보듯이 성리학에서는 仁·義·禮·智의 有·無로 人間과 夷狄 및 禽獸를 구별하였다.

> F-1 묻기를, "氣質에 昏·濁이 있어 같지 않다면 天命之性에도 偏·全이 있는가?" 하였다. 답하기를, "偏·全이 있지 않다. 해와 달의 빛은 露出된 곳 같으면 다 보이고, 집 아래쪽 같으면 蔽塞된 곳이 있어 보이기도 하고 보이지 않기도 하는 것과 같다고 할 수 있다. 昏·濁한 것은 '氣'가 昏·濁한 것이므로 스스로 蔽塞되어 집 아래쪽과 같다. 그러나 人間에게는 蔽塞된 것을 通하게 할 수 있는 '理'가 있다. 禽獸도 역시 이 '性'을 가지고 있으나 다만 形體에 拘碍되고 蔽隔이 심한 것을 얻어 태어나 通할 수 있는 곳이 없다. 범과 이리의 '仁', 승냥이·수달의 祭祀, 벌과 개미의 '義'에 이르러서는 도리어 조금 통한 것이니, 비유컨

---

[1] 金仁圭,「北學派의 對外認識과 北學思想」『韓國思想史學』12, 韓國思想史學會, 1999, 128~130쪽 ; 趙誠乙, 한국사연구회 편,「朝鮮後期 華夷觀의 변화」『근대 국민국가와 민족문제』, 창작과 비평사, 1995, 240~241쪽.

대 한 틈새의 빛과 같다. 원숭이에 이르러서는 모습이 인간과 비슷하여 다른 사물 중에서 가장 神靈스러운데 단지 말을 못할 뿐이다. 夷狄의 경우는 人間과 禽獸의 중간에 있어 마침내 고치기 어렵다"2)

라고 하여, 人間과 禽獸 사이에 있는 것이 바로 夷狄이라 하였다. 인간과 사물이 天命之性을 갖추고 있다는 점에서 동일하지만, 기질의 차이로 인하여 인간은 仁·義·禮·智가 온전한 반면 금수는 그 가운데 하나나 둘만이 통할 뿐이요, 이적은 인간과 금수의 중간적인 존재라 말하고 있다. 즉 仁·義·禮·智를 실천할 능력을 갖춘 것이 인간이요, 그렇지 못한 것은 이적, 그보다 더 못한 것이 금수가 된다는 것이다.

우리나라는 이미 고려왕조 때부터 스스로가 小中華임을 자처하였고, 이러한 인식의 배경에는 문화에 대한 자부심이 깔려 있었다.3) 성리학이 지배이념으로 기능한 조선왕조시기에도 예의·도덕을 기준으로 華·夷를 구분하여 明을 중화, 조선을 소중화로 보는 것이 일반적인 인식이었다.4) 물론 이러한 인식이, 조선이 명의 종속국임을 의미하는 것은 아니었다. 그것은 무엇보다도 조선의 예악·문물이 명에 버금간다는 자부심의 표현이었다.

명을 중화로, 조선을 소중화로 여겼던 세계 인식은 병자호란(1636)과 명의 멸망(1644)으로 중대한 변화를 겪게 되었다. 淸은 조선 초 성종 때까지 1,076회에 걸쳐 조선에 조공을 바쳐 왔던,5) 夷狄이라 여겨졌던 국

---

2) 『朱子語類』 卷4, 性理一, 58쪽, "問氣質有昏濁不同 則天命之性有偏全否 曰非有偏全 謂如日月之光 若在露地 則盡見之 若在蔀屋之下 有所蔽塞 有見有不見 昏濁者是氣昏濁了 故自蔽塞 如在蔀屋之下 然在人則蔽塞有可通之理 至於禽獸 亦是此性 只被他形體所拘 生得蔽隔之甚 無可通處 至於虎狼之仁 豺獺之祭 蜂蟻之義 卻只通這些子 譬如一隙之光 至於獼猴 形狀類人 便最靈於他物 只不會說話而已 到得夷狄 便在人與禽獸之間 所以終難改".
3) 金仁圭, 앞의 논문, 129쪽, 주 16) 참조.
4) 鄭玉子, 『朝鮮後期 朝鮮中華思想 研究』, 일지사, 1998, 108쪽.
5) 金九鎭, 국사편찬위원회 編, 「여진과의 관계」 『한국사』 22 – 조선 왕조의 성

가였지만, 병자호란 이후 청과 조선 사이에는 君-臣의 관계가 성립하게 되었다. 소중화를 자처하던 조선이 이적이라 여겨왔던 청의 신하가 되었던 것이다.

청에의 稱臣은 힘의 논리에 따른 어쩔 수 없는 현실이었지만, 조선의 지식층은 이러한 현실을 쉽사리 긍정할 수 없었다. 무엇보다도 병자호란에서 패배한 직후 느껴야 했던 수치심이 이를 허락하지 않았던 것이다. 뿐만 아니라 인조는 반정 시 後金과 通好한 광해군의 외교 정책을 비판하면서 이를 반정의 주요한 명분으로 삼았기 때문에 청을 중화로 인정하는 문제는 인조 자신의 즉위 명분과도 관련된 것이었다.[6]

또한 여진족의 변발 풍습은 그들의 문화에 대해 도덕적으로 부정적 평가를 내리게 하는 원인이 되었다. 주지하다시피 변발은 신체발부를 훼손하는 것이어서 孝의 관념에 위배되는 것이라 여겨졌던 것이다. 청에 항복하였다가 정묘호란 시 淸軍과 함께 귀국한 姜弘立의 경우에서 보듯이, 인조는 청에 항복하였던 그를, 끝내 薙髮하지 않았다는 사실을 들어 용서하기도 하였다.[7]

北伐論은 이러한 현실에 대한 대응으로써 성립하였다. 청에 대한 復讐雪恥를 주장하는 북벌의 논리에서는 조선이 중화라는 것, 그리고 청은 夷狄이라는 것이 전제되어 있었다.[8] 다시 말해 북벌의 명분을 강화하기 위해서는 조선이 중화임을 강하게 긍정하는 한편, 청이 이적임을 또한 강조해야 했던 것이다. 북벌론에서는 조선이 華이고 청이 여전히 이적임을 강조하기 위하여 이전 시기의 華夷論에 비하여 예의·도덕이라는 가치판단의 기준을 더욱 강화하고 있었다.[9] 후술하겠지만 韓元震의 경우는 "地界

립과 대외관계, 탐구당, 1995, 350쪽.
6) 『仁祖實錄』 卷1, 仁祖 1年 3月 甲辰, 卽位敎書, 503쪽.
7) 同上, 卷15, 仁祖 5年 3月 壬辰, 187쪽.
8) 趙珖, 韓國史研究會 編, 「朝鮮後期의 歷史認識」 『韓國史學史의 研究』, 을유문화사, 1985, 150쪽.

에 內外가 없고, 人間에 華·夷가 없다"10)고 하여 華·夷, 內·外가 地界나 종족에 따라 갈라지는 것이 아니라고 보았던 것이다.

북벌론은 현실적 필요에 따라 고안된 측면이 강하지만, 근본적으로 논리적 난점 또한 가지고 있었다. 유교는 누구나 후천적 노력에 의해 성인이 되거나 성인의 경지에 근접할 수 있다는 것을 긍정한다. 마찬가지로 이적도 華가 될 수 있다는 가능성만큼은 부정하기 어려웠다. 더욱이 조선은 과거에 夷狄이었으나 中華가 된 가장 대표적인 사례라고 생각되었다. 때문에 夷狄 → 華로의 변화 가능성 자체는 부정되기 어려웠다. 그럼에도 불구하고 淸이 華가 될 가능성만큼은 최대한 부정되어야만 북벌이라는 명분이 안정화된다는데 북벌론의 논리적 난점이 있었던 것이다.

이처럼 북벌론은 夷狄이 華가 될 가능성은 인정하면서도 유독 淸이 中華가 될 수 있는 가능성을 매우 적거나 또는 불가능하게 보는 것이었지만, 淸이 華가 될 수 없는 이유에 대해서는 論者에 따라 차이가 있었다. 특히 湖論과 洛論은 그들의 심성론에 따른 차이를 보이고 있었다. 호론의 영수이자 宋時烈 → 權尙夏로 이어지는 북벌론의 嫡傳 계보를 이은 한원진은 "天地가 萬物을 낳음에 中國이 있고, 夷狄이 있고, 禽獸가 있다"고 전제한 뒤, F-1에서 주자가, "夷狄의 경우는 人間과 禽獸의 중간에 있어 마침내 고치기 어렵다"고 한 것을 근거로 하여, "夷狄이 中國으로 될 수 없는 것은 禽獸가 夷狄으로 될 수 없는 것과 같다"고 하면서 이적이 중화가 되는 것은 불가능에 가깝다고 말한다.11)

그의 이러한 언급에 대하여 혹자가 "朝鮮도 夷狄인데, 아무리 노력해도 華가 될 수 없는가"12) 하고 물었다. 이는 물론 조선을 이적이라고 규

---

9) 鄭昌烈, 앞의 논문, 16쪽.
10) 『南塘集』(Ⅱ), 拾遺 卷6, 雜著, 拙修齋說辨, 453쪽, "昔之所謂中國者 或反爲夷狄之藪 所謂蠻邦者 或反爲華夏之區 則地之無內外 人之無華夷 皆如是也".
11) 同上, 451쪽, "盖以天地生萬物 有中國焉夷狄焉禽獸焉 氣類旣分 游居異處 食味別聲 被色之性 亦自不同 則夷狄之不可以爲中國 猶禽獸之亦不得爲夷狄也".

정하는 것이 아니라 과거에 이적이었는데, 이적이 華로 될 수 없다면 현재도 이적이고 앞으로도 마찬가지인가를 물은 것이다. 이에 대하여 한원진은, '자신의 뜻은 그런 것이 아니라 夷狄之人이 夷狄의 道를 變하지 못하고 힘에 의지하여 제 분수에 맞지 않게 中國을 侵略하고 凌蔑한 것'을 두고 이른 말이라고 하면서 '비록 夷狄之人이라도 夷狄의 行을 버릴 수 있고, 中國의 道를 사모하고 中國의 옷을 입고 中國의 말을 하며 中國의 行을 하면 곧 中國'이라고 말한다.13) 중국의 경우도 양자강 이남의 閩, 越은 이적의 지역이었지만, 宋朝가 南遷하면서 중국의 예악·문물도 모두 南遷하였고 결정적으로는 道統이 이 지역에서 다시 일어났기 때문에 華가 되었다고 말한다. 그리하여 "옛적의 소위 中國이 혹 도리어 夷狄의 땅이 되고, 蠻邦이 혹 도리어 華夏의 땅이 되었으니 地界에 內·外가 없음과 人間에 華·夷가 없음이 이와 같다"14)고 말하기에 이르렀다. 조선의 경우는 箕子 東來 이후 민속이 크게 바뀌어 소중화의 칭호가 있었으며 조선조에 들어와서는 禮樂刑政과 의관·문물이 모두 중국의 제도를 본받아 그 풍속의 아름다움과 예의가 삼대 이후 중국도 미치지 못할 바라고 하면서 중국으로 진출하여 왕도를 행하고 천하를 소유하더라도 불가할 것이 없다고 하였다.15)

그가 "地界에 內·外가 없고 人間에 華·夷가 없다"고 한 것은 물론

---

12) 同上, 452~453쪽, "或曰 … 然則吾東亦夷也 雖使聖君賢相相遇 學者修道 將不可與進於堯舜之治周公之道 而東方諸老先生 告君相以期回至治 勉學者以力求古道者 亦皆誑之 以必不可成之事也".
13) 同上, 453쪽, "愚意非謂此也 所謂夷狄之不可以中國之道道之者 正指以夷狄之人 不變夷狄之道 而恃其牛羊之力 憑其水草之性 不安其分 侵凌中國 如忽必烈之類也 雖以夷狄之人 而能棄夷狄之行 慕中國之道 服中國之服 言中國之言 行中國之行 則是亦中國而已".
14) 同上, "昔之所謂中國者 或反爲夷狄之藪 所謂蠻邦者 或反爲華夏之區 則地之無內外 人之無華夷 皆如是也".
15) 同上, "惟我東方 自太師東來 八條敷敎 以後民俗丕變 已有少(小의 誤字-인용자)中華之稱矣".

華・夷 구분을 부정한 말이 아니고, 地界나 종족이 華・夷 구분의 본질적 기준이 될 수 없음을 말한 것이다. 또 그는 이적이 중국으로 되기 위해서는 중국의 '道・衣服・言語・行實'이 필요하다고 주장한다. 道, 즉 도덕을 그 중심으로 하여 의복이나 언어와 같은 문화적・풍속적인 것들도 포함되어 있다. 이를 통하여 그가 문화적・풍속적인 것들까지도 도덕에 병립시켜 사고하고 있음을 알 수 있다. 이러한 한원진의 화이론은 이적이 변하여 華가 될 수 있는 가능성을 제한하는 것이었지만, 지계나 종족은 華・夷 구분의 기준이 될 수 없음을 명백히 한 것이라는 점에 의의가 있다고 생각된다.

그러나 그의 이 같은 논리는 앞서 지적한 북벌론이 가지고 있는 모순을 그대로 보여 주는 것이기도 하다. 예의가 행해지면 중화가 되는 것이며 지계나 종족에 의해 華・夷가 구분되는 것이 아님을 말하면서도 은연중 淸을 겨냥하여 "夷狄은 中國이 될 수 없다"고 말하는 것은 분명한 모순이었다. 때문에 그는 淸이 중국이 될 수 없는 이유를 재차 설명해야 했다.

그는 淸이 中華가 되기 어려운 이유를 기질인 陰陽・五行을 들어 설명한다. 즉 東南은 陽이요, 西北은 陰이어서 中國의 運이 西北에서 衰退하고 東南에서 흥기한다고 하면서 閩・越과 朝鮮은 發生之方인 東南에 있어서 華가 될 수 있었고, 西北은 肅殺之方이어서 淸은 끝내 華가 될 수 없다고 한다.[16] 이처럼 한원진은 淸이 中華가 될 수 있는 가능성 자체를 사실상 차단하고, 그러한 주장의 근거로서 '陰陽・五行'說을 주장하였다.

---

16) 同上, "然愚常竊推之 天之四時 春夏爲陽 秋冬爲陰 地之四方 東南爲陽 西北爲陰 故中國文明之運 常縮於西北而展於東南 是以在東南則閩越朝鮮 皆變而爲禮樂文物之邦 在西北則不但夷狄之不能變而從夏也 中國之地 亦漸淪入於夷狄 盖東南發生之方也 風氣休明 故其地之人 可與變而之道 西北肅殺之邦也 風氣勁悍 故其地之人 不可與入於道矣 此其陰陽淑慝之分 自有天地運氣之所關 而非人力之所可容也".

성리학은 일종의 합리주의17)이지만, 그 가운데 가장 비합리적인 부분이 있다면, 인식론상에서의 '豁然貫通' 문제와 氣論上에서의 '陰陽・五行'의 문제일 것이다. 양자는 신비주의적인 경향마저 띠고 있는 것인데, 한원진은 바로 음양・오행의 설로써 화이론의 논리적 정당성을 확보하려 하였던 것이다. 그의 이러한 논리는 그가 心性을 논할 때, 氣의 역할과 華・夷, 賢・愚의 차별을 강조한 것과 有關한 것이었다고 생각된다.

湖洛論爭의 과정에서 보여준 한원진의 논리는 실상 기존의 성리학적 체계에 비추어 보았을 때 독특한 부분이 많았다고 생각된다. 이른 바 '性三層說'에서 본연지성을 '因氣質의 性'이라 규정한 것이 특히 그러하였다. 기질의 역할을 강조하고 五常을 인간에게만 온전하게 부여된 도덕능력으로 파악한 것이 예의・도덕에 의한 華・夷 분별의 논리로 발전한 것으로 생각된다.

다음으로 洛論系의 핵심 인물 중 하나였던 三山齋 金履安(1722~1791)의 경우를 살펴보기로 하자. 金履安은 金元行의 장자이며 홍대용과는 인척이자 동문이기도 하였다. 그 역시 북벌론을 긍정하였으므로 북벌론이 가진 논리적 난점에 봉착한 것은 한원진의 경우와 마찬가지였다. 다만 淸이 華가 될 수 없는 이유를 설명하는 방식에서 한원진과 차이가 있었다.

김이안은 비록 짧지만 직접적으로 華・夷의 관계를 논한 글을 남겼다. 「華夷辨」이라는 제목이 붙어 있는 이 글은 어떤 사람이 그에게 洪子의 말이라 칭하면서, "夷狄이 북상투를 버리고 우리 식 옷을 입고 禮義에 복종하고 人倫을 높이 받들고 先王의 가르침에 따른다면 君子가 그와 더불어 사귈 수 있는지"18) 묻는 것으로 시작된다. 이에 대하여 김이안은,

---

17) 丸山眞男, 김석근 譯, 『日本政治思想史硏究』, 통나무, 1995, 126쪽, 주 3) 참조.
18) 金履安, 『三山齋先生文集』(二), 卷10, 雜著, 華夷辨 上, 景仁文化社, 1989, 261쪽, "客有稱洪子之言者曰 有夷於此棄其鬌結 襲我冠帶 服禮義 崇人倫 順先王之敎 而進主乎中國 君子其子之哉"(이하 『三山齋先生文集』(一)・(二) 등으로 略함).

"夷狄이 행실을 고쳤다면 賢人인데 賢人이라면 中國을 침범하지 않았을 것이니 더불어 사귈 수 없다"19)고 대답하였다. 여기서 그는 일단 이적의 행실을 버리면 현인, 즉 華가 되는 것이라는데 동의하였다. 그러나 淸의 중국 침입은 현자라면 할 수 없는 행위, 즉 이적의 행실이므로 이들과 더불어 사귈 수 없다고 말한다.

F-2 ① 或者가 묻기를, "그대의 華·夷를 분별하는 그 說이 엄격하다. 그렇다면 어찌하여 東國에 사는가" 하였다. 내가 말하기를, "옛 적에 夷狄이라 하였다. 그러나 동쪽이라는 것은 태어난 방향이니 風氣가 다른 것이다. 우리나라는 또한 中國과 가까우니 사람들이 燕과 더불어 析木之次20)를 함께 한다고 일컬었다. 그러므로 그 運氣가 항상 中國과 서로 관련되었다. 그리고 그 山川·節侯·土産物이 대체로 같으니 곧 그 사람을 알 수 있다. 聖人이 가르침을 베풀어 禮樂·文物이 빛났으니 歷代로 이를 높여 禮義之邦이라 불렀다. 무릇 星紀를 견주어도 같고, 山川·節侯·土産物을 견주어도 같고, 사람을 견주어도 禮樂·文物과 빛나는 가르침이 같고 또 같다. 이것이 저들(淸-인용자)과 다른 점이다. 그러나 마침내 夷狄이라는 이름을 바꾸지 않은 것은 대개 先王들의 愼重함 때문이었다.
② 지금은 이와 또 다르다. 옛 적에는 땅으로써 華·夷를 분별하여 어떤 곳의 동쪽은 東夷, 서쪽은 西夷, 남·북쪽은 南·北夷, 가운데는 中國이라 하였고, 각기 그 界限을 지켜 서로 넘나들지 않았다. 그런 까닭에 우리는 '夷'가 되었다.
③ 지금은 戎狄이 中國에 들어가 中國의 백성이 戎狄의 임금을 임금으로 섬기고, 戎狄의 풍속을 풍속으로 하고, 서로 결혼하여 種族이 서로 섞였다. 이에 땅으로는 족히 華·夷를 분별할 수 없고 그 사람을

---

19) 同上, "夫夷而去其夷則賢也 賢必不敢奸中國 苟其奸焉 其賢則亡矣 又何予焉".
20) 하늘의 赤道를 12등분하여 十二之次라 하고, 黃道를 12등분하여 十二黃道宮 이라 한다. 析木之次는 十二之次의 하나인데, 12黃道宮으로는 人馬宮에, 方位로는 艮方에 해당하며 이를 中國 땅에 배당하면 燕·幽州 地域에 해당한다. 李純之, 김수길·윤상철 譯, 『天文類抄』, 대유학당, 1998, 17·453~454쪽 참조.

논할 수 없다. 그러한 즉 지금의 세상에 우리가 中華가 아니라면 누구이겠는가. 이것이 이른바 (옛날과 – 인용자) 다른 점이다.21)

그는 인용문의 ① 부분에서, 조선이 중국과 지리적으로 가깝고 자연환경 등이 비슷하며 특히 성인의 가르침과 예악·문물이 발전해 있다는 점에서 중국과 같다고 말하고 있다. 즉 조선은 '華'라는 주장이다. 그럼에도 불구하고 '夷'라는 이름을 바꾸지 않은 것은 '先王들의 愼重함' 때문이라고 말하고 있다. 이는 조선이 실질적으로는 華이지만 중국에 事大하면서 신하를 자처함으로써 국가의 안전을 도모하였다는 뜻으로 이해된다. 다시 말해 조선은 이미 오래전부터 사실상 華였지만, 대외적으로는 地界에 의한 華·夷 구분에 따라 '夷狄'이라는 이름을 바꾸지 않았을 뿐이라는 것이다. 이는 다음 ② 이하의 서술에서 보다 분명해진다.

그는 ②의 부분에서, 예전에는 地界로써 華·夷를 구분하여 朝鮮이 '夷'로 여겨지기도 하였다고 말한다. 그러나 ③에서 보듯이 '戎狄入中國' 이후에는 상황이 전혀 달라졌는데, 漢族들이 戎狄의 임금을 임금으로 섬기고 그들의 풍속을 자신의 풍속으로 삼았으며 종족이 서로 결혼하여 섞였으니 여진족은 물론이고 한족마저도 중화라 할 수 없다는 것이고 오직 조선만이 중화라는 것이다. 즉 '戎狄入中國' 이후에는 지계에 의한 華·夷 구분이 완전히 무효화되었으며, 오직 조선만이 유일한 華이고 중화라는 것이다.

---

21) 『三山齋先生文集』(二), 卷10, 雜著, 華夷辨 下, 263~264쪽, "或曰子之辨華夷 其說蕨矣 抑何以處東國也 曰古者謂夷也 然東者生之方也 風氣殊焉 我又近中國 說者謂與燕同析木之次 故其運氣常與中國相關 而其山川節候土物 大較皆同 卽其生人可知也 及聖人設敎 禮樂文物 彬彬如也 歷代尙之 號爲禮義之邦 夫稽乎星紀而同 稽乎山川節候土物而同 稽乎人而禮樂文物彬彬之敎 同同乎 此則異乎彼矣 然終不易夷名 蓋先王之愼也 今則又異焉何也 古者以地辨華夷 其某地之東曰東夷 某地之西曰西夷 某地之南北曰南北夷 中曰中國 各有界限 無相蹂也 故我得爲夷也 今也戎狄入中國 中國之民 君其君 俗其俗 婚嫁相媾 種類相化 於是地不足辨之而論其人也 然則當今之世 不歸我中華而誰也 此所謂異者也".

이와 같이 그는 이적도 행실을 고치면 華가 될 수 있음을 부정하지 않았다. 이 점에서는 그가 한원진과 마찬가지로 예의·도덕 등 문화를 유일한 기준으로 하는 화이론을 전개하고 있었다고 할 수 있다. 그러나 한원진과는 달리 기질에 따른 차이, 발생지방에 따른 차이를 문제 삼지 않음으로써 淸이 華가 될 수 있는 논리적·이론적 가능성만은 폭넓게 인정하였다. 다만 '賢人이라면 中國을 침입하지 않았을 것'이라는 언급에서 보듯이 바로 淸의 '중국 침입'이라는 행위 그 자체를 문제 삼아 淸은 중화가 될 수 없다고 규정하였다. 즉 중국 침입이라는 행위 자체가 이적의 행실이므로 청은 夷狄이라는 것이다. 말하자면 모든 이적은 행실을 고쳐 예의·인륜을 숭상하게 되면 華가 될 수 있지만, 淸은 이미 중국 침입이라는 이적의 행실을 하였으므로 華가 될 수 없다는 논리이다.

그의 이러한 논리에 대하여 혹자는, '淸이 中國을 차지한 것은 祖上의 행위이지 當代 淸人들의 所爲가 아니므로 中國 침범이라는 행위로 당대 淸의 華·夷 與否를 판단할 수는 없는 것 아닌지' 그에게 물었다. 이에 대해 金履安은, "도둑질한 물건을 자식에게 물려주고 도망가면 그를 처벌할 수 없는가" 하고 되묻는다.22) 요컨대 김이안은 중국 침입이라는 행위가 당대 淸人들의 소행은 아니지만 그들 조상의 소행을 아직 고치지 못하고 있으므로 여전히 夷狄이라고 주장하고 있는 것이다. 요컨대 淸이 中國땅을 내놓고 물러가지 않은 한, 華가 될 가능성은 없다는 것이다.

이러한 한원진과 김이안의 논리상의 차이는 그들의 심성론에서 비롯된 것이라 생각된다. 湖論의 심성론은 앞에서 지적한 바와 같이 타고난 기질에 따른 華·夷, 人·獸의 차별을 강조하는 것이었다. 때문에 한원진은 이적이 華로 변할 수 있는 가능성을 매우 적다고 보았고, 淸이 華가 될 수 없는 이유도 기질인 음양·오행의 설로써 설명하였다. 반면 洛論

---

22) 同上, 262쪽, "(或者-인용자)日今之主中國者 非身之所自爲也 則如之何 日彼 猶盜殺人于貨 而其子仍據焉者也 籍其所盜而屬諸其隣里 空其室而逃也 則有司 勿殺焉可也".

은 누구나 성인이 될 수 있다는 것을 강하게 긍정하는 것이었으므로 이적이 華가 될 수 있는 가능성을 부정하지 않았다. 때문에 김이안은 이적이 華가 될 가능성을 문제 삼는 것이 아니라, 淸의 '中國 侵入'이라는 행위·행실을 문제 삼았던 것으로 생각된다.

이상에서 살펴본 바와 같이 북벌론은 淸이 夷狄이고 적어도 가까운 장래에는 中華가 될 가능성이 없다는 것을 전제로 하여 성립되었다. 북벌론은 조선이 中華임을 증명하기 위하여 지계나 종족에 의한 華·夷 구분을 부정하였다. 또한 호론과 낙론의 북벌론자들은 유교적 원리에 따라 이적이 華가 될 수 있는 가능성을 완전히 부정하지 않으면서도 유독 淸만은 華가 될 수 없다고 주장하였다. 韓元震(湖論)의 경우는 기질의 변화 가능성을 최대한 부정함으로써 夷狄이 華가 될 가능성도 거의 없는 것으로, 그리고 淸의 경우는 그 발생지가 북쪽(肅殺之方)임을 들어 華가 될 수 없다고 생각하였다. 반면 김이안(洛論)의 경우는 湖論에 비하여 기질 변화의 가능성을 폭넓게 인정하였으므로 이적이 華가 될 수 있는 가능성 자체를 문제 삼지는 않았다. 다만 淸의 경우는 '中國 侵入'이라는 이적의 행실로 인하여 이적을 면할 수 없다고 주장하였던 것이다.

II. 華夷論과 歷史認識

북벌론은 패전으로 인해 추락된 조선의 자존심을 회복하는데 적지 않은 역할을 한 것도 사실이지만, 시간이 지남에 따라 그 실현 가능성이 문제가 되었다. 淸의 지배에 대한 한족의 간헐적 저항도 차츰 진압되었으며, 淸이 '天下를 다스린 지 4代 100여 년 만에 漢·唐 때에도 보지 못한 太平을 누린다'[23]는 인식이 대두되었다. 북벌이 시도되지도 못한 상태에

---

23) 『燕巖集』卷12, 「熱河日記」, 關內程史, 7月 28日, 虎叱, 193쪽, "燕巖氏曰 …

서 그 실현 가능성이 의심된다는 것은 북벌론의 문제의식이 해소되지 않은 채 다른 형태로 轉化할 가능성을 보여 주는 것이라 생각된다. 홍대용이 서생의 신분으로 군복을 입어가면서까지 직접 눈으로 확인코자 한 것[24]은 북벌의 실현 가능성과 淸의 융성이라는 현실, 바로 그것이었다고 생각된다.

홍대용은 哲學・天文・數學・音樂・時務 등 실로 방대한 분야에 걸친 著作을 남겨 놓았다. 그가 섭렵한 학문의 분야가 방대한 만큼 그의 사상을 형성한 사상적 연원 또한 한가지로 말하기는 쉽지 않을 것이다. 그 가운데서 가장 중요한 두 가지를 꼽자면 서양으로부터 전래된 과학사상과 낙론화된 성리학이었을 것이다. 이미 많은 연구들에 의해 지적되고 있듯이 서양으로부터 전래된 과학사상이 그의 천문학과 세계 인식에 끼친 영향은 적지 않은 것이었다. 그러나 홍대용은 서양의 과학사상을 수용하는 경우에도 늘 주체적인 입장을 견지하고 있었다. 이는 그의 지구 자전설 주장에서도 잘 드러나는 것이라 생각된다. 그의 지구 자전설은 金錫文(1658~1735)과 서양과학 등, 두 방향에서 영향을 받고 있었지만, 궁극적으로는 전래의 천문학을 섭렵한 바탕 위에서 그 자신의 체계적 사고 과정을 거친 끝에 독창적인 것으로 만들어 냈던 것이다.[25] 그러므로 그의 사상의 변화 과정은 주로 조선 사상계 내부의 흐름으로부터 추적해 가는 작업이 우선되어야 할 것이라 생각된다.

然天下有志士 豈可一日而忘中國哉 今淸之御宇纔四世 而莫不文武壽考 昇平百年 四海寧謐 此漢唐之所無也 觀其全安扶植之意 殆亦上天所置之命吏也"; 洪大容, 소재영・조규익・장경남・최인황 註解, 『註解 乙丙燕行錄』, 태학사, 1997, 19쪽, "또 제 비록 더러운 오랑캐나 등국을 웅거ᄒᆞ야 빅여년 태평을 누리니 그 규모와 긔상이 엇디 ᄒᆞᆫ번 보암즉디 아니리오".

24) 『湛軒書』(上), 內集 卷2, 桂坊日記, 乙未年 3月 29日, 192쪽, "笑曰 以白面書生 忽裝軍服 是大不易事 亦可謂好事". 正祖는 홍대용이 書生으로서 軍服 차림으로 燕行한 것을 두고 好事家라 희롱하였던 것이다.

25) 朴星來, 「洪大容 ≪湛軒書≫의 西洋科學 發見」, 『震檀學報』 79, 震檀學會, 1995, 256~257쪽.

제4장 華夷論　109

　주지하다시피 홍대용은 35세 되던 해인 1765년 6월 叔父 洪檍을 따라 燕行하였고 北京에서 一群의 漢族 선비들과 교분을 나눈 바 있었다. 그의 이러한 행동은 그가 귀국한 후 논란의 대상이 되기도 하였는데, 直齋 金鍾厚는 그의 이러한 행위를 심하게 질타하는 서신을 보내왔다. 홍대용과 김종후는 이후 몇 차례 서신을 주고받으면서 홍대용이 연행 시 한족 선비들과 사귄 일에 대하여 논변하였다. 다음의 G-1에서 G-3까지의 인용문들은 그 왕복 서한 중 「又答直齋書」의 일부분을 순서대로 배열한 것이다.

> G-1 또한 夷狄의 夷狄된 所以는 무엇 때문이겠소. 그들은 禮義도 없고 忠孝도 없으며, 天性이 殺伐을 좋아하고 행동은 禽獸와 같은 때문이 아니겠소? 저 아비 거역한 자식과 임금 쫓은 신하는 禮義도 없고 忠孝도 없으며, 殺伐을 좋아하니 禽獸와 같은 夷狄에게 비교하면 무엇이 다르겠소? 그런데 오늘날 夷狄은 中國에서 오래 살아왔기 때문에 그 먼 계획에 힘써서 점점 禮義를 崇尙하고 대략 忠孝를 본받으니, 殺伐하는 성질과 禽獸같은 행동이 그 처음 일어날 때 심했던 것과는 같지 않소. 그렇다면 '中國도 夷狄만 못하다'고 이른 말이 또한 어찌 불가하겠소?26)

　홍대용은 '夷狄의 夷狄된 所以는 禮義·忠孝가 없기 때문'이라고 하여, 예의·충효가 없는 것은 이적이요, 그렇지 않은 것이 華라고 여기고 있다. 여기에서 아비의 거역한 자식이란 衛나라 出公을 말하는 것이고, 임금 쫓은 신하란 魯나라 季孫氏를 일컫는 것이다. 이들은 한족이었고 임금 노릇도 하였지만, 그 행위는 이적·금수만도 못한 것이었다고 말한다. 이는 華·夷를 판별하는 기준이 예의·충효의 행실에 있지, 종족에

---

26)『湛軒書』(上), 內集 卷3, 書, 又答直齋書, 235쪽, "且夷狄之所以爲夷狄者亦何哉 豈非以無禮義 無忠孝 性好殺伐 而行類禽獸哉 彼拒父之子 逐君之臣 其無禮義 無忠孝 好殺伐 而類禽獸也 爲如何哉 若今時之夷狄也 以其久居中國 務其遠圖 稍尙禮義 略倣忠孝 殺伐之性 禽獸之行 不若其初起之甚 則謂之諸夏之不如夷狄 亦何不可哉".

달려 있지 않다는 의미라고 생각된다. 반면 '오늘날의 夷狄', 즉 淸은 비록 이적이었으나 그 性行이 처음 일어나던 때와는 달리 차츰 '예의를 숭상하고 충효를 본받아' 중화에 가까워진 것으로 평가한다. 이는 북벌론에서와는 달리 淸이 중화가 될 수 있는 가능성을 강하게 긍정하는 것이라 할 수 있다.

> G-2 '夷狄이 陰이 된다'란 말씀은 매우 타당하다 하겠소. 그러나 행동이 禽獸와 같다고 단정하는 것만은 可하거니와 바로 인간이 아니라 함은 너무 지나친 것이오. 이 말이 비록 中國에서 나왔다 하더라도 또한 너무 지나치다 할 것인데, 더구나 우리들로서 이런 말을 하면 어찌 中國 옛 사람에게 비웃음을 당하지 않겠소?27)

G-2는 金鍾厚가 "陰이 陽 위에 있게 되면 變故이고 夷狄은 사람이 아니니 夷狄을 陰으로 여겨야 한다"는 취지로 말한 데 대하여 홍대용이, '夷狄이 中國을 혼란시켜 陽이 되어서는 안 된다는 말은 옳으나 그렇다고 해서 사람이 아니라고는 하는 것은 지나친 말'이라고 비판하는 것이다. 이적은 그 행위가 금수와 유사하지만 그렇다고 해서 인간이 아닌 것은 아니라고 한다. 또한 中國의 古人들이 夷狄을 가리켜 '인간이 아니다' 라고 해도 심한 말인데, 과거 이적이었던 조선인의 입장에서 그렇게 말할 수는 없다는 것이다.

> G-3 우리 東方이 '夷'가 된 것은 地界가 그러한 때문인데, 또한 무엇을 거리낄 필요가 있겠소? 夷狄에 나서 夷狄에 행한다 하더라도 진실로 聖人이 될 수도 있고 大賢이 될 수도 있으니 실로 큰 일은 우리에게 달려 있는데, 무엇을 혐의스럽게 생각하겠소? 우리나라가 中國을 본받아서 夷狄을 면한 지는 오래 되었소.28)

---

27) 同上, 236쪽, "夷狄之爲陰 來教甚當 但斷之以行類禽獸可矣 直謂之非人 則亦過矣 此言 雖出於中國 亦爲辭氣之過當 況以我輩而爲此言 豈不見笑於中國之古人乎".

G-3의 앞부분에서 홍대용은 조선이 地界 때문에 '夷'가 되었다고 하였고, 뒷부분에서는 '夷'의 이름을 면한 지 오래 되었다고 말한다. 그리고 '夷'의 이름을 면한 이유에 대해서는 중국을 본받았기 때문이라고 한다. 조선이 지계 때문에 '夷'가 되었다는 말은 굳이 지계로써 구분하자면 그렇다는 뜻이고, 시기적으로 보자면 '夷'의 이름을 면하기 이전, 즉 중국을 본받기 이전의 상태를 말하는 것이다. 따라서 조선은 이미 오래 전부터 '華'였던 것이고, 홍대용이 말하는 시점에서도 역시 '華'인 것이다.29) 이러한 홍대용의 언급은 김이안의 화이론(F-2의 ①과 ②)을 계승하고 있는 것이라 생각된다. 김이안은 조선이 중국을 본받아 예악·문물이 융성하여 이미 華가 되었고, 지계 때문에 이적이라 불리기도 하였지만 결국 지계로써 華·夷를 구분할 수는 없다고 말하였던 것이다.

홍대용도 사실상 조선이 이미 오래 전부터 華라는 사실을 긍정하였고, 지계로써 華·夷를 구분하여 조선을 이적으로 여기더라도 이 때문에 거리낄 필요가 없다고 말하고 있다. 다시 말해 지계에 의한 華·夷 구분은 아무런 의미도 없다는 것이다. 홍대용이 예의·도덕의 실천 여부를 華·夷 구분의 기준으로 삼았고, 지계나 종족에 의한 華·夷 구분을 부정하고 있다는 점(G-3)에서 보면 그의 화이론은 북벌론의 계승이었다. 이에서 한 걸음 더 나아가 이적이 변하여 華가 될 가능성을 폭넓게 인정한다는 점(G-1)에서 보면 그의 화이론은 김이안의 화이론도 계승하고 있었다고 할 수 있다.

이처럼 조선이 華임을 긍정하는 논리의 전개와 이적이 변하여 華가 될 수 있는 가능성을 폭넓게 인정한다는 점에서는 홍대용의 화이론이 김이안의 것을 계승하고 있었지만, 당대 淸의 華·夷 여부에 대해서는 양

---

28) 同上, 237쪽, "我東之爲夷 地界然矣 亦何必諱哉 素夷狄行乎夷狄 爲聖爲賢 固大有事在吾 何慊乎 我東之慕效中國 忘其爲夷也久矣".
29) 劉奉學, 앞의 책, 127쪽에서는 위의 인용문들을 통하여 '洪大容이 朝鮮을 夷狄으로 여긴 것'으로 보았으나 동의하기 어렵다.

자가 차이를 보이고 있었다. 김이안의 경우는 여진족은 물론이고 한족도 이적화되었다고 주장하였음에 비하여 홍대용의 경우는 淸이 華에 매우 근접한 것으로 평가하고 있는 것이다. 그러나 홍대용의 화이론은 여기에서 머물지 않고 또 다른 차원으로 발전되어 가고 있었다고 생각된다. 주지하다시피 그가 華・夷에 대하여 본격적으로 논한 글은 「毉山問答」이다. 다음에서는 「毉山問答」을 통하여 그의 화이론이 어떻게 변화하고 있었는지를 살펴보기로 하겠다.

「毉山問答」은 내용상 크게 세 부분으로 구성되어 있다. 첫째는 實翁이 "聖人도 萬物을 스승으로 삼는다"[30]고 하면서 사물 연구의 필요성을 제기하는 부분으로, 글의 처음부터 "이제 너는 어찌하여 天으로써 사물을 보지 않고 오히려 인간으로써 사물을 보느냐"[31]고 말하는 데까지이다. 둘째는 天地의 實情에 관한 것으로 虛子가 '人物有生之本'[32]에 대해 묻자 實翁이 "먼저 天地의 實情부터 말하겠다"[33]고 하면서 시작되어 虛子가 實翁의 설명에 승복[34]하는 데에서 끝난다. 이 부분에서는 우주의 형상과 지구의 자전, '음양・오행'설에 의거한 세계 해석 비판 등이 그 주된 내용을 이루고 있다. 요컨대 비합리적인 세계 해석을 반대하고 실증・논증에 의한 세계 해석을 제시하는 부분인 것이다. 세 번째는 人物之本・古今之變・華夷之分에 관한 것[35]으로 역사를 성인의 도에서 점차 멀어지는 것으로 요약하고 이 때문에 종국에는 夷狄의 運이 날로 盛하여 오늘에 이르게 되었음을 말하면서 華・夷의 구별에 대해 논하고 있다.

우선 그 첫 번째 부분에서 홍대용은 '人物均'에 대하여 논한다.

---

30) 『湛軒書』(上), 內集 卷4, 補遺, 「毉山問答」, 327쪽, "聖人師萬物".
31) 同上, 327쪽, "今爾曷不以天視物 而猶以人視物也".
32) 同上, "虛子矍然大悟 又拜而進曰 人物之無分 敬聞命矣 請問人物有生之本".
33) 同上, "實翁曰 善哉問也 雖然人物之生 本於天地 吾將先言天地之情".
34) 同上, 357쪽, "虛子曰 天地之體形情狀 旣聞命矣 請卒聞人物之本古今之變華夷之分".
35) 同上.

제4장 華夷論   113

G-4 ① 虛子가 이르기를, "天地의 生物 중에는 오직 人間만이 귀하오며, 저 禽獸나 草木은 慧·覺·禮·義가 없습니다. 人間은 禽獸보다 귀하고, 草木은 禽獸보다도 賤한 것입니다" 하니, 實翁이 고개를 쳐들고 웃으면서 말하기를, "너는 진실로 人間이로다. 五倫과 五事는 人間의 禮義이고, 떼를 지어 다니며 서로 불러 먹이는 것은 禽獸의 禮義이며, 떨기로 나서 무성하게 죽죽 뻗어 가는 것은 草木의 禮義이다.

② 人間으로써 萬物을 보면 人間이 貴하고 萬物이 賤하지만 萬物로써 人間을 보면 萬物이 貴하고 人間이 賤할 것이다. 그러나 天에서 보면 人間이나 事物이 다 마찬가지이니라. 대저 (禽獸는 – 인용자) 智慧가 없는 까닭에 남을 속일 수 없고 (草木은 – 인용자) 知覺이 없는 까닭에 作爲가 없다. 그렇다면 萬物이 人間보다 훨씬 더 貴한 것이 아니겠느냐. 또 鳳凰은 천 길의 하늘을 날고 龍은 하늘에서 날아다니며, 蓍草와 鬱金草는 神에 통하고 松柏은 材木으로 쓰이나니 이들을 人類와 비교하면 어느 것이 貴하고 어느 것이 賤하겠느냐? 대저 大道를 해치는 것은 뽐내는 마음보다 더 심한 것이 없느니라. 人間이 人間을 貴하게 여기고 萬物을 賤하게 여김은 바로 뽐내는 마음의 근본이니라" 하였다.36)

먼저 實翁은 虛子에게 "生物에는 세 종류가 있으니, 인간과 금수와 초목이다. 草木은 거꾸로 나는 까닭에 知는 있으나 覺이 없고 禽獸는 橫으로 나는 까닭에 覺은 있으나 慧가 없다. 이 세 가지는 끊임없이 엉클어져 서로 흥하기도 하고 쇠하기도 한다. 거기에 貴賤의 等級이 있겠는가"37)라고 물어 虛子로 하여금 인간이 가장 귀하다는 대답을 하도록 유

---

36) 同上, 326쪽, "虛子曰 天地之生 惟人爲貴 今夫禽獸也草木也 無慧無覺無禮無義 人貴於禽獸 草木賤於禽獸 實翁仰首而笑曰 爾誠人也 五倫五事 人之禮義也 群行呴哺 禽獸之禮義也 叢苞條暢 草木之禮義也 以人視物 人貴而物賤 以物視人 物貴而人賤 自天而視之 人與物均也 夫無慧故無詐 無覺故無爲 然則物貴於人亦遠矣 且鳳翔千仞 龍飛在天 蓍鬱通神 松柏需材 比之人類 何貴何賤 夫大道之害 莫甚於矜心 人之所以貴人而賤物 矜心之本也".
37) 同上, 325~326쪽, "實翁曰 … 我復問爾 生之類有三 人也 禽獸也 草木也 草木倒生故有知而無覺 禽獸橫生故有覺而無慧 三生之類 块軋泯棼 互相衰旺 抑

도한다. 그리고 그 이유로서 인간만이 지혜, 예의 등을 갖추었다고 말하게 한다. 이러한 虛子의 대답은 한원진이 '대개 인간이 금수와 다른 것은 금수는 오륜이 없고 인간만이 가지고 있다는 점'[38]이라고 말한 것을 연상케 하는 것이다.

實翁은 虛子의 이러한 대답에 대해 사물도 각기 나름대로 仁・義・禮・智(G-4 ①의 五倫, 五事, 禮義 等)를 갖추고 있으니 인간만이 귀하다고는 할 수 없다고 반박한다. 이는 사물도 五常의 전부를 갖추었다는 낙론의 논리의 계승이다. 實翁은 앞에서 '人間이 事物과 다른 것은 心이요, 心이 事物과 다른 것은 體'[39]라 하였고, '草木은 知가 있으나 覺이 없고, 禽獸는 覺이 있으나 慧가 없다'[40]고 하였으므로 人・物의 차별과 가치면에서 인간의 우월함을 부정했다고는 생각되지 않는다. 다만 ①에서는 仁・義・禮・智를 갖추었다는 점에서 人・物이 같음을 말하였고, ②에서는 天으로부터 보면[自天而視之], 인간과 초목・금수 간에 귀천이 없다고 말하는 것인데, 이는 '理'의 측면에서 보면 人・物性이 같다는 논리의 연장인 것이다. 이는 인간만이 아니라 사물도 五常을 갖추고 있으므로 연구의 대상으로 삼을 필요가 있음을 말하는 것이다. 때문에 實翁은 위의 인용문에 이어서 "그러므로 聖人은 萬物을 스승으로 삼았다고 말하는데, 너는 어찌하여 天의 관점에서 事物을 보지 않고, 人間의 입장에서 事物을 보느냐"[41]고 논박하는 것이다. 다시 말해 그가 天의 관점을

將有貴賤之等乎".
38) 『南塘集』(Ⅱ), 卷26, 雜著, 韓氏婦訓, 67쪽, "天生斯民 其倫有五 人未有能外此而爲人者也 … 盖人之所以異於禽獸者 以其禽獸無此而人獨有此也 人而於此五者 一有悖焉 則是雖具人之形 卽便與禽獸無別矣 然則人與禽獸之間 將孰從而孰違也".
39) 『湛軒書』(上), 內集 卷4, 補遺, 「毉山問答」, 325쪽, "實翁曰 … 人之所以異於物者心也 心之所以異於物者身也".
40) 同上, 325~326쪽, "實翁曰 … 我復問爾 生之類有三 人也 禽獸也 草木也 草木倒生故有知而無覺 禽獸橫生故有覺而無慧 三生之類 塊軋泯棼 互相衰旺 抑將有貴賤之等乎".

虛子에게 요구하는 이유는 '師萬物', 즉 사물 연구의 필요성을 주장하기 위한 것이었다. 이는 앞에서 살펴보았듯이 人物性同論에 기반하여 사상적 외연을 확장해 간 것이라 생각된다.

그가 이처럼 '人物均'을 말한다고 해서 이것이 人・物의 가치상 동등함을 의미하는 것은 아니었다고 생각된다. 天의 입장에서 보면 人・物이 같다고 말하는 것은 비단 홍대용뿐만 아니었다. 주자는,

> G-5 朱子가 이르기를, 人間과 事物은 모두 天地間에서 태어났다. 그들이 취하여 體로 삼은 것은 다 天地에 가득 찬 氣이고, 얻어서 性으로 삼은 것은 다 氣를 이끄는 天地의 뜻[志]이다. 그러나 體에 正・偏의 차이가 있으므로 그 性도 밝고 어두운 차이가 없을 수 없다. 오직 人間만이 形氣의 올바른 것을 얻음으로써 그 마음이 가장 신령스러워 性命의 전체에 통할 수 있다. 人間끼리는 함께 생겨난 중에서도 同類가 되어 가장 貴하므로 同胞라 한 것이니 同類인 人間을 봄에 모두 나 자신의 兄弟 보듯이 하여야 한다. 事物은 形氣의 치우친 것을 얻어 능히 性命의 전체에 통하지 못하므로 나와 同類가 아니고 人間처럼 貴하지도 않다. 그러나 <u>원래 그 體와 性이 좇아 나온 바, 역시 天地에 根本하여 일찍이 같지 아니함이 없다</u>. 그러므로 나와 함께 한다고 하였으니 事物을 봄에 역시 나 자신의 친구 보듯이 하여야 한다.[42] (밑줄은 인용자 강조)

---

41) 同上, 327쪽, "故曰聖人師萬物 今爾曷不以天視物 而猶以人視物也".
42) 『近思錄』卷2, 121~122쪽, "朱子曰 人物並生於天地之間 其所資以爲體者 皆天地之塞 其所得以爲性者 皆天地之帥 然體有偏正之殊 故其於性也 不無明暗之異 惟人也得其形氣之正 是以其心最靈 而有以通乎性命之全體 於並生之中 又爲同類而最貴焉 故曰同胞 則其視之也 皆如己之兄弟矣 物則得夫形氣之偏 而不能通乎性命之全 故與我不同類 而不若人之貴 然原其體性之所自 是亦本之天地 而未嘗不同也 故曰吾與 則其視之也 亦如己之儕輩矣"(밑줄은 인용자 강조). 밑줄 친 '天地之塞'에 대하여 朱子는 同上, 121쪽에서 '乾陽坤陰 此天地之氣 塞乎兩間 而人物之所資 以爲體者也 故曰 天地之塞 吾其體'라 하였으므로 '天地에 가득찬 氣'라고 意譯하였고, '天地之帥'에 대해서는 '乾健坤順 此天地之志 爲氣之帥 而人物之所得 以爲性者也 故曰 天地之帥 吾其性'이라 하였으므로 '氣를 이끄는 天地의 뜻[志]'으로 意譯하였다.

라고 하였다. 그는 張載가, "百姓은 나의 同胞요 事物은 나의 친구"[43]라고 한 데 대하여, "人·物 모두 그 體와 性이 天地에 근본 하였으므로 나의 친구로 여겨야 한다"고 말하는 것이다. 體(氣)와 性(理)이 天地에 根本하였다는 점에서 보면 인간과 사물은 같다[未嘗不同也]고 말하고 있는 것이므로 이 점에서는 역시 人·物의 귀천을 논할 수 없는 것이겠다.

이는 앞에 제시한 홍대용의 언급과 크게 어긋나지 않는 것이다. 홍대용도 인간과 사물의 다른 점(心과 體)[44]을 먼저 제시한 뒤에 人·物이 공히 仁·義·禮·智를 가지고 있으므로 天으로부터 보면 人·物의 等分이 없다고 말하고 있다. 인·의·예·지는 五常이며 理이니 理의 측면에서 보면 人·物의 等分이 없다고 말하는 것과 다르지 않고, 性(本然之性)의 측면에서 人·物이 같다고 말하는 것과도 다르지 않다. 人物性同論이 결코 人·物의 가치상 동등함을 말한 것이 아니었음은 이미 앞에서 논한 바와 같지만, 소위 '人物均'論도 人物性同論과 계승관계에 있는 것이라 생각된다.[45]

이상에서와 같이 홍대용은 '人物均'論을 통하여 사물 연구의 필요성을 주장한 뒤, 「毉山問答」의 두 번째 부분에서 天地의 實情에 대하여 언급한다. 이 부분에서는 지구설, 지구의 자전, 태양계의 형태, 지구의 실정, 신선술, 풍수 등에 대하여 언급한다. 이 부분은 주로 세상 만물에 합리적인 이치가 내재되어 있으며 인간은 연구를 통하여 이치에 접근할 수 있다는 주장과, 그 실례로서 합리적인 궁리의 결과를 논한다. 이 부분의 서술 의도는 다음과 같은 언급에서 잘 드러나고 있다.

---

43) 同上, 121쪽, "民吾同胞 物吾與也".
44) 『湛軒書』(上), 內集 卷4, 補遺, 「毉山問答」, 325쪽, "實翁曰 … 人之所以異於物者心也 心之所以異於物者身也".
45) 劉奉學, 앞의 책, 96쪽에서는 '人物均論'이 '인간의 지위를 상대화'한 것이라 하였고, 金文鎔, 앞의 논문, 95~96쪽에서는 이것이 "人·物이 근본적으로 다르지 않고, 가치상 균등하다"는 주장이라고 보았으나 동의하기 어렵다.

제4장 華夷論 117

G-6 ① 中國사람은 中國을 正界로 삼고 西洋을 倒界로 삼으며, 西洋사람은 西洋을 正界로 삼고 中國을 倒界로 삼는다. 其實 하늘을 이고 땅을 밟는 사람이라면 地界에 따라 다 그러하니 橫界, 倒界 할 것 없이 모두 正界이다. 세상 사람들은 옛 습관에 안주하여 살피지 않고 理致가 눈앞에 있지만 일찍이 推究하지 않으므로 終身토록 (하늘을-인용자) 이고 (땅을-인용자) 밟고 살건만 그 실정에는 캄캄하다.46)
② 더구나 紫陽山陵의 講義錄에도 오로지 術家의 말을 주로 한 것이 많았다. 臺史가 이 말을 儒宗으로부터 나온 것이라 하여, 사람들이 감히 異論을 내지 못하였다. 따라서 간사한 말이 거침없이 퍼져 천하가 미친듯 하여 訟事와 獄事가 번잡하게 일어났다. 人心은 날로 흩어지니, 流弊의 酷甚함이 어찌 頓悟나 事功에 비교될 뿐이랴"47)

①은 지구설에 대한 언급 가운데 한 부분이고, ②는 풍수지리설에 대한 비판으로서 제시된 말이고, 「毉山問答」의 두 번째 부분의 말미에 해당한다. ①에서는 먼저 正界, 橫界, 倒界에 대하여 이러한 구분이 상대적인 것이고 고정적이지 않다고 말한다. 正界란 관측을 위해 지정한 기준점이고, 橫界는 經度上 반대쪽, 倒界는 위도상 반대쪽을 의미한다.48) 천문관측을 위해서는 반드시 기준, 즉 正界가 필요하므로 正界·橫界·倒界의 구분이 필요 없다는 말로 보기는 어렵고, 그러한 구분이 상대적이라는 것을 말한 것으로 생각된다. 이어서 그는 지구설을 말한 의도를 드러낸다. 즉 옛 습관에 안주하여 새 것을 살피지 않고, 눈앞의 이치를 탐

---

46) 『湛軒書』(上), 內集 卷4, 補遺, 「毉山問答」, 332쪽, "中國之人 以中國爲正界 以西洋爲倒界 西洋之人 以西洋爲正界 以中國爲倒界 其實戴天履地 隨界皆然 無橫無倒 均是正界 世之人 安於故常習而不察 理在目前 不曾推索 終身戴履 昧其情狀".
47) 同上, 357쪽, "況紫陽之山陵議狀 專主術說甚矣 臺史言出儒宗 人不敢議異說 鴟張天下若狂 訟獄繁興 人心日壞 流弊之酷 奚啻頓悟事功之比而已哉".
48) 洪大容, 趙一文 譯, 『林下經綸·毉山問答』, 건국대학교 출판부, 1984, 54쪽의 주 1), 2), 3) 참조.

구하지 않아 實情에 어두운 당대 유학자들의 관행을 비판하는 것이다.

②에서 術家란 陰陽家를 지칭한다. 그는 주자학의 음양설에 음양가의 이론이 많이 포함되었고, 이것이 불교나 묵가만큼이나 혹심한 폐단을 일으켰다고 이해한다. 그리하여 '陰陽說에 拘碍되고 義理에 빠져 天道를 살피지 못함은 先儒들의 허물'[49]이라고 주장하게 된다. 그는 氣를 음양으로 나누는 것까지는 동의하지만, 이를 다시 五行으로 나누고 세상의 만물의 원리를 이로써 설명하는 것에 반대한다. 오행이란 단지 사물을 총칭한 것에 불과하다는 것이 그의 생각이었다.[50]

그가 「毉山問答」의 두 번째 부분에서 주장하고자 한 것은 역시 현실세계에 대한 '음양·오행'설에 의한 것과 같은 신비주의적 해석, 불합리한 해석을 거부하고, 합리적·실증적인 해석을 내리고자 한 것이었다. 또한 그가 불교의 頓悟說을 流弊가 酷甚했다고 하여 크게 반대한 것으로 미루어 보면 주자 格致說上의 '豁然貫通'說에 대한 그의 생각이 어떠한 것이었는지 짐작해 볼 수 있다. 또한 앞에서와 같이 음양·오행설에 의한 비합리적 세계 해석도 부정함으로써, 그는 주자학에 내포되어 있는 비합리적·신비주의적 요소들을 불식시키고자 하였던 것으로 보아도 좋을 것이다. 이를 화이론에 적용시켜 보면 그가 한원진과 같은 방식으로 현실의 華·夷 관계를 설명하지 않으리라는 점을 알 수 있다.

「毉山問答」의 세 번째 부분은 人物之本·古今之變·華夷之分에 관하여 논한 것이다. 우선 人物之本에 대해서는 '邃古之時에 人·物이 많지 않았으나 태어난 성품이 두텁고 정신과 지혜가 밝고 動靜도 점잖으며, 모든 생명체가 번성하고 자연에는 재앙이 없었던 것'[51]이 바로 人物之本

---

49) 『湛軒書』(上), 內集 卷4, 補遺, 「毉山問答」, 344쪽, "實翁曰 拘於陰陽 泥於理義 不察天道 先儒之過也".
50) 同上, 350쪽, "古人隨時立言 以作萬物之總名 非謂不可加一 不可減一 天地萬物 適有此數也 故五行之數 原非定論".
51) 同上, 357~358쪽, "邃古之時 專於氣化 人物不繁 鍾禀深厚 神智清明 動止純

이라고 말한다. 다음으로 古今之變에 대한 홍대용의 주장을 대략 요약하면 다음과 같다. 氣化가 끊어지고 形化가 생기면서 나쁜 것만 자라나 밝은 마음이 없어졌으며 이것이 天地의 不運과 禍亂의 始初가 되었다. 氣가 모여 형체를 이루는 것이 氣化요, 남녀가 만나 정욕이 생겨 아이를 갖는 것이 形化이다. 이후 문물이 발전하게 되자 백성의 투쟁이 시작되어 생명이 손상되고 계급이 생겨났다. 풍속이 변하여 법도가 행해지지 않게 되자 聖人의 힘으로도 어쩔 수가 없어 옛 道를 회복시키지 못하고 權道로써 더 나빠지지 못하게 제어하였다. 이후로도 道가 점차로 무너지고 文勝한 까닭에 종국에는 中國이 망하고 夷狄이 융성하게 되었으니 이는 '人事의 感應이요 天時의 必然'이라는 것이다.52)

인류의, 역사의, 도덕의 쇠퇴 과정으로 보는 그의 이러한 역사관은 유교적 상고주의와 有關한 것으로 보인다. 주지하다시피 유교의 상고주의는 인류의 역사를 도덕의 쇠퇴과정으로 보며 고대의 이상을 재현(내지 회복)하려는 것이었고, 물질적 진보에 대해서는 관심을 두지 않는 것이었다.53) 홍대용 역시 인류의 역사를 도덕의 쇠퇴 과정으로 본 것은 마찬가지였다.54) 氣化가 끊어지고 形化가 시작된 이래 "人・物이 태어남에 오로지 精血만이 품부되어 찌꺼기와 더러운 것은 점차 자라나고 맑고 밝은 것은 점차 쇠퇴하였으니 이것이 天地의 不運이요 禍亂의 시초"55)라고

厖 養生不資於物 喜怒不萌於心 呼吸吐納 不飢不渴 無營無欲 遊戲于于 鳥獸魚鱉 咸遂其生 草木金石 各葆其體 天無淫沴之災 地無崩渴之害 此人物之本 眞太和之世也".

52) 同上, 357~362쪽.
53) 高柄翊, 「儒敎思想에 있어서 進步觀」 『아시아의 歷史像』, 서울대 출판부, 1969 ; 車河淳 編, 『史觀이란 무엇인가』, 청람, 1984, 244~249쪽.
54) 趙誠乙, 「洪大容의 歷史認識」 『震檀學報』 79, 震檀學會, 1995, 229~230쪽, 주 62) 참조.
55) 『湛軒書』(上), 內集 卷4, 補遺, 「毉山問答」, 358쪽, "氣化絶 則人物之生 專禀 精血 滓穢漸長 淸明漸退 此天地之否運 禍亂之權輿也".

말하고 있는 것이다. 그러나 다음의 인용문에서 보듯이 그의 역사 인식에는 상고주의와 구별되는 특징이 있었다.

> G-7 因時順俗은 聖人의 權道요 制治의 방법이다. 대개 太平・和樂・純粹・敦厚함은 聖人도 원하지 않는 바가 아니나, 時代가 바뀌고 風俗이 변하여 禁防이 행해지지 않는데 이를 거슬러 막는다면 그 혼란이 더욱 심해져 聖人의 힘으로도 어찌 할 수 없는 지경에 이를 것이다. 그러므로 이르기를 '지금 세상에 살면서 古道에 돌아가려고 하면 災殃이 그 몸에 미칠 것'이라고 하였다. 情欲의 느낌을 이미 금할 수 없으므로 婚姻의 禮로써 夫婦로 짝 지워 그 淫亂함을 禁했을 뿐이다. 집 짓고 사는 것을 이미 禁할 수 없으므로 풀로 지붕을 덮되 다듬지 못하게 하여 그 華麗함을 禁했을 뿐이다.56)

古道의 회복은 聖人도 하지 못한 일일뿐 아니라, '지금 세상에 살면서 古道에 돌아가려고 하면 재앙이 그 몸에 미칠 것'이기 때문에 古道의 회복은 사실상 포기되었다. 역사의 진행 과정을 도덕의 쇠퇴 과정으로 보는 것은 상고주의와 동일하였지만, 古道의 회복을 불가능한 것으로 여긴다는 점에서 분명한 차이를 보이고 있는 것이다.

뿐만 아니라 물질적 진보에 대한 그의 생각도 상고주의와 구별되는 특징을 보여 주고 있었다. 그는, '三代 때의 戎車制度는 지금 살펴보면 매우 迂拙하고 疎略하다. 人心의 機巧와 器具의 便利는 末世의 衰弱한 徵驗'57)이라고 하여 三代의 제도를 현세에 재현할 수 없다는 것을 분명

---

56) 同上, 359~360쪽, "因時順俗 聖人之權 制治之術也 夫太和純厖 聖人非不願也 時移俗成 禁防不行 逆而遏之 其亂滋甚 則聖人之力 實有不逮也 故曰居今之世 欲反故之道 災及其身 情欲之感 旣不可禁 則婚姻之禮 夫婦定偶 禁其淫而已 宮室之居 旣不可禁 則茨屋蓬蓽 不礱不斲 禁其華而已 魚肉之食 旣不可禁 則釣而不綱厲 禁山澤 禁其濫而已 布帛之服 旣不可禁 則老少異制 上下有章 禁其侈而已 是以禮樂制度 聖人所以架漏牽補權制一時 而情根未拔 利源未塞 勢如防川 畢竟潰決 聖人已知之矣".

57) 同上, 內集 卷4, 補遺,「林下經綸」, 311쪽, "居今之世 雖不能盡反古道 而善謀

히 한 뒤, 사람의 마음이 교묘해지고 기구가 편리해진 것을 말세의 쇠약한 징험으로 인식하고 있었다. 그는 이처럼 인심의 機巧와 기구의 편리라는 문물의 진보과정을 한편에서는 도덕적인 면에서의 쇠퇴(叔季衰薄之驗)라 여기면서도, 다른 한편에서는 오히려 긍정적이기도 한 것으로 평가하고 있었다.

> G-8 或者가 말하기를, "… 縫掖의 偉容이 左袵의 便易함만 못하고 揖讓의 虛禮가 膜拜(무릎 꿇고 절하는 것-인용자)의 참다움만 못하며, 文章의 空言이 騎射의 實用만 못하고 따뜻하게 입고 더운 밥 먹으면서 몸 약한 것이 털 장막에서 우유 먹고 몸 강건한 것만 못하다"고 하였다. 이는 혹 지나친 말인지는 모르겠지만 中國이 떨치지 못한 까닭이 여기서 싹트게 되었다.58)

그는 中國이 떨치지 못하게 된 직접적인 원인이, 문물의 '편이성·실용성' 부재에 있다고 하였다. 偉容·虛禮·空言·虛弱은 中國이 떨치지 못한 이유였고, 便易·眞率·實用·剛健은 夷狄이 융성하는 이유였다. 즉 문물의 편이성·실용성 여부는 국가의 흥망성쇠에 관계되는 것이었다. 그에게 문물의 실용성·편이성, 즉 물질적 진보는 말세의 징험이자 국가 흥망성쇠의 관건이라는 이중의 의미를 갖는 것이었다. 요컨대 그는 인류의 역사를 도덕의 쇠퇴와 물질적 진보의 同時的 진행 과정으로 보았던 것이다.

이러한 도덕적 타락과 물질적 진보의 동시적 진행이라는 역사관은 일견 모순되는 것으로 보이지만, 그의 사상 체계 속에서는 모순 없이 융화

國者 必有通變之制矣 … 三代戎車之制 以今考之 其迂疏甚矣 人心之機巧 器具之便利 亦可見叔季衰薄之驗也".
58) 同上, 內集 卷4, 補遺, 「毉山問答」, 361쪽, "或曰 … 縫掖之偉容 不如左袵之便易 揖讓之虛禮 不如膜拜之眞率 文章之空言 不如騎射之實用 暖衣火食 體骨脆軟 不如毳幕湩酪 筋脉勁悍 此或是過甚之論 而中國之不振 則所由來者漸矣".

되어 있었다. 전술하였듯이 그는 古道로의 회귀, 또는 회복을 불가능한 것으로 여겼다. 따라서 현실에서의 최선은 通變之制를 추구하는 것이었다.59) 古道만을 고집하여 물질적 진보를 적절히 制治하지 못하는 것은 중국의 경우처럼 나라를 망하게 하는 요인이 되는 것(G-8)이었고, 개인에게는 재앙이 몸에 미치는 결과를 초래(G-7)할 것이었다. 반면 淸의 경우는 左袵・膜拜・騎射・毳幕・潼酪 등 夷狄의 풍속을 便易・眞率・實用・剛健이라는 긍정적 가치로 귀결시켰다(G-8). 따라서 현실에서 추구할 수 있는 최선의 것은 通變之制요, 因時順俗하는 權道(G-7)였다.

時俗에 따라 현실을 制治하는 道(權道)라 해서 古道와의 통일성을 상실하는 것은 아니라고 생각된다. 道나 性의 본체는 기질에 구애된다고 해서 그 근본을 잃는 것이 아니기 때문이다.60) 또 성인이 희망한 것은 太平・和樂・純粹・敦厚(G-7) 등이었고 權道로써 淫亂을 금하고 화려함을 금하는 등의 일도 궁극적으로는 太平・和樂・純粹・敦厚를 지향하고 있는 것이었다. 따라서 權道, 즉 因時順俗의 道는 이념적 지향으로서의 古道와 대립하면서도 통일성을 유지하고 있는 것이다. 그러므로 因時順俗의 道는 현실(時俗)을 制治하되, 그 制治의 정당성을 古道와의 통일성에 의해 보장받는다는 점에서 道의 본연성도 유지하고 있고, 현실을 통해서만 추구될 수 있다는 점에서 현실(時俗)에 의해 규정되는 것이기도 하다. 因時順俗은 道의 통일성에 의해 현실 追隨의 경향을 면할 수 있고, 道는 時俗에 의해 규정됨으로써 공허함을 면할 수 있었다. 즉 因時順俗(現實)과 道(理想)는 상호 규정성 속에 공존하였던 것이다.

---

59) 同上,「林下經綸」, 311쪽, "居今之世 雖不能盡反古道 而善謀國者 必有通變之制矣".
60) 同上, 內集 卷1, 答徐成之論心說, 5쪽, "然而 孟子之道性 只主於四端 程子之論心 必言其本善 此其故何也 觀其用則異 語其本則同 惟此本體之明 不以聖而顯 不以愚而晦 不以禽獸而缺 不以草木而亡 無他 體神且粹 不拘於氣而失其本故也 由是觀之 則賢愚之同不同可知也 賢愚之同不同可知 則禽獸之同不同可知也 禽獸之同不同可知 則草木之同不同可知也".

마지막으로 華夷之分에 대하여 논하면서 '華夷一也'와 '域外春秋'論이 제기된다. 이는 實翁이 '中國이 떨치지 못하고 夷狄의 運이 날로 융성함은 人事의 感應이요, 天時의 必然'[61]이라고 말하자 虛子가 "孔子가 『春秋』를 지어 중국을 안[內]으로 四夷를 바깥[外]으로 하였습니다. 華·夷의 구별이 이같이 엄격한데 '人事之感召 天時之必然'이라 하신 것은 옳지 못한 것 아닙니까"[62]하고 반문한 데 대한 답으로서 제시되는 것이다. 「毉山問答」의 大尾가 되는 이 부분의 전체를 인용하여 살펴보기로 하자.

> G-9 ① 實翁이 이르기를, "하늘이 낳고 땅이 기르고 血氣를 가졌으니 이는 모두 人間이니라. 여럿 중에서 뛰어나 한 나라를 맡아 다스리니 이는 모두 임금이니라. 여러 겹 문과 깊은 못으로 강토를 조심스럽게 지키니 이는 모두 나라이니라. 章甫(殷나라의 모자-인용자)·委貌(周나라의 갓-인용자)·文身·雕題(이마 문신을 새기는 南方의 風習-인용자)는 모두 습속이니라. 天에서 본다면 어찌 內·外의 구별이 있겠느냐? 이러한 까닭으로 각각 제 나라 사람을 친애하고, 제 나라 임금을 높이고, 제 나라를 지키고, 제 풍속을 편안히 여기는 것은 華나 夷나 마찬가지이니라.
> ② 대저 天地가 변함에 따라 人·物이 많아지고 人·物이 많아짐에 따라 彼·我가 나타나고 彼·我가 나타남에 따라 內·外가 나뉘었다. 五臟六腑와 肢節은 한 몸의 안과 밖이요, 내 몸과 妻子는 한 집안의 안과 밖이며, 兄弟와 宗黨은 한 門中의 안과 밖이요, 이웃 마을과 변경은 한 나라의 안과 밖이며, 同軌(華-인용자)와 化外(夷-인용자)는 天地의 안과 밖인 것이다.
> ③ 대저 자기의 것이 아닌데 취하는 것을 盜라 하고 罪가 아닌데 죽이는 것을 賊이라며, 四夷로서 中國을 침범하는 것을 寇라 하고 中

---

[61] 同上, 內集 卷4, 補遺, 「毉山問答」, 362쪽, "夫南風之不競 胡運之日長 乃人事之感召 天時之必然也".
[62] 同上, 362쪽, "虛子曰 孔子作春秋 內中國而外四夷 夫華夷之分 如是其嚴 今夫子貴之於人事之感召 天時之必然 無乃不可乎".

國으로서 四夷를 번거롭게 치는 것을 賊이라 한다. 그러나 서로 寇라 하고 賊이라 하니 그 뜻은 마찬가지이다.
④ 孔子는 周나라 사람이다. 王室이 날로 기울어지고 諸侯들이 쇠약해지자 吳·楚가 中國을 어지럽혀 도둑질하고 해치기를 싫어하지 않았다.『春秋』란 周나라 책인 바, 안과 바깥에 대해서 엄격히 한 것이 또한 당연하지 않은가. 그러나 만약 孔子가 바다에 떠서 九夷에 살았다면 華의 法으로 夷를 변화시키고 周道를 域外에 일으켰을 것이다. 그런즉 內外之分과 尊攘之義가 스스로 마땅한 域外春秋가 있었을 것이니 이것이 孔子가 聖人된 까닭이다"[63]

홍대용은 ①의 부분에서 親人·尊君·守國·安俗의 면에서 華와 夷가 대등하다고 말한다. 種族·君王·邦國·風俗은 하나의 국가를 구성하는 요소들이다. 또 親人·尊君·守國·安俗은 人間·君王·邦國·習俗이 갖는 본질적이고 자연적인 속성들이다. 따라서 '華夷一也'는 모든 종족과 국가가 대등하다는 뜻으로 이해된다.

다음으로 ②에서 홍대용은 實翁의 입을 빌어 內·外의 구분이 나타나게 된 과정을 서술하고 있다. 전술한 人物之本의 상태에서 天地變→人物繁→物我形의 과정을 거쳐 內外分이 나타났다는 것이다. 여기서 내외분이란 물론 華夷之分을 말한다. 그에 의하면 內外·華夷之分이 나타나게 된 것은 天地變 이후의 일이라는 것이고, 內外가 나뉘어져 同軌[華]

---

63) 同上, 362~363쪽, "實翁曰 天之所生 地之所養 凡有血氣 均是人也 出類拔華(萃의 誤字-인용자) 制治一方 均是君王也 重門深濠 謹守封疆 均是邦國也 章甫委貌 文身雕題 均是習俗也 自天視之 豈有內外之分哉 是以各親其人 各尊其君 各守其國 各安其俗 華夷一也 夫天地變而人物繁 人物繁而物我形 物我形而內外分 臟腑之於肢節 一身之內外也 四體之於妻子 一室之內外也 兄弟之於宗黨 一門之內外也 隣里之於四境 一國之內外也 同軌之於化外 天地之內外也 夫非其有而取之 謂之盜 非其罪而殺之 謂之賊 四夷侵疆中國 謂之寇 中國瀆武四夷 謂之賊 相寇相賊 其義一也 孔子周人也 王室日卑 諸侯衰弱 吳楚滑夏 寇賊無厭 春秋周書也 內外之嚴 不亦宜乎 雖然使孔子浮于海 居九夷 用夏變夷 興周道於域外 則內外之分 尊攘之義 自當有域外春秋 此孔子之所以爲聖人也".

는 天地의 안[內]이 되고 化外[夷]는 天地의 바깥[外]이 되었다는 것이다. 이는 앞서 언급한 古今之變의 과정에서 內外·華夷之分이 나타났다는 의미라고 생각된다. 그는 이미 앞에서, "邃古時代에는 氣化에 의존하였기 때문에 人·物이 그다지 많지 않았다"[64]고 하여, 形化에 의존하면서 人·物이 많아진 것을 古今之變의 시작으로 보았다.[65] 그러므로 여기에서의 人物繁 → 物我形 → 內外分의 과정은 전술한 古今之變의 과정을 말하는 것이다.

③에서는 그러한 역사적 과정을 경과하여 內外·華夷之分이 생겨났지만, 그나마도 상대적인 구분에 불과한 것임을 말하고 있다. 도둑질이나 죄 없는 사람을 죽이는 것은 모두 도덕적으로 나쁜 행위이고, 그러한 행위를 지칭하는 글자는 입장에 따라 다르지만 뜻은 마찬가지라고 한다. 또 四夷로서 中國을 침범하는 행위나 中國으로서 四夷를 치는 것도 입장의 차이일 뿐 사실상 같은 행위라고 한다. 그렇다면 中國의 四夷 侵入이나 淸의 中國 侵入은 사실상 같은 행위여서 淸의 중국 침입이라는 행위 역시 정당화될 근거가 마련된다고 할 수 있다. 그의 이러한 주장은 앞서 살펴본 김이안의 주장, 즉 淸이 중국 침입이라는 행위 때문에 華가 될 수 없다고 한 것과 대비되는 것이다.

홍대용은 「毉山問答」의 두 번째 부분에서 세계에 대한 합리적인 해석을 통하여 음양오행설에 의한 비합리적·신비적 세계 해석을 부정함으로써 한원진의 화이론을 일면 계승하면서도 이를 극복한 바 있었다. 그리고 이 부분에서는 그의 역사 인식을 통하여 華·夷의 구분이 상대적인 것에 불과함을 밝힘으로써 김이안의 화이론을 역시 일면 계승하되 이를 발전적으로 극복해 가고 있었던 것이다.

④에서는 공자가 주나라 사람이기 때문에 주나라의 입장에서 내외를

---

[64] 同上, 357쪽, "邃古之時 專於氣化 人物不繁 鍾稟深厚 神智淸明 動止純厖 養生不資於物 …下略".
[65] 同上, 358쪽, "降自中古 … 自有形化 人物繁衍 地氣益泄 而氣化絶矣".

구분하여『春秋』를 지었으니 이 또한 당연한 일이었으며, 공자가 만일 九夷에 살았다면 九夷에서 道를 일으켜 九夷를 변화시키고, 九夷의 입장에서『春秋』를 저술하게 되었을 것이라고 말한다. 이 논리를 확장하면 조선의 입장에서는 조선의 현실에 적합한 道를 일으켜 內外之分을 엄격히 하고 스스로를 華로 여기는 것도 당연한 일이며, 淸의 경우 역시 마찬가지라는 뜻이라 생각된다. 즉 각각의 국가들이 주체로서 긍정되고 있는 것이다.

이상의 인용문을 대할 때 가장 곤혹스러운 점은 홍대용이 ①에서는 華·夷의 구분을 부정하면서도 ②에서는 그러한 구분이 古今之變의 과정에서 생겨난 것이라고 하여 마치 불가피한 것처럼 이야기하고, 다시 ③에서는 그러한 구분이 상대적일 뿐이라고 하여 內[華]·外[夷] 구분의 의미를 축소시키면서도 ④에서는 공자가『春秋』를 지어 內外之分을 엄하게 한 것을 당연하다고 말하고 있다는 점이다. 생각건대 이러한 차이는 시점, 또는 관점의 차이가 아닐까 생각된다. ①은 天의 관점에서 華·夷를 비교하는 것이니 客觀의 입장에서 말하는 것이다. ②에서는 나의 한 몸에서 시작하여 天地에 이르기까지 '나', 주체의 입장이 확장되고 있다. 나[身]→가정[室]→문중[門]→국가[國]→천하[天地]의 순서이다. 나를 중심으로 하여 계속 확장되고 있지만 결국은 인식 주체의 입장에서 볼 때 華·夷는 구분된다는 것이다. ③은 양자의 입장을 모두 고려하여 말하는 것이니 다시 客觀의 관점이 될 것이다. ④는 공자를 빌어 주체의 입장에서 華夷之分을 설명한다. 정리해서 말하자면 객관적 관점(①, ③)에서는 華·夷의 구분이 없지만, 주체의 입장에서는 각각의 주체가 자신을 華[內]로 여기고 상대를 夷[外]로 여기는 일(②, ④)도 또한 당연하다고 말하고 있는 것으로 생각된다.[66]

---

66) 이처럼 洪大容은 객관적 관점, 주체적 관점, 상대적 관점, 어느 하나만을 고집하는 것이 아니라 관점을 변화시켜 가면서 대상물을 관찰하고 있었다. 그는 本然之性의 측면에서 인간과 사물이 연속적이라 생각하였지만 그렇다고

홍대용은 ④에서, 가상의 경우이기는 하지만 공자가 九夷에 살았다면 두 가지 일을 했을 것이라고 한다. 첫째, 九夷의 입장에서 『春秋』를 지어 그에 합당한 內外之分과 尊攘之義가 있게 하였을 것이며, 둘째, 域外에서 周道를 일으켰을 것이라는 것 등이다. 첫째의 것은 주체의 입장에서 볼 때, 內外之分(華夷之分)은 필요하다는 뜻으로 이해된다. 이 경우의 내외지분은 대등한 주체들인 나와 타자 사이의 구분이다. 둘째의 것은 華가 갖는 가치와 관련된 문제이다. 홍대용은 공자가 域外에 살았다면 역외에서 周道를 일으켰을 것이라고 말하였다. 이는 공자가 주나라 사람이므로 周道를 일으키는 것이고, 만일 조선인의 경우라면 조선의 도를 일으켜야 한다는 뜻이라 보아도 좋을 것이다. 그는 "周公의 제도도 周나라의 마땅한 바에 따른 것이고, 朱子의 禮도 宋나라의 풍속에 따른 것"[67]이라 말하였다. 그렇다면 조선인이 조선에서 일으켜야 하는 도는 주나라의 도가 아니라 조선의 도라 할 수 있지 않을까 생각된다. 이와 같이 파악할 수 있다면 각각의 나라들이 일으키는 도는 각기 제 나라의 時俗에 알맞은 제 나라의 도라고 생각할 수 있을 것이다. 즉 因時順俗의 道가 일어나는 곳이 곧 華인 것이다.

전술하였듯이 淸의 경우는 左袵・膜拜・騎射・氈幕・湩酪 등 夷狄의 풍속을 便易・眞率・實用・剛健이라는 긍정적 가치로 귀결시켰다(G-8). 반면 중국은, 古道를 지향하는 華制라 자부하던 縫掖・揖讓・文章・暖衣・火食 등의 풍속이 偉容・虛禮・空言・虛弱이라는 부정적 가치로 귀결되었다. 淸은 時俗에 따라 權道로써 制治하는 데 성공한 경우이고

해서 인식 주체인 인간과 인식 대상인 사물의 主-客 관계를 부정하지는 않았다. 그의 인식론이 窮理 중심의 귀납적 방법에 치중될 수 있었던 것도 이러한 자유로운 관점의 변화와 인식 주체의 긍정에 바탕을 둔 것이라 생각된다.

67) 『湛軒書』(上), 內集 卷3, 書, 與人書 二首, 248쪽, "周公之制 因周之宜也 朱子之禮 因宋之俗也".

중국은 古道, 또는 古道 지향적 문물만을 고집하다 국가가 망해버린 경우였다.

여기서 虛子의 질문을 다시 한 번 검토해 볼 필요가 있다. 허자의 질문은, 實翁이 淸의 융성과 중국의 쇠퇴를 '人事之感召 天時之必然'[68]이라고 한 데 대하여, "孔子가 『春秋』를 지어 中國을 안[內]으로 四夷를 바깥[外]으로 하였습니다. 華·夷의 구별이 이같이 엄격한데 '人事之感召 天時之必然'이라 하신 것은 옳지 못한 것 아닙니까"[69] 하는 것이었다. 이에 대한 實翁의 답은 두 가지 방향이 있을 수 있다고 생각된다. 하나는 華·夷의 구분이 엄격한 것이 아니라는 취지의 것이고, 다른 하나는 淸의 융성·중국의 쇠퇴를 '人事之感召 天時之必然'이라고 말할 수 있다는 것 등이다. 이 두 가지 가운데 중점이 있는 것은 후자라고 생각된다. 즉 홍대용은 당대의 지식인들이 엄격한 화이론으로써 淸의 융성·중국의 쇠퇴라는 현실을 외면하고 中國(古道)만을 추구하는 것에 대해 질타하고 있는 것이라 생각된다는 것이다. 다시 말해 '모든 국가는 대등하다'는 것을 주장하려는 것이기 보다 독자적 개체성[70]을 가진 국가들이 각각 자국의 입장에서 자국의 현실에 적합한 道를 일으켜야 한다는 것에 초점이 있다는 것이다.[71]

---

68) 同上, 內集 卷4, 補遺, 「毉山問答」, 362쪽, "(實翁曰-인용자) … 夫南風之不競 胡運之日長 乃人事之感召 天時之必然也".
69) 同上, 362쪽, "虛子曰 孔子作春秋 內中國而外四夷 夫華夷之分 如是其嚴 今夫子歸之於人事之感召 天時之必然 無乃不可乎".
70) 국가 간의 대등성이 긍정되면 국가의 독자적 개체성 또한 인정되는 것이라 생각된다. 이에 대해서는 鄭昌烈, 앞의 논문, 27~28쪽.
71) 홍대용의 華夷論을 이상과 같이 이해할 때 華·夷 구분의 기준은 무엇이었는가 하는 점이 문제로 남는다. 아마도 도덕과 문물의 편이성·실용성이라는 두 가지 기준이 있었던 것은 아닐까 생각된다. 즉 '因時順俗의 道가 일어났는가' 여부였다는 것이다. 장기적인 관점에서 볼 때 도덕은 쇠퇴의 과정에 있고, 문물은 발전의 과정에 있다고 인식되고 있다는 점에서 눈에 띄는 기준은 문물 쪽이었다. 추측에 불과하지만 훗날 갑신 개화파의 경우는 華·夷

이상의 논의를 정리해서 말하자면 홍대용은 북벌론의 문제의식과 논리를 일면 계승하면서도 이를 발전적으로 극복하면서 질적 변화를 이루어 가고 있었다고 할 수 있다. 그가 G-9의 ④에서 공자의 행위, 즉 『春秋』를 지어 內外之分을 엄격히 하고 尊攘之義를 세운 것에 대하여 '또한 당연하다'고 한 것은 그의 화이론이 북벌론의 문제의식을 계승하고 있음을 말해주는 것이라 생각된다. 그는, 주나라 왕실이 쇠약해지자 夷狄인 吳・楚의 침입을 받았고 이에 주나라 사람인 공자가 주나라 사람의 입장에서 스스로를 華, 침략자를 夷狄이라 규정하여 尊攘之義를 세운 것을 당연한 일이었고 말하고 있다. 주나라를 조선으로 바꾸어 읽어 보면 이는 곧 북벌론의 화이론이 내포하고 있는 문제의식 바로 그것이라고 할 수 있다. 즉 조선이 쇠약해지자 夷狄인 淸의 침입을 받았고 이에 조선인들이 조선인의 입장에서 스스로를 華, 침략자를 夷狄이라 규정하여 내외지분을 엄격히 하고 존양지의를 세운 것이 바로 북벌론이었던 것이다.

이처럼 그는 북벌론의 문제의식을 계승하면서도 또한 낙론을 계승함으로써 夷狄의 華化 가능성을 폭넓게 인정하였다. 그는 이에서 한 걸음 더 나아가 상대적 관점에 의해 김이안의 화이론도 발전적으로 극복해 가고 있었다. 淸도 中華가 될 수 있으며, 이미 中華에 가까워졌다고 생각하였던 것이다. 또한 그는 그의 독자적 역사인식에 바탕을 두고 因時順俗의 權道, 通變之制의 추구를 현실적으로 최선의 것이라 여김으로써 문물의 편이성・실용성에 주목하였고, 이에 淸도 또한 중화라는 것을 인정하기에 이르렀다. 그가 이처럼 古道보다는 因時順俗의 道, 古制보다는 通變之制를 추구한 것은 末節을 통하여 根本=道에 도달하려 한 그의 귀납적 인식론과 유관한 것이었다고 생각된다.

끝으로 남는 문제는 사대부의 역할에 관한 것이다. 성인은 인간, 특히

구분의 기준에서 도덕 쪽을 탈락시킨 것이 아닐까 생각된다. 물론 이러한 경우의 華・夷는 유교적 계서질서가 아니라 문명과 야만의 의미일 것이다.

사대부들이 지향해야 할 최선의 인간형이었다. 사대부의 입장에서는 성인을 본받으려 노력하는 것 또한 당연한 일이었다. 홍대용은 사대부들이, 마치 공자가 그러했던 것처럼, 자기가 처한 현실에서 道를 일으키는 역할을 해야 한다고 생각한 것으로 보아도 무방할 것이다. 그리고 그가 일으키려 한 도는 중국을 쇠퇴케 한 道가 아니라 淸을 융성케 한 道, 즉 因時順俗의 權道, 通變之制였을 것이다. 다음 장에서는 이 점에 대하여 살펴보기로 하겠다.

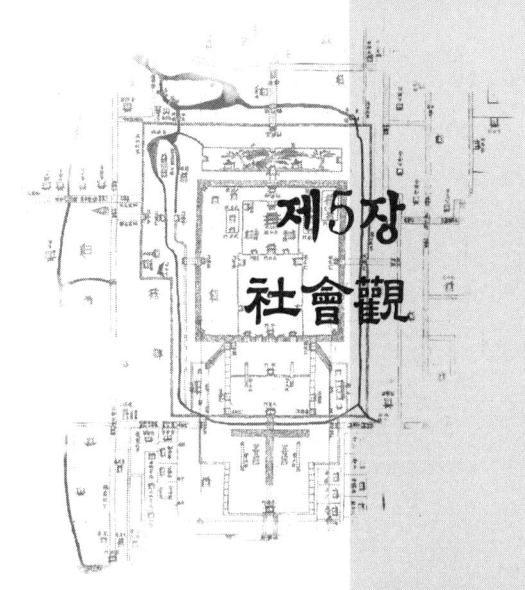

제5장 社會觀

제5장 社會觀

I. 四民論

대다수의 유학자들이 그러하였듯이 홍대용도 井田制를 이상적인 토지제도로 생각하였다.[1] 또한 오늘날 '실학자'라 지칭되는 대다수의 사람들과 마찬가지로,[2] '分田·制産의 法 없이 나라를 다스린다는 것은 구차할 뿐'이라고 생각하면서도, 실제로 시행하기에는 어려운 점이 있다는 점 또한 인정하였다.[3] 그는, "山川이 狹窄하고 地勢가 平坦치 못한 것은 井田制를 시행할 수 없는 이유가 되지 못한다"고 말하면서도, 정작 무엇이 그 이유가 되는지에 대해서는 언급하고 있지 않다. 당시에 정전제 실행 불가능의 이유로 흔히 제시되는 것은 산천의 형세와 부호들의 겸병, 두 가지였다. 이 가운데 전자는 홍대용 자신에 의해 그 이유가 되지 못한다고 부정되었으므로, 그가 후자 쪽을 정전제 난행의 이유로 여긴 것이라고 짐작해 볼 뿐이다.

그의 평생 동지였던 朴趾源도 자신의 限田制 구상에서 토지겸병의 억제를 최우선 과제로 설정하였다.[4] 박지원은 정전제의 재현이 아니라, '井

---

1) 『湛軒書』(下), 附錄, 從兄湛軒先生遺事, 563쪽, "嘗曰 後世無以復井田 則王道終不可行矣".
2) 金泰永, 『實學의 國家改革論』, 서울대 출판부, 1998, 152쪽.
3) 『湛軒書』(上), 內集 卷4, 補遺, 「林下經綸」, 311쪽, "井田之難行 先輩固已言之 雖然無分田制産之法 而能治其國者 皆苟而已 居今之世 雖不能盡反古道 而善謀國者 必有通變之制矣 至若山川狹窄 地勢高低 非所當憂也 然此豈膚淺之所可妄論者耶".

田制를 실시하지 않으면서도 其實은 井田制의 利益을 얻는 것'5)이 최선이라고 여겼던 것이다. 말하자면 발전 일로에 있던 사적 소유의 폐지를 목표로 하는 것이 아니라 일정한 제한을 통하여 정전제라는 이상에 접근해 가는 방식이었던 것이다. 그의 이러한 구상은 홍대용이 因時順俗의 道를 추구한 것과 有關한 것이었다고 생각된다. 時俗이라 할 수 있는 사적 소유의 발전을 전적으로 부인하여 정전제라는 이상을 원형 그대로 재현하려 한 것도 아니고, 사적 소유의 발전을 승인하여 정전제의 이상을 포기하지도 않았던 것이다. 말하자면 이는 時俗(사적 소유)과 道(정전제)의 공존이었던 셈이다.

정전제의 이상을 추구해 가기 위해서는 무엇보다도 강력한 국가 권력이 필수적으로 요구되었다. 홍대용이 「林下經綸」에서 구상하고 있는 국가도 인간 하나하나의 노동력까지 직접 장악하고 관리하는 국가였다. 그는 한 家戶 내의 여성이 몇 명이나 되는지 파악하여 課稅(罰金)를 달리하고자 하였다.6) 또한 "8세가 된 아이는 그 이름을 팔뚝에 새겨 號牌를 대신하게 함으로써 간사한 백성이 그 이름을 숨길 수 없게 하자"고 하였고,7) 백성들이 자신이 태어나 살고 있는 마을 벗어나지 못하게 할 것을 주장하였다.8) 직접적으로는 收稅源으로서의 백성 관리라는 의도를 가진 것이었다고 생각되지만, 이는 국가가 노동력을 직접 파악하여 이를 재배

---

4) 愼鏞廈, 「李瀷과 朴趾源의 限田制 土地改革 思想」『朝鮮後期 實學派의 社會思想硏究』, 지식산업사, 1997, 276쪽.
5) 『燕巖集』卷16, 別集, 「課農小抄」, 限民名田議, 398쪽, "不用井田之制 而獲井田之利".
6) 『湛軒書』(上), 內集 卷4, 補遺, 「林下經綸」, 303쪽, "均九道之田 什而取一 男子有室以上 各受二結 [限其身 死則三年之後移授他人] 園圃墻下 樹以桑麻 不毛者罰以布 常征三婦布一疋 五婦帛一疋 [取十五歲以上 五十則不征]", ([ ]안은 割註-인용자).
7) 同上, 308쪽, "人生八歲 則刻旦其名於臂 不用號牌 而奸民无所逃其名矣".
8) 同上, 306쪽, "凡民各守田里 死徙無出鄕".

치할 수도 있다고 여겼기 때문에 가능한 발상이었다고 생각된다. 국가가 직접 노동력을 파악하여 관리하려는 의도는 다음의 인용문에서 보다 분명히 드러난다.

> H-1 대개 人品에는 高下가 있고 재주에는 長短이 있다. 그 高下에 따라 短點을 버리고 長點만 쓴다면 천하에 전혀 못 쓸 재주란 없을 것이다. 面에서 가르치는 데는 그 중 뜻이 높고 재주가 많은 자는 위로 올려 朝廷에서 쓰도록 하고, 資質이 둔하고 庸劣한 자는 아래로 돌려 野에서 쓰도록 하며, 그 중 생각을 잘하고 솜씨가 재빠른 자는 工業으로 돌리고, 利에 밝고 財物을 좋아하는 자는 商業으로 돌리며, 꾀를 좋아하고 용맹이 있는 자는 武班으로 돌리며, 소경은 占치는 데로, 宮刑 당한 자는 문 지키는 데로 돌리며, 심지어 벙어리와 귀머거리, 앉은뱅이까지 모두 자리를 갖도록 해야 한다. 그리고 놀면서 입고 먹으며 일하지 않는 자는 나라에서 벌주고 鄕黨에서도 버려야 한다.9)

그는 재주에 長短이 있을 뿐 아니라, 인품에도 高下가 있다고 하여, 인간은 타고난 기질에 따라 차이가 있다고 인식하였다. 뜻이 높고 재주가 많은 자는 다스리는 직책을 맡고, 자질이 둔하고 용렬한 자는 野에 돌리되 그 타고난 재능에 따라 직책을 맡겨 장애인과 궁형 당한 자에 이르기까지 단 한 사람도 일하지 않는 사람이 없어야 한다고 주장한다. 그의 주장을 요약하자면 모든 사람은 쓸모 있는 일에 종사해야 한다는 것이고, 타고난 재능에 따라 직분을 달리 함으로써 효율성을 기해야 한다는 것이다. 이러한 경우에 국가는 개인의 인품, 재주, 특성, 신체적 특징 등까지도 파악하고 이를 고려하여 적절한 소임을 맡기는 역할을 하고 있는 것

---

9) 同上, 306쪽, "凡人品有高下 才有長短 因其高下 而舍短而用長 則天下無全棄之才 面中之敎 其志高而才多者 升之於上 而用於朝 其質鈍而庸鄙者 歸之於下 而用於野 其巧思而敏手者 歸之於工 其通利而好貨者 歸之於賈 其好謀而有勇者 歸之於武 瞽者以卜 宮者以閽 以至於暗聾跛躄 莫不各有所事 其遊衣遊食不事行業者 君長罰之 鄕黨棄之".

이다.

　이 같은 주장은 그와 깊이 사귀었던 다른 사람들에서도 동일하게 나타난다. 예컨대 홍대용의 연행록을 읽고 "밥상을 앞에 두고 숟가락질을 잊고, 세숫대야를 앞에 두고 씻기를 잊었다"[10]고 했던, 그리하여 그의 뒤를 따라 북경으로 향했던 박제가도 그러하였다. 그의 다음과 같은 설명은 홍대용의 앞선 주장에 대한 祖述이었다.

> H-2 대저 商人도 四民 중의 하나인데, 그 하나로서 나머지 셋을 통하게 하는 것이므로 十分의 三을 차지하지 아니하면 안 된다. 해변의 백성이 고기잡는 것을 농사삼아 하는 것은 또한 두메산골 사람이 나무하는 것을 농사삼아 하는 것과 같은 것이다. 이제 만약 일체의 백성에게 흙을 갈아서 먹게 한다면 그들은 生業을 잃고 날이 갈수록 더 곤란해질 것이다.[11]
>
> H-3 어떤 사람은 또 말하기를, '사사로이 벽돌을 만들면 비록 나라에서 이용하지는 않더라도 자기 집만은 쓸 수가 있을 것이다' 하나 그것은 틀린 말이다. 民生에 날마다 소용되는 물건은 반드시 서로 도와서 행해야 되는 것이다. 그런데 이제 나라 안에는 벽돌이 없는데 내가 혼자 만들려고 하면 굽는 가마도 내가 만들어야 하고, 때우는 灰도 내가 마련해야 한다. 물건을 실어 나르는 수레도 내가 주선해야 되고 온갖 工匠의 일도 역시 내가 해야 한다. 그러니 벽돌을 만든다 해도 그 이익되는 것이 얼마나 되겠는가?[12]

　박제가는 모든 사람이 농업에만 종사한다면 곧 四民 모두가 곤란에

---

10) 『楚亭全書』(中), 貞蕤閣文集 卷4, 書, 與徐觀軒棠修, 266쪽, "及見此書 乃復忽忽如狂 飯而忘匙 盥而忘洗".

11) 『楚亭全書』(下), 「進疏本 北學議」, 末利, 379쪽, "夫商處四民之一 以其一而通於三 則非十之三不可 海民之以魚爲農 亦猶峽民之以木爲農 今若一切食土 則民失其業 農日益傷矣".

12) 同上, 「北學議」, 內篇, 甓, 448쪽, "或曰 私造甓 雖不行於國 猶可用之家 亦不然 民生日用 必相資而行 今域中無甓 而吾獨造焉 燒之之窯亦吾 縫之之灰亦吾 載之之車亦吾 百工之事皆吾 出利其幾何".

처하게 될 것이니 상인도 그에 합당한 역할을 하여야 한다고 주장한다 (H-2). 海民이나 峽民도 하나의 직업이니, 각기 맡은 바의 일을 달리 해야 백성들이 곤란을 면할 수 있다고 한다. 또 H-3에서는 사회적 분업의 필요성에 대해 명백히 언급하고 있다. 즉 철저한 사회적 분업을 통하여 생산의 효율성을 기하자는 주장인 것이다.

四民을 분업적으로 배치한다면 사대부도 사민의 하나로서 무엇인가 생산적인 일에 종사해야 하는 것은 논리상 당연하였다. 그러나 홍대용이 보기에 당대의 사대부들의 행태는 매우 비생산적인 것이었다.

> H-4 우리나라는 본래부터 名分을 중히 여겼다. 兩班들은 아무리 심한 곤란과 굶주림을 받더라도 팔짱 끼고 편케 앉아 농사를 짓지 않는다. 간혹 實業에 힘써서 몸소 천한 일을 달갑게 여기는 자가 있다면 모두들 나무라고 비웃기를 奴隷처럼 무시하니, 자연 노는 백성은 많아지고 생산하는 자는 줄어든다. 재물이 어찌 궁하지 않을 수 있으며, 백성이 어찌 가난하지 않을 수 있겠는가?13)

그가 보기에 당시의 사대부들은 實業을 천시하여 스스로 일하지 않을 뿐만 아니라 민간의 생산 의욕까지도 꺾어버리는 부정적인 역할을 하는 존재였다. 이 때문에 백성이 빈궁을 면할 수 없다는 것이다. 이러한 당시의 현실에 대한 비판은 곧 사대부들이 그 반대의 역할을 수행해야 함을 말하는 것이라 생각된다. 즉 사대부 자신들도, 비록 직접 노동하여 생산하지는 않더라도, 무엇인가 생산적인 일을 해야 하며, 백성들이 생산에 대한 의욕을 갖게 해야 함을 시사하는 것이었다. 다음에서는 홍대용과 북학론자들이 사대부의 역할에 대하여 어떤 생각을 가지고 있었는지에 대하여 살펴보기로 한다.

---

13) 『湛軒書』(上), 內集 卷3, 補遺, 「林下經綸」, 307쪽, "我國素重名分 兩班之屬 雖顚連窮餓 拱手安坐 不執耒耜 或有務實勤業 躬甘卑賤者 群譏衆笑 視若奴隷 遊民多而生之者 少矣 財安得不窮 而民安得不貧也".

II. 士大夫論

홍대용은 石室書院에서 공부하던 시절, 金元行이 '有犯而無隱'에 대하여 講할 때, "微諫은 좇기 쉽고, 法言은 받아들이기 어려우니 신하의 진언은 또한 좇기를 기하면 그만이지 어째서 반드시 고생스러이 받아들이기 어려운 길을 취해야 하는지" 물은 일이 있었다. 이에 대하여 김원행은 "微諫은 進言의 變이고 法言은 進言의 正이니 君子는 그 正을 말하고 그 變을 말하지 않는다"고 대답하였다. 그리고 이에 덧붙여 말하기를, "君이 만일 이 道를 너무 익숙하게 講하면 위태로울 것"이며, "오늘날에는 微諫도 들어 볼 수 없다"고 탄식하였다고 한다.[14]

홍대용이 微諫과 法言의 차이를 알지 못하여 이렇게 물었다고는 생각되지 않는다. 아마도 그 스승의 政見을 듣고 싶은 의도였으리라 여겨진다. '微諫은 進言의 變이고 法言은 進言의 正'이라 하면서 이 도리에 익숙해지면 위태로울 것이라 한 김원행의 말은 당시의 임금인 영조에 대한 그의 생각이 어떠한지를 보여주는 것이라 생각된다. 正言이 없는 것은 이해한다손 치더라도 微諫도 찾아 볼 수 없다는 그의 말은 당대의 정치 현실에 대한 매우 가혹한 비난이라 하지 않을 수 없다. 進言의 變인 微諫조차 없다는 것은 신하다운 신하도 없다는 뜻이지만, 역시 임금의 뜻에 맞게 간언하는 微諫조차 받아들일 줄 아는 임금도 없다는 뜻이 되는 것이다. 홍대용도 김원행의 이러한 생각에 동의했던 것으로 보인다. 그는 당대 조선의 임금이 주나라 문왕도 못되지만 蜀漢의 昭烈帝도 되지 못하니 太公이나 孔明같은 신하가 없다고 탄식하는 것은 허망한 일이라 말한다.[15] 뿐만 아니라 內需司와 宮結을 모두 혁파하여 戶曹에 붙이자는 주

---

14) 同上, 內集 卷1, 渼上記聞, 111쪽.
15) 同上, 內集 卷3, 補遺, 保寧少年事, 318쪽, "有文王然後有太公 有昭烈然後有

장16)도 왕실에 대한 그의 생각을 알게 해주는 것이다.

　김원행이나 홍대용 등이 영조에 대해 이처럼 가혹한 평가를 내린 것은 영조의 탕평책 때문이었던 것으로 생각된다.17) 전술한 바와 같이, 홍대용은 한 때 윤증을 옹호하고 송시열의 행위에 문제가 있지 않았던가 하는 의혹을 그 스승에게 제기한 일이 있기는 하였지만,18) 기본적으로 그는 노론의 일원이었다. 그는 남인을 '逆'이라고 표현19)하였을 뿐 아니라, 탕평의 폐해는 붕당의 폐해보다 백배나 더 커서 나라를 망한 후에까지 그 영향을 미칠 것이라 극언한 일도 있었다.20) 이와 같은 탕평책에 대한 반대는 노론 사대부에 의해 주도되는 정치를 주장하는 것과 다르지 않다고 생각된다.

　그는 또한 정부의 행정 조직을 논하면서, 임금에게는 三公을 임명할 권한만을 주고 삼공 이하는 그 僚屬을 스스로 택하게 하여야 한다21)고 주장하였다. 또 간관제도는 그 뜻이 좋지만 불과 10여 인의 간관이 시정에 대해 모두 알 수는 없는 일이어서 오히려 언로를 막는 역할을 하고 있다고 전제하고, 이러한 간관제도를 폐지하고, 公卿 이하 胥隸에 이르기까지 모든 관리가 각각 맡은 일에 대해 간쟁할 수 있게 해야 한다고 주장한다.22)

　그의 주장대로라면 왕권은 매우 제한되는 것이 아닐 수 없었다.23) 왕

　　諸葛 無文王昭烈 而謂世無太公諸葛者 其亦妄人也夫".
16) 同上, 內集 卷3,「林下經綸」, 303쪽, "罷內需司 革宮結 屬之戶部".
17) 이에 대해서는 金駿錫,『朝鮮後期 國家再造論의 擡頭와 그 展開』, 연세대 박사학위논문, 1990, 394~447쪽 참조.
18)『湛軒書』(上), 內集 卷2,「渼上記聞」, 114~116쪽.
19) 同上, 內集 卷3, 書, 與蔡生書, 217쪽, "辛壬之變 忠者誰歟 逆者誰歟".
20) 同上, 216쪽, "蕩平之禍 其百倍於朋黨 而必至於亡國而後已".
21) 同上, 卷4, 補遺,「林下經綸」, 304쪽, "凡內外官 皆自擇其僚屬 君擇三公 公擇卿 卿擇郎 郎擇吏 吏擇隸 道伯則三公擇之 各擇其屬 如京官之法".
22) 同上, "後世諫官之法 非不好矣 但六卿之屬 各有所掌 一號一令 當否立辦 十數人之聞見 理難遍及".

은 三公 임명권을 갖지만, 삼공 이하는 자신이 관장하는 부서에 속하는 관리를 스스로 임명하기 때문에 왕이 임명할 수 있는 것은 오직 삼공, 세 사람뿐이다. 또한 관리의 黜陟에 대해서도 왕은 최종적인 결정권을 갖지만, 인사 고과는 상급 관리가 오로지 하기 때문에 실질적으로는 임명권과 출척권을 모두 직속의 상관이 갖는 셈이 된다. 예컨대 道伯의 경우에는 삼공이 임명하고 임금이 출척하지만, 도백은 관할 지역의 관리들에 대한 임명권과 인사 고과권을 갖고 있어서 道政에 대한 자율적 권한의 폭이 매우 넓어질 수 있을 것이었다.

그는 주나라 이후 왕도가 날로 없어져 거짓 仁한 자가 황제가 되고 兵力 강한 자가 王이 되었다고 진단한다.[24] 정조도 인정했던 바와 같이 德 있는 자가 아니라 물려받은 자가 임금이 되는 것이 당대의 현실이었던 것이다.[25] 따라서 사대부는 적극적으로 정치에 참여하여 임금의 권한을 제한하고, 또 보좌할 필요가 있었던 것이다. 그가 강력한 국가를 꿈꾸면서도 왕권을 제한하고자 했던 것은 사대부가 주체가 되는 강력한 국가를 희망한 것으로 보인다.

이러한 체제하에서라면 사대부의 역할은 그만큼 더 많아질 것이었다. 홍대용이 제안한 軍制에 의하면, 道伯은 대장군이 되어 십만 명으로 구성된 군대를 통솔하고, 도백(大將軍) 휘하의 아홉 郡守(將軍)는 각각 일만 명의 군사를 통솔하며, 도백(大將軍)은 자신이 직접 통솔하는 일만 명과 아홉 군수(將軍)가 통솔하는 구만 명을 합한 십만 명의 군사를 통솔하게

---

23) 趙珖,「洪大容의 政治思想研究」『民族文化研究』14, 고려대 민족문화연구소, 1979, 69~72쪽에서는 洪大容이 주장한 王의 三公 任命權, 諫官 廢止 등에 대하여 왕권 강화책이라고 평가하였다. 이 부분만을 놓고 보면 이와 같이 이해될 수도 있지만, 앞서 제시한 사항들로부터 보면 왕권 제한의 의도였다고 이해된다.
24)『湛軒書』(上), 內集 卷4, 補遺,「毉山問答」, 361쪽, "自周以來 王道日喪 覇術橫行 假仁者帝 兵强者王 用智者貴 善媚者榮".
25)『正祖實錄』, 正祖 2年 12月 辛未.

되어 있다.26) 이와 같다면 도백·군수 등 文臣은 장군직을 겸하는 것이고, 도백이나 군수가 되고자 하는 사대부에게는 武術과 兵家의 일도 또한 필수적으로 익힐 것이 요구되는 것이다. 그가 古學, 實學을 강조하게 된 것은 이러한 현실적 요구에 부응한 것으로 생각된다.

그가 어린 시절부터 뜻을 두었다고 하는 古學27)은 곧 六藝의 學이었고 實學이었다.

> I-1 천하의 英材가 적다 할 수 없지만 다만 科宦에 속박되고 物慾에 가리고 安逸에 빠짐으로 말미암아 脫然히 古學에 종사할 수 있는 사람이 드물다. 詞章에 쏠리고 記誦을 자랑하고 訓詁에 구애됨으로 말미암아 능히 實學에 힘쓰는 사람이 적다. 功利가 學術을 혼란시키고 老·佛이 마음을 음란하게 하고 陸·王이 진실을 어지럽힘으로 말미암아 탁연히 正學에 굳은 뜻을 두는 사람이 더욱 적다.28)

그에 따르면 科宦·物慾·安逸은 古學에, 詞章·記誦·訓詁는 實學에, 그리고 功利·老佛·陸王은 正學에 방해 요소가 된다고 한다. 그가 말하는 古學이란 禮·樂·射·御·書·數 等 六藝의 學이었다.29) 사대부는 설령 道에 이르지 못하더라도 日用에 빠트릴 수 없는 일, 구체적으로는 律曆·算數·錢穀·甲兵 등과 같은 일에 통해야만 세상에 도움이 될 수 있기 때문에30) 그는 역법·천문학, 수학, 군사학 등에 학문적 관심

---

26) 『湛軒書』(上), 內集 卷4, 補遺, 「林下經綸」, 304~305쪽.
27) 『湛軒書』(下), 附錄, 洪德保墓表, p.555, "德保獨有志於古六藝之學".
28) 『湛軒書』(上), 外集 卷1, 杭傳尺牘, 與鐵橋書, 379쪽, "天下之英才 不爲少矣 惟科宦以梏之 物慾以蔽之 宴安以毒之 由是而能脫然從事於古學者鮮矣 詞章以靡之 記誦以夸之 訓詁以拘之 由是而能闇然用力於實學者鮮矣 功利以褏其術 老佛以淫其心 陸王以亂其眞 由是而能卓然壁立於正學者尤鮮矣".
29) 同上, 內集 卷1, 小學問疑, 8쪽, "古之敎也 於其幼時 已敎以六藝 故及其長也 上而雖未及知道 下而不失爲適用 今人之專務章句 固得其本 而於其末藝 不合專廢 是以知道之人 旣未易得 則誦說章句 雖或無差 而日用之不可闕者 却昧焉不察 往往以疎脫事情爲高致 綜核庶務爲卑俗".

을 기울였고 거문고와 음률에도 상당한 조예가 있었던 것이다. 그리고 正學이란 곧 주자학을 지칭하는 것일 가능성이 크다고 생각된다. 왜냐하면 功利・老・佛은 儒學에, 양명학은 주자학에 대비되는 것이기 때문이다.

사대부가 갖추어야 할 학문에 대한 이러한 생각 때문에 그는 과거제도에 대해서도 매우 비판적이었다. 古學・實學・正學을 방해하는 요소들 가운데, 科宦・詞章・記誦은 곧 과거제도와 관련된 것이었다. 이러한 이유로 그는 과거제보다 단계적 교육을 통한 천거제를 선호하였다. 그는 전국의 각 面마다 齋를 설치하여 8세 이상의 자제들을 다 모아 가르치고, 그 중에 뛰어난 자는 司로 보내고, 司에서 뛰어난 자는 太學으로 보내며 太學에서 뛰어난 자는 태학의 교관인 司徒들이 천거하여 관직을 제수토록 하여야 한다고 주장하였다. 물론 각 급 학교에서 가르치는 과목은 古學, 즉 孝悌忠信之道와 射御書數之藝(六藝)였다.[31] 그의 이러한 주장이 실현 가능할지는 알 수 없는 일이지만, 그 의도만큼은 분명하였다. 사대부는 "비록 擧業을 면할 수 없으나 이에 전념하면 實學에 방해가 된다"[32]고 한 말에서 보듯이 과거제는 관료를 지향하는 사대부들로 하여금 古學・實學・正學에 매진하지 못하게 하는 원인이 되는 것이며, 入格者의 人格이나 재주 또한 올바르게 판단할 수 없는 제도라고 생각하였던 것이다.

그는 秦始皇의 焚書・坑儒에 대해서도 "秦始皇이 서적을 불사르매 漢나라 王業이 조금 편해졌다"[33]고 하여 긍정적인 평가를 내렸는데, 이는 "만약 진시황이 雜書를 불태우지 않았던들 諸子百家의 말이 세상에

---

30) 同上, 內集 卷3, 書, 與人書 二首, 245쪽.
31) 同上, 內集 卷4, 補遺, 「林下經綸」, 306쪽, "面中子弟 八歲以上 咸聚而敎之申之 以孝悌忠信之道 習之以射御書數之藝".
32) 同上, 內集 卷3, 說, 自警說, 274쪽, "擧業雖不免 而工亦粗足而止 不必窮神致力 必得爲期 以害實學".
33) 同上, 內集 卷4, 補遺, 「毉山問答」, 361쪽, "秦皇焚書 漢業少康".

아무 유익도 없이 한갓 사람의 이목만 어지럽혔을 것"34)이기 때문이었다. 또한 "옛날의 학자는 서적이 없어 걱정이었고 당시의 학자는 서적이 너무 많아 걱정"35)이라고 한탄하였는 바, 이 역시 "私利(名譽)를 위하는 문서로서 한갓 사람의 의견만 혼란시켰을 뿐, 마침내 세상 敎化에는 도움이 없게 되었다"36)고 한다. 사대부는 學者여야 하고, 학자는 '일에 따라서 계획하고 밖으로는 사업에 대한 實務가 있어야 하고, 고요히 쉬면서 修養하되 안으로는 本源의 참된 공부가 있어야' 했던 것이다.37)

요컨대 사대부의 직분은 세상 교화에 도움이 되는 일을 하는 것이었고, 구체적으로는 律曆·算數·錢穀·甲兵같은 일들을 연구하여 현실에 적용하는 일이었다.

> I-2 생각건대 周易에는 時義를 귀히 여겼고, 孔子는 周나라를 따른다 하였으며, 옛날과 지금은 시대 사정이 다르기 때문에 三王의 예가 같지 않았던 것이오. 지금 세상에 있어서 옛 도를 행하고자 하면 또한 어렵지 않겠소? 몇 년, 몇 세대에 걸쳐 분석한다 해도 실상 몸과 마음의 다스려지고 어지러워짐과 가정과 나라의 흥하고 쇠함에는 아무 관계가 없고, 다만 모여서 다툰다는 나무람만 오게 하는 데에 족할 뿐인 즉, 아마도 律曆, 算數, 錢穀, 甲兵이 알맞은 대로 세상에 쓰이는 것만 같지 못한 것이오. 익지 않는 五穀은 익은 돌 벼만 못한 것인데, 하물며 불타버린 나머지를 주워 모아서 漢儒의 번잡한 말을 억지로 갖다 붙이고, 그 글귀마다 해설하여 聖人의 마음을 깨닫고자 하여 마음과 힘을 그릇되게 많이 들이겠소?38)

---

34) 同上, 內集 卷2, 桂坊日記, 8月 26日, 207쪽, "臣曰 使秦皇不焚書 則其諸子百家之語 無補於世 徒亂耳目者 焚滅何妨".
35) 同上, 內集 卷3, 書, 與人書 二首, 251, "是以古之學者 患在於無書 今之學者 患在於多書".
36) 同上, "成就私利之契券 而徒亂人意 卒無補於世敎也".
37) 同上, "應物發慮 外有事業之實務 靜觀息養 內有本源之眞功".
38) 同上, 245쪽, "竊意 易貴時義 聖稱從周 古今異宜三王不同禮 居今之世 欲反古之道 不亦難乎 窮年累世 縷析毫分 而實無關於身心之治亂 家國之興衰 而適足

그는 옛 道만 고집하는 것을 익지 않은 五穀에, 律曆・算數・錢穀・甲兵에 대한 연구를 익은 돌벼에 비유하여 후자가 전자에 비해 낫다고 말한다. 돌벼보다 오곡이 나은 곡식인 것은 틀림없지만 익지 않았다면 차라리 익은 돌벼 쪽이 낫다는 것이다. 말하자면 聖人의 마음, 옛 道, 근본적인 道는 알기 어려운 것이고, 이를 미쳐 다 깨닫지 못할 바에야 당장의 현실 교화에 보탬이 되는 律曆・算數・錢穀・甲兵 등의 원리를 먼저 연구[格物, 窮理]하여 깨닫는 것[致知]만 못하다는 것이다.

그가 생각하기에 당대 사대부들은 불치병이라 할만한 습속을 지니고 있었는데, 그것은 경전의 연구와 해석에만 몰두할 뿐, 實業에 도움이 되는 분야에는 전혀 무지하다는 점이었다.

> I-3 (儒者들은-인용자) 반평생 동안 정신을 소모하면서 백여 권의 쓸 데 없는 글을 지었으니 私利를 위하는 문서로서 한갓 사람의 의견만 혼란시켰을 뿐, 마침내 세상 敎化에는 도움이 없게 되었소. 아아! 이것은 실로 近世 儒學者의 마음속에 도사린 不治의 痼疾병이오. 또한 대개 사람의 마음과 힘은 한도가 있고, 義理의 참되고 정성스러움은 끝이 없으므로 일에 따라서 계획을 배우되 밖으로는 사업에 대한 실무가 있어야 하고 고요히 쉬면서 修養하되 안으로는 本源의 참된 공부가 있어야 하는 것이오.39)

사람의 마음과 힘에는 한도가 있고, 本源의 의리는 끝이 없는 것이어서 사람의 힘으로는 본원에 도달할 수 있다고 장담할 수 없으므로 우선 세상 교화에 도움이 되는 것들에 대한 연구가 우선되어야 한다고 말한다.

以來聚訟之識 則殆不若律曆算數錢穀甲兵之可以適用而需世 猶不失爲稊稗之熟也 況其掇拾於煨燼之餘 而傅會以漢儒之雜 欲其句爲之解 而得聖人之心 多見其枉用心力也".

39) 同上, 251쪽, "半生耗神 做得百十卷尤贅之書 成就私利之契劵 而徒亂人意 卒無補於世敎也 嗚呼此實近世儒學 心腹膏肓不治之疾也 且夫人生之心力有限 理義之眞精無涯 應物發慮 外有事業之實務 靜觀息養 內有本源之眞功".

물론 그렇다고 해서 본원에 대한 공부가 무시되는 것은 아니고 병행되어야 하는 것이라고 한다.

사대부의 역할에 대한 그의 생각을 요약하자면 세상 교화에 도움되는 일(I-3)들을 格物·窮理하여 세상에 쓰이는 것(I-2)이었다. 앞서 언급한 바와 같이 사대부는 임금과 더불어 정치의 주체이고, 정치란 백성을 교화시키는 것이므로 교화의 주체는 사대부라는 것으로도 요약할 수 있다고 생각된다. 이에 대해서는 박지원도, "紫陽 先生의 배움은 天·人을 꿰뚫었고 그의 道는 여러 聖人에 근접하였다. 천하의 일에 알지 못하는 바가 없었으며 또한 천하의 일에 능하지 못한 바도 없었다. 그 큰 것을 말할 때면, 땅이 짊어진 것과 바다에 실린 것을 말하였고, 그 작은 것을 말할 때면, 누에의 실과 소의 털을 말하였다. … 儒者는 한 가지 事物이라도 모르는 것이 있으면 이를 부끄럽게 여긴다. … 聖賢이 本과 末, 정밀한 것과 조잡한 것을 말할 때, 거론되지 않은 것이 없었으니, 功利가 사람에게 끼치는 것이 깊고도 먼 것"40)이라고 하여 儒者의 직분은 모든 사물의 이치를 연구하는 것이고, 이를 통하여 세상 교화에 기여하는 것이라고 하였다.

淸으로부터의 문물 수입을 사대부의 역할로 자임한 북학론도 이러한 논리의 연장선상에 있는 것이었다. 박제가는,

> I-4 이제 시급한 것은 經綸 있고 재주 있는 사람을 뽑아서 중국에 사신 보낼 때 통역관 중에 끼어 넣고 한 사람이 영솔하도록 해야 할 것이다. 옛날 質正官의 例와 같이 중국의 법을 배우게 하고 혹은 기구도 사오게 하며 또 그들의 技藝를 배우도록 한다. … 이와 같이 하고서도 財富가 부족하거나 나라 살림에 여유가 없는 일은 있을 수 없는 것이다.41)

---

40) 『燕巖集』卷16, 「課農小抄」, 諸家總論, 344쪽, "臣趾源曰 …… 紫陽夫子 學貫天人 道接群聖 於天下之事 無所不知 亦於天下之事 無所不能 語其大 則地負海涵 語其細 則蠶絲牛毛 … 儒者 恥一物之不知 … 聖賢之言本末精粗 靡有不擧 而功利之及於人 深且遠矣".

라고 하여 경륜있고 재주 있는 선비를 뽑아 淸의 문물을 배워 오는 일이 급선무라고 주장한다. 중국의 법을 배우고 기구를 살펴 그 편리한 것을 사오게 하고 기예를 배우는 등의 일이 모두 경륜 있고 재주 있는 선비의 역할이라는 것이다. 이는 곧 사대부가 利用·厚生하는 일의 주체이기도 함을 주장하는 것이라 생각된다.

결국 홍대용 등이 自任한 사대부의 역할은 정치와 교화의 주체일 뿐만 아니라 이용후생의 주체였다고 할 수 있다. 구체적으로는 청으로부터 생산성 높은 기구를 도입하고 사물의 이치를 연구하여 세상을 교화하는 주체였으며 국가 운영의 주체였던 것이다. 이처럼 막중한 임무를 떠맡아야 하는 사대부는 반드시 古學·實學·正學을 익힌 선비가 아니면 안 되었다. 홍대용이 인식론상에서 격물치지와 궁리의 방법을 강조하고 因時順俗의 도를 추구한 것은 자신을 포함한 사대부의 역할에 대한 이러한 고민의 결과를 반영한 것이었다고 생각된다.

---

41) 『楚亭全書』(下),「進疏本 北學議」, 財富論, 397~398쪽, "今急選經綸才技之士 (歲十人) 襍於使行秭譯之中 以一人領之 如古質正官之例 以入于中國 往學其法 或買其器 或傳其藝 … 若是而財富不足 國用不裕者 未之有也 夫然後 雖人服錦繡 戶設金碧 將與衆樂之而不暇 亦何患乎民之奢侈也".

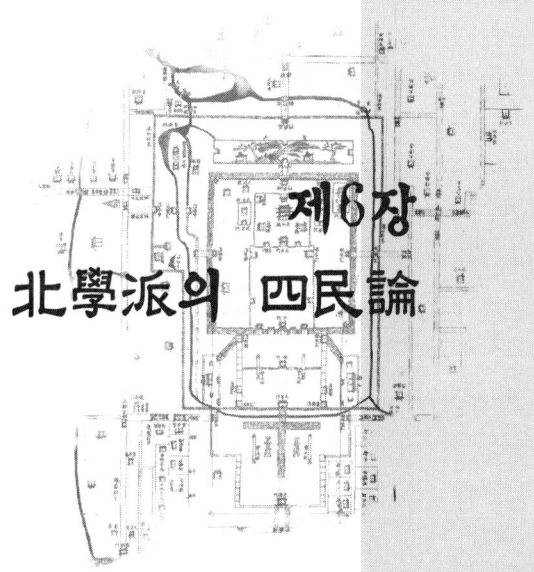

제6장
北學派의 四民論

제6장 北學派의 四民論

　성리학을 지배이념으로 삼았던 조선왕조는 '民本'을 정치의 이념적 목표로 삼았다. '민본' 이념은 단순히 정치적 구호에 그친 것이 아니라 지배층으로 하여금 '民'을 정치적 실체로 인정하게 하는 역할을 하였다.[1] '민'은 이후 조선 중기 사림파에 의해 적극적 교화의 대상으로 인정되기 시작하였다. 이는 곧 '민'을 도덕 실천 능력의 보유자로 인정한 것이라 할 수 있다.

　이들은 조선사회의 가장 낮은 신분층을 이루고 있던 노비 또한 교화 대상으로 인정하고 있었다. 중종 때 영남과 호남 관찰사로 재직하면서 처음 鄕約을 실시했던 것으로 알려진 慕齋 金安國(1478~1543)은 노비의 효행에 대해 칭찬과 격려를 아끼지 않았으며, 부채에 자작시를 지어 증정하기도 하고 더불어 내왕하기도 하였다.[2] 때문에 그 반대자들로부터 "관찰사가 수령에게 노비의 효행에 대해서도 포상할 것을 지시하여 견딜

---

　* 이 논문(제6장)은 2003년 학술진흥재단의 지원에 의해 연구되었음 (KRF-2003-074-AS116).
[1] 李碩圭, 「麗末鮮初 新興儒臣의 民에 대한 認識」 『朝鮮時代史學報』 31, 朝鮮時代史學會, 2004.
[2] 『慕齋集』 卷4, 詩, 贈孝子難金, 79쪽에서와 卷6, 詩, 贈孔孝子, 109쪽 등에 실린 두 詩는 金安國이 賤民 難金과 私奴婢 孔番佐의 효행을 칭찬하여 지어준 시이다. 시 앞에는 시를 짓게 된 경위, 즉 두 사람의 효행과 서로 내왕한 일 등이 기록되어 있다.

수 없게 만든다"3)는 비난을 듣기도 하였다.

이러한 사림파의 인식은 栗谷 李珥(16536~1584)의 "公賤 또한 民"4)이라는 인식, 沙溪 金長生(1548~1631)의 "公賤 역시 王民"5)이라는 인식에서 하나의 매듭을 이루었다. 이이는 選上制로 인해 公賤의 고통이 크다는 차원에서, 김장생은 병영이나 수영 소속 군인들의 고통이 공천보다 크다는 차원에서 '公賤 또한 民', '公賤도 王民'이라고 언급하고 있었던 것이지만, 어느 것이나 민의 고통이 신분이나 직역에 따라 더하고 덜한 차이가 있어서는 안 된다는 의미였다. 이 점에서 '王民'이라는 관념은 '민'에 대한 인식 문제를 분석하는 하나의 키워드가 될 수 있다고 생각된다.

이들 사림이 정치의 한 주체로서 정치에 적극적으로 참여하고, 유생층의 정치 참여 또한 크게 확대된 것은 자신들이 교화된 자이며, 나아가 '민'을 교화하는 주체임을 자임했기 때문이었다. 이 논리를 확장해 가면, 적극적 교화의 대상으로 인정되었던 '민'도 도덕 실천의 주체가 될 수 있다는 가능성을 인정하지 않을 수 없게 될 것이었다. 이는 "人皆可以爲堯舜"6)이라는 유교적 이상의 재확인이었다고 할 수 있다. 신분이나 직역에 따라 '민'을 차별하는 인식이 극복될 수 있는 단초가 바로 여기에서 마련되고 있었다.

조선후기의 북학파 학자들은 출신 가문으로 보나 학문적 연원으로 보나 이들 사림의 후예였고, 그들의 인식 또한 어떠한 형태로든 계승하고 있었다고 할 수 있다. 그렇다면 이들은 '누구나 성인이 될 수 있다'는 유

---

3) 『中宗實錄』 卷 8, 15년 1월 癸巳, 608쪽.
4) 『宣祖修正實錄』 卷8, 7年 1月 丁丑, 437쪽.
5) 『沙溪遺稿』 卷1, 疏, 辭執義 仍陳十三事疏 甲子六月, 민족문화추진회, 1989, 25쪽, "至於公賤每年之貢 則只收一二匹 均是王民 而苦歇若是其懸殊 此豈王政之所宜乎".
6) 『經書』, 『孟子集註』, 告子章句 下, 성균관대 대동문화연구원, 1995, 688쪽(이하 四書의 인용은 모두 이 책의 면 수를 제시하는 것이며, 書名은 『論語』· 『孟子』 등으로 略함).

교적 이상을 어떻게 받아들이고 있었을까. 또한 다른 한편에서는, 소농경영이 보다 안정화되어 가고 있던 18세기의 사회·경제적 현실[7]과, '北伐'의 대상으로 여겼던 夷狄의 나라 淸이 더욱 융성하고 있는 의외의 현실 속에서, '北伐' 대신 '北學'이라는 가치 역전의 대안을 제시했던 이들은, '민'에 대한 차별적 인식을 어떻게 극복해 가고 있었던 것일까.

우선 성리학에서의 '민' 관념을 분석할 때 핵심적 키워드였다고 생각되는 '王民' 관념, 그리고 그 기반이 되었던 '天民' 관념의 의미를 분석해 보고, 이것이 湛軒 洪大容(1731~1783), 燕巖 朴趾源(1737~1805), 楚亭 朴齊家(1750~1805) 등 북학파 학자들의 '민'에 대한 논의, 즉 四民論과 '士'의 역할에 대한 논의 속에서 어떤 역할을 하고 있었는지, 그리고 어떤 의미를 가지고 있는지 등을 살펴보려고 한다.

1. '天民', '王民' 용례 분석

유교·성리학에서의 '民' 관념은 두 측면을 가지고 있었다. 첫째는 민본이념의 근간을 구성하는 '민' 관념으로, '天民', '王民' 관념이 바로 이것이었다. 이때의 '민'은 인간 일반, 혹은 왕을 제외한 인간 일반을 지칭하는 용어로서 사용되었다. 왕은 代天理物의 권한을 가진 자이므로 天의 대행자라는 점에서 天民에 대한 지배자였고, 이 점에서 天民은 곧 王民이었다. '天民'은 "天生蒸民",[8] "天之生此民也 使先知覺後知"[9] 운운할

---

7) 李榮薰,「조선후기 이래 소농사회의 전개와 의의」『역사와 현실』45, 한국역사연구회, 2002.
8) 『孟子』, 告子章句 上, 성균관대 대동문화연구원, 1995, 669쪽, "詩曰 天生蒸民". 『詩經』, 대아편에 나오는 말로 『시경』에는 "天生烝民"으로 되어 있다.
9) 『孟子』, 萬章章句 上, 640쪽, "天之生此民也 使先知覺後知 使先覺覺後覺也 予天民之先覺者也 予將以斯道 覺斯民也 非予覺之而誰也".

때 나타나는 '민'에 대한 관념이었다. 맹자는 천민에 대하여, "有天民者 達可行於天下 而後行之者也"[10]라 하였고, 이에 대하여 주자는 "以其全 盡天理 乃天之民 故謂之天民"[11]이라 하였다. '천민' 관념은 '天之民', '天之生民'의 뜻으로부터 시작하여 주자에 이르러서는 '天理를 온전히 다하는 자', 혹은 '天理를 온전히 다해야 하는 자'로까지 그 관념이 확장 되었던 것이다. 또한 '王民' 관념은 왕토사상에 짝하여 나타났는데, "普 天之下 莫非王土 率土之濱 莫非王民"[12]이라는 말에서 보듯이 땅 위에 사는 모든 인간은 왕의 신하로서 곧 王民이라고 표현되었다.

둘째는 無位者의 칭호로서의 '민', 즉 피지배층을 가리키는 의미에서 의 '민' 관념으로, 도덕 능력 下劣者라는 의미에서 '下民'을 의미한다.[13] 주자가 이른 바, "民者無位者之稱"[14]이라 한 것이 바로 이것이다. 官의 상대 개념으로서의 '民'이라 할 수 있다. 이때의 '민'은 맹자가, "勞心者 治人 勞力者 治於人"[15]이라고 한 데에서 보듯이 남에게 다스림을 받는 자이며, "無恒産者 無恒心 苟無恒心 放辟邪侈 無不爲已"[16]라고 하듯이 恒産이 없으면, 放辟邪侈를 하지 않음이 없는 자이다.

無位者稱으로서의 '민' 관념은 愚民觀으로 나타나는 경우가 허다하였

---

10) 『孟子』, 盡心章句 上, 716.
11) 同上.
12) 본래는 『詩經』 小雅篇에 나오는 말로 "普天之下 莫非王土 率土之濱 莫非王 臣"이라 표현되었다. 여기서 '臣'을 '民'으로 고쳐 표현하는 경우도 다반사 였다. 예컨대, 『光海君日記』 卷143, 11년 8월 甲子條에 "普天之下 莫非王土 率土之濱 莫非王民"; 『仁祖實錄』 卷16, 5년 4월 乙丑條에 "率土之濱 莫非王 民"; 『仁祖實錄』 卷43, 20년 2월 壬寅條에 "尺土莫非王土 一民莫非王民" 등 의 표현이 보인다.
13) 『論語』, 季氏 第十六, 386쪽, "孔子曰 生而知之者 上也 學而知之者 次也 困而 學之 又其次也 困而不學 民斯爲下矣".
14) 『孟子』, 盡心章句 上, 716쪽.
15) 同上, 滕文公章句 上, 553쪽.
16) 同上, 546쪽.

다. 우민관은 성리학의 계몽주의적 속성으로 인하여 도덕적 우월자, 혹은 지적 우월자에 의한 지배와 그에 따른 차별적 질서를 정당화하는 논리로 사용되었던 것이다. 조선조의 관료층들에게서도 "이른 바 '민'이란 힘을 써서 일을 함으로써 그 윗사람을 섬기는 자"[17]라는 인식이 흔히 나타나는데, 이러한 인식의 뒤에는 바로 우민관이 자리하고 있었던 것이다.

　우민관에 따른 차별적 '민' 인식을 극복할 수 있는 유교 내부의 논리는 전술한 '天民'='王民' 관념이었다. 이러한 관념은 "人皆可以爲堯舜"[18]이라거나, "聖人與我同類者",[19] "民爲貴 社稷次之 君爲輕"[20]이라고 하는 표현에서 보듯이, 민본이념의 이론적 기반이기도 하였다. 누구나 堯·舜이 될 수 있고, '聖人도 나와 同類'라고 하는 관념은 잠재적으로는 '민' 내부의 차별적 질서에 대한 비판의 근거가 되거나 '민'에 대한 공평성을 주장하는 근거가 될 가능성이 있었다.

　주자 성리학 단계에 이르러서는, '민'을 하늘의 '性'이 부여된 존재로 인식하기 시작하였다. 전술한 바와 같이 이러한 인식은 주자가 '天民'에 대하여 말한 바, '天理를 온전히 다하는 자', 혹은 '天理를 온전히 다해야 하는 자'라는 관념으로 발전하였다. 이는 역할론의 차원에서 차별적 '민' 인식을 극복할 수 있는 가능성을 내포한 것이었다. 天理를 온전히 다한다는 것은 '父父子子 君君臣臣'과 같은 표현에서 보듯이 모든 인간이 자기의 역할을 충실히 다하는 것과 다름없는 것이기 때문이다.

　물론 현실적으로는 天民=王民 관념과 우민관이 대립적인 것만은 아니어서 논자에 따라, 혹은 시기에 따라 때로는 우민관이 강조되기도 하

---

17) 『明宗實錄』卷12, 6年 12月 戊午, 62쪽, "成均館生員 安士俊等 四百餘人上疏 曰 … 殿下每以天民爲言 而謂枉殺無辜 所謂民者出力作事 以事其上之謂也 而彼僧者 果何爲哉".
18) 『孟子』, 告子章句 下, 688쪽.
19) 同上, 告子章句 上, 671쪽.
20) 同上, 盡心章句 下, 741쪽.

고 민본이념이 강조되기도 하는 등, 다양하게 적용되고 있었다. 조선 초기의 민에 대한 관념을 잘 보여주고 있다고 생각되는 세종의 노비남살금 지령을 통하여 '민' 관념의 이러한 두 측면이 현실 속에서 어떻게 타협되고 있었는지를 살펴 볼 수 있다.

 J-1 형조에 전지하기를, "우리나라 노비법은 上下의 구분을 엄격하게 하기 위한 것이다. 綱常이 이것으로 말미암아 의지할 바를 더하는 까닭에, 노비가 죄가 있어서 그 주인이 그를 죽인 경우에 논의하는 사람들은 상례처럼 다 그 주인을 추켜올리고 그 노비를 억누르면서, 이것은 진실로 좋은 법이고 아름다운 뜻이라고 한다. 그러나 상주고 벌주는 것은 임금된 자의 대권이건만, 임금된 자라도 한 사람의 죄 없는 자를 죽여서, 善한 것을 복 주고 지나친 것을 禍 주는 하늘의 법칙을 오히려 함부로 하지 못하는 것이다. 더욱이 노비는 비록 賤民이나 天民 아님이 없으니, 신하된 자로서 하늘이 낳은 백성을 부리는 것만도 만족하다고 할 것인데, 그 어찌 제멋대로 형벌을 행하여 무고한 사람을 함부로 죽일 수 있단 말인가. 임금된 자의 덕은 살리기를 좋아해야 할 뿐인데, 무고한 백성이 많이 죽는 것을 보고 앉아서 아무렇지도 않은 듯이 금하지도 않고 그 주인을 추켜올리는 것이 옳다고 할 수 있겠는가. 나는 매우 옳지 않게 여긴다. 律文을 참고하여 보니, 奴婢毆家長條에 이르기를, '만약 노비가 죄가 있는 것을 그의 家長이나 朞服親, 혹은 외조부모가 관에 고발하지 않고 구타하여 죽인 자는 杖 1백 대의 형에 처하고, 죄 없는 노비를 죽인 자는 杖 60대에, 徒 1년의 형에 처하며 당해 노비의 처자는 모두 석방하여 양민이 되게 한다. 만약 노비가 주인의 시키는 명령을 違犯하였으므로 법에 의거하여 형벌을 결행하다가 우연히 죽게 만든 것과 과실치사한 자는 모두 논죄하지 아니한다' 고 하였은즉, 주인으로 노비를 함부로 죽인 자는 일체 律文에 따라 시행해야 옳을 것이다. 그러나 우리나라의 노비는 대대로 서로 전해 내려오는 것으로서 명분이 매우 엄중하여 중국의 노비와는 아주 다르니, 그들을 양민으로 만드는 법은 사세가 시행하기 어려우며, 또 노비의 죄 있는 자를 그 주인이 처벌하는 법도 실행한 지가 이미 오래된 것이니 갑자기 고치기는 쉽지 않다. 더욱이 사사 집의 은밀한 곳에서 죄 지은 노비를 그 주인이 어떻게 하나하나 율문을 상고하여 논죄할 수 있

겠는가. 그것이 법에 의거하였는지 아닌지는 考覈하기가 매우 어렵다. 그러나 그가 함부로 무고한 자를 죽이고도 그에 따른 가족은 그냥 계속하여 부리게 한다면, 이것이 어찌 백성을 사랑하고 형벌을 신중히 하는 뜻이겠는가. 지금부터는 노비가 죄가 있건 없건 간에 관에 陳告하지 않고 구타 살해한 자는 일체 옛 법례에 따라 科斷할 것이다"라고 하였다.21)

위의 인용문에서는 임금도 하늘의 법도를 어길 수 없다는 인식, 노비가 비록 賤民이나 또한 天民이라는 인식, 天民이 곧 王民이므로 신하로서 天民을 부리는 것만으로도 만족해야 한다는 인식, 더 나아가 무고한 사람을 죽이는 일은 임금으로서도 하지 못할 일이니 신하된 자로서는 더더욱 할 수 없는 일이라는 인식 등이 민본주의적 원칙론으로서 표방되고 있다. 天民=王民이라는 관념에서 볼 때, 노비도 또한 天民이므로 함부로 형벌을 가하거나 죽일 권한이 없다는 인식이 나타나지만, 현실적으로 조선의 노비는 명분이 매우 엄격하여 중국의 노비와도 다르고 주인의 사적인 처벌도 금지하기 어려운 형편이므로 다만 官에 고한 후에야 사적인 형벌을 허용할 수 있다는 타협점이 제시된 것이다.22) '천민'='왕민' 관념은 이

---

21) 『世宗實錄』卷105, 世宗 26年 閏 7月 辛丑, 578~579쪽, "傳旨刑曹 本國奴婢之法 所以嚴上下之分 綱常由是而益固 故奴婢有罪 而其主殺之 議者例皆揚其主而抑其奴 此誠良法美意也 然賞罰 人君之大柄 以人君而殺一無辜 天之福善禍淫 尙且不僭 況奴婢雖賤 莫非天民也 而人臣而役天民 亦云足矣 其可擅行刑罰 而濫殺無辜乎 人君之德 好生而已 坐見無辜之民多死 恬然不禁 而乃曰 揚其主可乎 予甚以爲不可也 稽諸律文 奴婢歐家長條云 若奴婢有罪其家長及家長之朞親 若外祖父母 不告官而歐殺者 杖一百 無罪而殺者 杖六十 徒一年 當房人口 悉放從良 若違犯敎令 而依法決罰 邂逅致死及過失殺者 各勿論 則其主擅殺奴婢者 一依律文施行可也 然本國奴婢 世世相傳 名分甚嚴 與中國奴婢頓殊 其從良之法 勢難擧行 且奴婢有罪者 其主論罰之法 行之已久 未易遽革也 況於私家隱密之處 有罪奴婢 其主安能一一按律論罪乎 其依法與否 考覈甚難 然其濫殺無辜 而當房人口 因仍役使 是豈愛民恤刑之意哉 自今奴婢 有罪無罪 不告官而歐殺者 一依舊例科斷".
22) 이에 대해서는 金錫亨, 『조선봉건시대 농민의 계급구성』, 평양: 북한 과학원

처럼 '민' 내부의 차별성을 완화하는 방향으로 작용할 가능성이 큰 논리였지만, 현실적으로는 사회적·경제적인 여러 조건들과 우민관에 의해 제약되면서 노비남살금지령과 같은 형태로 타협되고 있었던 것이다.

『조선왕조실록』에는 다음의 <표 1>과 <표 2>에서 보듯이 '天民'이라는 용어가 30회, '王民'이라는 용어가 24회 등장하고 있다. '天民'이라는 용어의 경우, '天'과 '民'이 '하늘과 民'이라는 병렬의 의미로 사용된 경우는 제외시킨 것이다. 양자 공히 모든 '民'을 의미하는 것이었지만, 내용상 구체적으로 지칭하는 대상은 私賤, 公賤에서부터 양민, 사대부, 관료, 오랑캐 등과 심지어는 국왕 자신에 이르기까지 매우 다양하였다.[23]

<표 1> '天民' 용어 사용 사례

	『실록』	년	월	일	발언자	구체적 지칭대상	발언 배경
1	태종	15	1	기미	刑曹判書 沈溫 等	양인, 천인	노비 쟁송
2	세종	2	9	병인	左議政 朴訔	양인	補充軍 還賤法
3	세종	26	윤7	신축	세종	노비	노비남살금지령
4	세조	14	6	임인	成均進士 宋希獻	모든 民	治道
5	세조	14	6	병오	세조	雇工, 僧徒, 군역대상자	부역
6	성종	7	6	계미	성종	노비	형벌
7	성종	9	8	갑인	성종	僧徒	진휼
8	성종	19	6	경술	성종	私奴婢	형벌
9	성종	21	3	병인	성종	貧寒者	牧民
10	성종	25	10	병인	獻納 南世聃	僧徒	災異, 賦役

출판사, 1957(서울: 신서원, 1993), 67~70쪽에서는, 노비가 "'죄'를 지은 경우에는 다른 형벌은 마음대로 실시할 수 있으나 죽이려고 할 때에는 관가에 신고하여 허가를 얻을 것을 규정"한 것으로 파악하였다.
23) 국왕 자신을 포함하여 지칭한 경우는, 광해군이 明 황제의 파병 요청에 대한 응답을 준비하는 과정에서 발언한 것이다. 국왕 자신과 조선의 民이 明 황제의 '王民'이라는 의미였다. 『光海君日記』卷143, 11年 8月 甲子, 255쪽.

제6장 北學派의 四民論 157

11	연산군	1	5	경술	忠淸道都事 金駬孫	노비, 僧徒	寺田 혁파
12	연산군	3	3	갑인	연산군	오랑캐(島夷)	국방
13	연산군	7	1	기묘	大司憲 成俔 等	모든 民	治道
14	중종	13	2	임오	侍講官 金正國	모든 民	治道
15	명종	1	7	을해	명종	僧徒	부역
16	명종	2	2	갑진	司諫院	內需司 屬人	형벌
17	명종	2	5	무진	명종	僧徒	부역
18	명종	2	8	임오	명종	僧徒	부역
19	명종	2	12	갑자	명종	京商	형벌
20	명종	2	12	을축	명종	京商	형벌
21	명종	3	12	경신	명종	僧徒	부역
22	명종	5	1	경오	명종	僧徒-普雨	형벌
23	명종	6	11	신축	명종	僧徒-道悟	형벌-승도 구타
24	명종	6	12	무오	成均館生員 安士俊 등 (명종의 말 인용)	僧徒-道悟	형벌-승도 구타
25	명종	6	12	기미	同知成均館事 周世鵬 등 (명종의 말 인용)	僧徒-道悟	형벌-승도 구타
26	명종	8	윤3	무신	弘文館 副提學 鄭裕 등	僧徒-守眞	형벌
27	명종	9	3	갑진	명종	僧徒	형벌-승도 피살
28	명종	9	5	병진	명종	內奴, 僧徒	형벌-승도 피살
29	선조	5	10	임오	司憲府	모든 民	治道
30	효종	10	2	임신	兵曹參知 兪棨	양반, 양민	군역

〈표 2〉'王民' 용어 사용 사례

	『실록』	년	월	일	발언자	구체적 지칭대상	발언 배경
1	연산군	8	5	계미	執義 鄭麟仁	요역, 부세 부과 대상 民	부역 부과
2	중종	7	7	경인	국왕(중종)	僧徒	사찰 재산 屬公
3	명종	3	3	계묘	侍講官 鄭惟吉	부자와 빈자	限田 논의
4	명종	7	5	기축	特進官 任虎臣	노비	내수사 노비 변정
5	명종	21	8	무진	국왕(명종)	모든 民	災傷御史 封書
6	선조	31	1	갑진	司諫 南以信	모든 民	부세, 요역 부과
7	광해군	7	7	정묘	右副承旨 韓男	권세가 投託民	柳永慶 탄핵

8	광해군	9	8	신유	국왕(광해군)	내수사 노비	관리 학정
9	광해군	11	8	갑자	국왕(광해군)	모든 明 주변국 民	明에 원군 파병
10	인조	1	9	갑인	司諫院	춘천 지역 民	관리 임명
11	인조	2	1	병자	국왕(인조)	모든 民	부세
12	인조	4	1	기유	司憲府	옹진 지역 民	관리 학정
13	인조	5	4	을축	承政院	모든 民	내수사 노비 復戶
14	인조	9	10	신해	국왕(인조)	사대부, 관료	관리 처벌
15	인조	20	2	임인	正言 河溍	모든 民	賦稅 濫徵
16	효종	0	11	신사	司憲府 執義 宋浚吉 등	內奴 외 모든 民	내수사 노비 復戶
17	효종	5	6	계유	修撰 洪葳	군역 회피 民	군역 정비
18	효종	7	3	갑오	修撰 洪葳	군역 회피 民	군역 공정 부과
19	현종	7	12	정사	執義 李翊	내수사 노비	과도한 身貢 납부
20	현개	4	7	신묘	應敎 李敏迪 等	모든 民	부역 부과
21	현개	9	2	정해	吏曹	내수사 노비	부역 부과
22	숙종	10	8	계축	古阜武人 金南斗	流丐	賑政
23	숙종	37	8	갑술	判中樞府使 李命	모든 民	戶布 논의
24	영조	23	11	기유	국왕(영조)	市廛, 亂廛 등 商人	商人 貢役

'天民'이라는 용어는 명종 대에 僧徒들을 지칭하는 데 다수 쓰인 것을 제외하면 주로 조선 초기와 중기에 집중되어 있고 발언자가 국왕인 경우가 많았다. '王民'이라는 용어는 조선 중기 이후에 주로 사용되었고 발언자는 관료인 경우가 훨씬 많았다. 이는 조선 중기 이후 士林이 중앙 정계에 등장하여 정치의 한 주체로 자리 잡게 된 사정과 무관하지 않은 것으로 생각된다. '왕민'이라는 용어는 '천민'의 경우보다 더 정치적인 것이어서 왕도정치하의 '민'을 의미하기도 하였다.[24] 때문에 사림들이 국왕

---

24) 기묘사화에 연루되어 화를 입었던 陰崖 李耔(1480~1533)는 다음의 글에서 王道와 霸道, 王民과 霸民을 대비시켜 사용하였다. 『陰崖集』卷1, 賦, 王霸賦, 101쪽, "王道平蕩 霸道崎嶇 王民熙皥 霸民驩虞 熙皥者繼行 驩虞者難繼 故王保子孫 霸不及世 揣其高下 復若天地 尋其差謬 只在誠偽".

에 대하여 그 정치가 '至公無私'한 것이어야 함을 말할 때에는, '천민'이라는 용어보다는 '왕민'이라는 용어가 보다 효율적이었을 것이다.

이 두 용어의 용례를 검토하여 보면, 현실적으로 존재하는 차별적 처우가 없어야 한다는 의미로 사용되는 경우가 많았다. 이는 '천민'='왕민' 관념이 민 내부의 차별적 관계를 완화하고 공평성을 강조하는 방향으로 작용할 가능성을 시사해 주는 것이라 할 수 있다. 잠재적으로는 제한적이나마 '평등론'으로 발전할 가능성도 있었다고 생각된다.

예컨대 박지원은 북경으로 가기 위해 길을 떠나 청과의 국경인 책문을 넘기도 전에 경계 바깥쪽을 살피다가 가옥이며 도로의 규모가 크면서도 세밀한 것을 보게 되었다. 이에 질투하고 부러워하는[妬羨] 마음이 일자 이내, "만일 여래의 혜안으로 시방세계를 둘러보면 '평등'하지 아니함이 없으니 萬事가 '평등'하다면 질투와 부러움은 스스로 없는 것"25)이라고 자책하였다. 이어 그를 수행한 종 張福에게 "네가 만일 중국에 태어난다면 어떠하겠는가" 하고 물었고, 이에 대한 장복의 대답은 "중국은 오랑캐의 나라라 그곳에 태어나고 싶지 않다"는 것이었다. 그 때 마침 한 소경이 일행의 앞을 지나가는 것을 보고 박지원은, "저 사람이야말로 '평등'의 눈을 가진 사람이 아니겠는가"26)라고 하면서 크게 깨닫게 되었다고 밝히고 있다.

박지원이 부러워하고 질투했던 대상은 淸의 생활이나 문화 수준이 높은 것이었으며, 장복이 폄하했던 대상은 중국이 오랑캐의 나라라는 점이었다. 박지원이 가졌던 妬羨之心과 장복의 중국을 폄하하는 마음의 원천은 貧富, 華夷의 차별의식이었다. 여기서 박지원이 말하는 '평등'이란 바로 그러한 차별의식의 탈피를 의미하는 것이었다. 여래의 혜안이란 하늘에서 바라보는 시각과 다름없는 것이며, 박지원의 깨달음은 이 점에서

---

25) 『燕巖集』卷11, 熱河日記, 渡江錄 6月 27日 甲戌, 145쪽, "若以如來慧眼 遍觀十方世界 無非平等 萬事平等 自無妬羨".
26) 同上, "彼豈非平等眼耶".

모든 '민'은 하늘이 낳았다고 하는 '天民' 관념과도 관련되어 있고, 좀 더 정치적 관념인 '王民' 관념과도 관련되어 있는 것이다.

그렇다고 해서 '천민'='왕민' 관념의 확장이 곧바로 박지원에게서 보이는 것과 같은 '평등론'으로 전환된 것은 아니었다. 士·農·工·商 등의 직역이 각기 대등한 가치로서 인식되는 단계를 거쳐야만 했다. 다음에서는 절을 바꾸어 四民의 관계에 대한 인식을 살펴봄으로써 이들의 '민'에 대한 인식의 변화를 살펴보기로 한다.

II. 分業的 四民論

'北學派'라는 명칭에서도 드러나듯이 홍대용, 박지원, 박제가 등의 사상은 조선과 淸의 비교에서 비롯되었다. 燕行을 통하여 夷狄인 淸이 융성하는 모습을 본 것이 북학사상 성립의 한 계기가 되었던 것이다. 이들이 목격한 청은, 이적이 '天下를 다스리게 된지 4代 100여 년 만에 漢·唐 때에도 보지 못한 太平'[27])을 누리고 있다고 찬탄할만큼 융성한 상태였다. 이에 비해 조선은 비록 17세기 이후 양란의 피폐함을 딛고 일어서고는 있었지만, 청과 비교할 때 우위에 있다고 말하기는 어려웠다.

병자호란 이후 조선의 國是처럼 되었던 '北伐'에의 의지가 강렬하면 할수록 그 격차를 줄이려는 의지 역시 한층 강렬해질 수밖에 없었다. 그리하여 '만약 다시 명나라를 위하여 원수를 갚고 우리가 당한 치욕을 설

---

27) 『燕巖集』卷12, 「熱河日記」, 關內程史, 7月 28日, 虎叱, 193쪽, "燕巖氏曰 … 然天下有志士 豈可一日而忘中國哉 今淸之御宇纔四世 而莫不文武壽考 昇平百年 四海寧謐 此漢唐之所無也 觀其全安扶植之意 殆亦上天所置之命吏也"; 홍대용, 소재영·조규익·장경남·최인황 註解, 『註解 乙丙燕行錄』, 태학사, 1997, 19쪽, "쏘 졔 비록 더러운 오랑캐나 등국을 웅거ᄒᆞ야 빅여년 태평을 누리니 그 규모와 긔상이 엇디 흔번 보암즉디 아니리오".

욕하고자 한다면 20년 동안 힘써 중국을 배운 다음에 함께 논의해도 늦지는 않을 것'28)이라는 북학론적 인식이 성립하게 되었다. 18세기의 사회・경제적 부흥에도 불구하고, 이들이 보기에 조선은 청에 비하여 아직 가난하고 힘도 부족한 나라였다. '지금 나라의 큰 병폐는 가난'29)이라는 박제가의 인식은 바로 이러한 판단에 근거한 것이었다.

> J-2 우리나라는 나라는 작고 백성은 가난하다. 현재 우리나라는 온갖 노력을 아끼지 않고 전답을 경작하고, 현명한 인재를 기용하며, 상인들에게는 장사를 허용하고 장인들에게는 일정한 혜택을 줌으로써 나라 안에서 이용 가능한 모든 방법을 다 써보아야 한다. 그렇게 한다고 해도 오히려 넉넉하지 못할까 염려된다. 여기에 그쳐서는 안 되고, 반드시 먼 지방에서 산출되는 물건을 통상하여 가져와야만 재화가 불어나고 온갖 쓸 만한 물건이 만들어 진다.30)

박제가는, '나라는 작고 백성은 가난한 상황'을 극복하려면 국내 산업을 균형 있게 발전시켜야 할 뿐 아니라 외국과의 통상이 필요하다고 주장하였다. 먼 지방에서 산출되는 물건을 통상하고자 하는 것은 주로 청과의 교역을 의미하는 것으로 생각해도 될 것이다. 국가가 작고 백성이 가난하다는 인식이 외국과의 통상론으로까지 확장되고 있는 것은 작고 가난하다는 인식 자체가 청과의 비교로부터 성립한 것임을 보여주는 것이라 생각된다.

가난을 극복하기 위한 방안으로 국내 산업의 부흥과 외국과의 통상

---

28) 『楚亭全書』(下), 「北學議」, 尊周論, 562쪽, "若復爲前明 復仇雪恥之事 力學中國二十年後 共議之未晩也".
29) 『楚亭全書』(中), 「丙午正月二十二日朝參時典設署別提朴齊家所懷」(이하 「병오소회」로 略함), 157쪽, "當今國之大弊曰貧".
30) 『楚亭全書』(下), 「北學議」, 通江南浙江商舶議, 548쪽, "我國 國小而民貧 今經田疾作 用其賢才 通商惠工 盡國中之利 猶患不足 又必通遠方之物 而後財貨殖焉 百用生焉".

등, 기존의 유학자들에게서는 찾아보기 어려운 주장이 제시되고는 있었지만, 대다수의 유학자들과 마찬가지로, 북학론자들에게도 유교적 이상은 그 원칙으로서 여전히 유효한 것이었다. 예컨대 토지제도에 관해서도 이들은 井田制라는 이상을 결코 포기하지 않았던 것이다. 홍대용은 "후세에 정전이 복구되지 않으면 왕도는 끝내 행해지지 않을 것"[31]이라고도 하였고 "정전이 행하기 어려움은 선배들이 이미 말하였지만 分田・制産하는 법 없이 나라를 잘 다스린다는 것은 모두 구차할 뿐"[32]이라고도 말하였다. 박지원 역시, 정전제를 행하기 어려운 점이 있기는 하지만, "井田制를 실시하지 않으면서도 其實은 井田制의 利益을 얻는 것"[33]을 최선이라고 여겼기 때문에 限田制와 같은 토지개혁론을 구상할 수 있었던 것이다. 말하자면 발전 일로에 있던 사적 소유의 폐지를 목표로 하는 것이 아니라 일정한 제한을 통하여 정전제라는 이상에 접근해가는 방식이었다고 할 수 있다.

사적 소유의 발전이라는 현실, 즉 時俗을 전적으로 부인하여 정전제라는 이상을 원형 그대로 재현하려 한 것도 아니고, 또한 사적 소유의 발전[時俗]을 그대로 승인하여 정전제라는 이상을 포기하지도 않았던 것이다. 말하자면 이는 사적 소유[時俗]와 정전제[道]의 공존이요, 통일이었던 셈이다. 때문에 홍대용은 연행에서 돌아오는 도중, 山海關에 이르러, "다만 장차 實心으로 實事를 행하면서 道義 門中에 이 몸을 맡겨야지" 하고 읊었던 것이다.[34] 實心, 실사와 도의는 그에게 통일되어 있는 가치

---

31) 『湛軒書』(下), 附錄, 從兄湛軒先生遺事, 景仁文化社, 1969, 563쪽, "嘗曰 後世無以復井田 則王道終不可行矣".
32) 『湛軒書』(上), 內集 卷4, 補遺, 「林下經綸」, 311쪽, "井田之難行 先輩固已言之 雖然無分田制産之法 而能治其國者 皆苟而已".
33) 『燕巖集』卷16, 別集, 「課農小抄」, 限民名田議, 398쪽, "不用井田之制 而獲井田之利".
34) 『湛軒書』(上), 內集 卷3, 詩, 回到山海關登望海亭有懷錢塘諸人, 279쪽, "但將實心做實事 道義門中度此身".

였고 별개의 가치가 아니었던 것이라고 할 수 있다. 유교적 이상과 역동적으로 변화하는 현실, 양자를 종합하면서 현실을 개혁해 가는 것이 바로 북학파의 목표였다고 할 것이며, 이것을 '因時順俗의 道'를 추구한 것이라고 이해해도 좋을 것이다.

북학론자들의 현실 개혁에 대한 이러한 자세는 '민'에 대한 인식 면에도 그대로 적용되면서 四民에 대한 새로운 인식을 구축해 가고 있었다. 이는 전술한 바 있는 '지금 나라의 큰 병폐는 가난'이라고 하는 인식과 이러한 현실을 극복하고자 하는 그들 고유의 현실개혁안으로부터 도출되고 있었다. 박제가는 1786년(정조 10) 정조에게 올린 다음의 글에서 四民의 분업화 방안을 제시하고 있다. 나아가 이러한 방안들이 일시적인 것이 아니라, 바로 근본을 다스리는 일이라고 주장하였다.

> J-3 지금 나라의 큰 病弊는 가난이라 합니다. 가난은 무엇으로써 救할 것인가 하면 中國과 통상하는 길뿐이라는 것입니다. … 지금 논의하는 자로서, 사치가 나날이 심해진다 하지 않는 사람이 없습니다. 그러나 신이 보기에는 근본을 모르는 말입니다. 대저 딴 나라는 사치 때문에 망하기도 하였거니와 우리나라는 검소함으로써 쇠해졌습니다. 왜냐하면 무늬 있는 비단 옷을 입지 않으므로 비단 짜는 기계가 없고 따라서 女功도 쇠하여졌으며, 音樂을 숭상하지 않으므로 五音과 六律이 맞지 않습니다. 물이 새어드는 배를 타고, 멱 감기지 않은 말을 타며, 비뚤어진 그릇에 밥을 담아 먹고, 먼지가 푸석거리는 방에 거처하므로 工匠과 牧畜과 질그릇 장수의 일이 망해졌습니다. 따라서 농사일도 거칠어져서 제 시기를 놓치고, 장사도 이윤이 박하여서 業을 잃게 되었습니다. 四民이 다 같이 곤란하여 서로 돕지 못하는 바, 저 가난한 사람은 날마다 사치하도록 채찍질하여도 될 수 없을 것입니다. 지금 대궐 뜰, 예를 거행하는 곳에는 거적을 깔았고, 東・西闕門을 지키는 衛士는 무명옷에다가 새끼줄로 허리를 묶고 서있으니 신은 실로 부끄럽게 여깁니다. 이러한 일은 헤아리지 아니하고 도리어 여염의 높은 대문을 헐고, 市井의 신발과 저고리를 단속하며, 마졸의 귀마개를 근심하니 또한 말단이 아닙니까? … 대저 온 나라 일을 어찌 다 말할 수 있겠습

니까마는 작은 일로써 큰일에 비유할 수 있는 바, 殿下께서도 가까운 것을 살피시는 총명을 넓히시어 점차 일을 줄이시고 재물을 절약하는 데 작은 것이다 하지 마시고, 서로 모순된 법령을 통하게 하시기를 성심으로 원합니다. 이렇게만 한다면 근본이 맑아지고 성과가 넓혀지는 길이 여기에 있습니다.[35]

박제가는 비단 짜는 일, 음악을 숭상하는 일, 공장과 목축, 질그릇 장수, 농민, 상업 등 四民의 모든 업이 제자리를 찾지 못하여 서로 돕지 못하므로 가난은 피할 수 없게 되었다고 파악하고 있다. 이는 역으로 사민이 각자의 업을 성공적으로 경영하여 서로 도울 수 있게 되는 것이 가난 극복의 길이라 말하는 것이다. '分業的 四民觀'이라 불러도 좋을 이러한 '민' 인식은 사민 간의 관계를 협조의 관계로 본다는 점에서 기존의 차별적 '민' 인식과는 분명하게 다른 것이었다. 다음의 사료는 1750년(영조 26)의 것으로 기존의 차별적 '민' 인식을 잘 보여주고 있는 사례이다.

J-4 知敦寧 李宗城이 상서하였는데, 대략 이르기를, "… 서울과 외방의 士庶는 큰 부자나 녹을 먹는 사람 이외에는 대체로 궁핍한 사람이 많은데, 그 중에서도 양반이 가장 많고 또 가장 가난합니다. 사대부의 公卿 자손과 鄕人의 校生 이상을 통칭 兩班이라고 하는데, 그 수효는 거의 모든 백성의 반절이 넘습니다. 조선의 양반은 한번 工匠이나 商人이 되면 당장에 상놈이 되니 공장이나 상인이 될 수 없고 살아갈 길은 단

---

35) 『楚亭全書』(中), 「貞蕤閣文集」 卷2, 所懷, 「丙午所懷」, 157~165쪽, "當今國之大弊曰貧 何以捄貧 曰通中國而已矣 … 今之議者 莫不曰奢日甚 以臣視之 非知本者也 夫他國 固以奢而亡 吾邦必以儉而衰 何則 不服紋繡 而國無織綿之機 則女紅廢矣 不尙聲樂 而五音六律不叶矣 乘虧漏之船 騎不浴之馬 食窳器之食 處塵土之室 而工匠畜牧陶冶之事絶矣 至於農荒而失其法 商薄而失其業 四民俱困 不能相濟 彼貧人者 雖日撻而求其奢者 將不可得矣 今殿庭行禮之地 布其棲苴 東西闕守門之衛士 衣木棉 帶藁索而立 臣實恥之 不此之計 而乃反毁閭巷之高門 捉市井之鞋衫 憂馬卒之耳衣 不亦末乎 … 夫通國之事 何可盡言 固有小可以喩大者 誠願殿下 恢察邇之聰 省事以漸 節財無小 通政法之矛盾者 則清其本而功博者 在是矣".

지 농사밖에는 없는데, 만일 몸소 농사나 짓고 아내는 들에 밥 나르기를 농부가 하는 것처럼 하면 閑丁이나 勸農의 직첩이 바로 나오니 이 짓은 죽어도 할 수 없는 일입니다" 하였다.36)

위의 인용문은 戶錢 부과정책에 반대하는 상소인데, 반대의 네 가지 이유 중 하나로서 사대부의 인심을 잃게 되기 때문에 시행 불가능하다는 주장의 논거로 사용된 것이다. 이 가운데 양반이 가장 가난하다거나 전 인구의 절반이나 된다는 것은 약간 과장된 표현으로 생각되지만, 대체적인 18세기 중반의 사정은 충분히 파악할 수 있다고 생각된다. 즉 양반이 공·상에 종사하게 된다면 이는 곧 상놈이 되는 것이요, 이보다 낫기는 하지만 농업에 종사하는 것 역시 직접 농사를 짓게 되면 閑丁이나 勸農의 직첩이 나오기 때문에 양반으로서는 그리 할 수 없는 상황이 그려지고 있는 것이다.

북학론자들은, 사·농·공·상을 차별적인 질서로 보는 이러한 전통적 '민' 인식과는 구별되는 인식을 가지고 있었다. 즉 농·공·상을 하나의 직업으로서 대등한 것으로 보았던 것이다.

> J-5 대저 商人도 四民 중의 하나인데, 그 하나로서 나머지 셋을 통하게 하는 것이므로 十分의 三을 차지하지 않으면 안 된다. 해변의 백성이 고기 잡는 것을 농사 삼아 하는 것은 또한 두메산골 사람이 나무하는 것을 농사 삼아 하는 것과 같은 것이다. 이제 만약 일체의 백성에게 흙을 갈아서 먹게 한다면 그들은 生業을 잃고 날이 갈수록 더 곤란해질 것이다.37)

위에서 보듯이 상인도 四民 중 하나이며 장사하는 것이나 고기 잡는

---

36) 『英祖實錄』 卷71, 26年 6月 癸巳, 371쪽.
37) 『楚亭全書』(下), 「進疏本 北學議」, 末利, 379쪽, "夫商處四民之一 以其一而通於三 則非十之三不可 海民之以魚爲農 亦猶峽民之以木爲農 今若一切食土 則民失其業 農日益傷矣".

것이나 나무하는 것이나 모두 농사짓는 것과 마찬가지로 대등한 것이라고 파악하였던 것이다. 이러한 인식은 앞에서 보았듯이 백성들의 삶을 풍요롭게 하여 궁극적으로는 국가적 가난을 극복하려는 목표로부터 성립하였다. 이러한 목표를 이루기 위해서는 사민 간의 사회적 분업을 통해 생산의 효율성을 기해야만 한다고 생각하였던 것이다. 사민은 이러한 사회적 분업의 한 부분으로서, 각기 대등한 가치를 지닌 직업군으로 이해되었다. 이 점은 다음의 자료에서 보다 분명한 형태로 나타나게 된다.

> J-6 어떤 사람은 또 말하기를, '사사로이 벽돌을 만들면 비록 나라에서 이용하지는 않더라도 자기 집만은 쓸 수가 있을 것이다' 하나 그것은 틀린 말이다. 民生에 날마다 소용되는 물건은 반드시 서로 도와서 행해야 되는 것이다. 그런데 이제 나라 안에는 벽돌이 없는데 내가 혼자 만들려고 하면 굽는 가마도 내가 만들어야 하고, 때우는 灰도 내가 마련해야 한다. 물건을 실어 나르는 수레도 내가 주선해야 되고 온갖 工匠의 일도 역시 내가 해야 한다. 그러니 벽돌을 만든다 해도 그 이익 되는 것이 얼마나 되겠는가?38)

민생에 날마다 소용되는 물건은 서로 도와서 행해야 하는 것이고, 혼자의 힘만으로는 이익이 없다는 주장이다. 여기에서 중요한 것, 즉 목표는 이익을 늘리는 것이었다. 이를 위하여 서로 돕는 사회적 분업이 이루어져야 한다는 것이고 이는 곧 생산의 효율성을 확보하려는 것이었다고 생각된다. 즉 사회의 구성원이 각기 한 가지 산업에 종사하며 사회적 분업의 한 자리를 차지함으로써 생산력을 향상시키고 그럼으로써 궁극적으로는 가난을 극복하고 국가적 부를 축적하려 하였던 것이다.

이러한 인식은 박제가뿐만 아니라 다른 북학론자들에게서도 동일하게

---

38) 同上,「北學議」內篇, 甓, 448쪽, "或曰 私造甓 雖不行於國 猶可用之家 亦不然 民生日用 必相資而行 今域中無甓 而吾獨造焉 燒之窯亦吾 縫之灰亦吾 載之之車亦吾 百工之事皆吾 出利其幾何".

관찰되는 것이다. 홍대용은 "대개 人品에는 高下가 있고 재주에는 長短이 있다. 그 高下에 따라 短點을 버리고 長點만 쓴다면 천하에 전혀 못쓸 재주란 없을 것이다. 面에서 가르치는 데는 그 중 뜻이 높고 재주가 많은 자는 위로 올려 조정에서 쓰도록 하고, 자질이 둔하고 庸劣한 자는 아래로 돌려 野에서 쓰도록 하며, 그 중 생각을 잘하고 솜씨가 재빠른 자는 工業으로 돌리고, 利에 밝고 재물을 좋아하는 자는 상업으로 돌리며, 꾀를 좋아하고 용맹이 있는 자는 武班으로 돌리며, 소경은 점치는 데로, 宮刑 당한 자는 문 지키는 데로 돌리며, 심지어 벙어리와 귀머거리, 앉은뱅이까지 모두 자리를 갖도록 해야 한다. 그리고 놀면서 입고 먹으며 일하지 않는 자는 나라에서 벌주고 鄕黨에서도 버려야 한다"39)고 하여, 인간의 타고난 자질이나 형편에 따라 가장 적합한 곳에 배치하여 일하지 않는 자가 없어야 한다고 주장하였다.

박지원도 "상인은 四民 가운데 비록 천한 직업이지만 상인이 아니면 온갖 물건들이 유통·운용될 수 없으니, 그러므로 상업을 억압하거나 폐해서는 안 된다. 또 富가 민간에 축적한 연후에야 나라의 재용이 풍족해진다"40)고 하여 북학론의 사민에 대한 인식을 공유하였다. 상업이 발전하여야 백성이 부유해지고 그 결과 국용이 풍족해진다는 것이다. '비록 천한 직업'이라고 하는 전통적 귀천의식 또한 나타나기는 하지만, 민부·국부의 증대를 목표로 삼는 것은 이들의 공통된 인식이었고, 이 목표의 달성을 위하여 四民의 業이 다 함께 협력적으로 진흥되어야 한다는

---

39) 『湛軒書』(上), 內集 卷3, 補遺, 「林下經綸」, 306쪽, "凡人品有高下 才有長短 因其高下 而舍短而用長 則天下無全棄之才 面中之教 其志高而才多者 升之於上 而用於朝 其質鈍而庸鄙者 歸之於下而用於野 其巧思而敏手者 歸之於工 其通利而好貨者 歸之於賈問 其好謀而有勇者 歸之於武 瞽者以卜 宮者以閽 以至於瘖聾跛躄 莫不各有所事 其遊衣遊食 不事行業者 君長罰之 鄕黨棄之".
40) 朴宗采, 김윤조 역주, 『역주 過庭錄』, 태학사, 1997, 101쪽, "先君嘗言 商賈在四民之中 雖爲賤業 非商賈 百物莫可以流通運用 所以不可偏廢也 且藏富於民然後 國用豊足".

생각 역시 공유되었다. 民富와 國富의 증대를 목표로 삼은 만큼 차등적 신분 질서의 유지를 목적으로 한 차별적 사민론과는 결별하지 않을 수 없었던 것이다. 또한 國富가 民生·民富만큼이나 중요시되고 있다는 것은 그만큼 청의 존재를 의식하고 있었다는 의미이고, 바로 이 점에서 북학론은 북벌론의 가치 역전임과 동시에 계승자이기도 하였다.

이러한 주장은 전술한 바와 같이 박지원에게서 보이는 평등론[41]으로 귀결되었지만, 비슷한 시기 유럽의 계몽주의가 더 이상 나누어질 수 없는 개인(individual)과 개인의 이성 및 자유에 근거하여 평등론을 구상했던 것과는 일정한 차이가 있는 것이었다.[42] 이들은 民富·國富의 증대라는 국가적 목표를 위하여 국가의 입장에서 그 구성원인 '民'을 타고난 재질이나 재능에 따라 재배치하고 이를 통하여 사민간의 대등성을 확보해 나가려 하였던 것이다. 예컨대, "재주와 배움이 있는 자라면 그가 농부나 장사치의 자식이라 하더라도 廊廟에 들어가 앉는 것을 참람하게 여기지 말아야 하며, 재주와 배움이 없는 자라면 그가 비록 公卿의 자식이라도 가마꾼이 되는 것을 한스럽게 여기지지 말아야 한다. 위와 아래가 죽을 힘을 다하여 함께 그 직분을 수행하고 부지런함과 게으름을 살피어 상벌을 밝게 베풀어야 한다"[43]고 한 것이나, "사·농·공·상에 관계없이 놀고먹는 자는 官에서 항상 형벌을 가하여 세상에 용납될 수 없도록 하여야 한다"[44]고 한 것 등에서 보듯이, 그 주된 관심이 타고난 재질이나 재능에 따른 역할 분담, 부지런히 힘을 다하여 그 직분에 충실해야 한다는 것 등에 있었음을 알 수 있다. 국가 입장에서의 인간 재배치론[45]이라 할

---

41) 『燕巖集』 卷11, 熱河日記, 渡江錄 6月 27日 甲戌, 145쪽.
42) Franklin L. Baumer, 조호연 역, 『유럽근현대지성사』, 현대지성사, 1999, 308～334쪽.
43) 『湛軒書』(上), 內集 卷3, 補遺, 「林下經綸」, 307쪽, "有才有學 則農賈之子 坐於廊廟 而不以爲僭 無才無學 則公卿之子 歸於輿儓 而不以爲恨 上下戮力 共修其職 考其勤慢 明施賞罰".
44) 同上, "其不係四民 而遊衣遊食者 官有常刑 爲世大戮".

만한 이러한 사유는 인간의 타고난 재질의 차이가 인정되고 귀천의식 또한 남아 있다는 점, 노비 문제에 대한 적극적 언급을 찾아 볼 수 없다는 점 등에서 전면적인 인간 평등론이라고 평가하기 어려운 점이 없지 않지만, 이러한 사유를 확장함으로써 모든 인간의 대등성을 확보할 수 있는 가능성만큼은 내포하고 있었다고 할 수 있을 것이다. 즉 아직 良·賤과 같은 신분상의 귀천의식은 남아 있었지만, 직역이나 직분에 의한 차별만큼은 극복해 가고 있었다고 할 수 있다.

이러한 북학론자들의 분업적 사민론은 '천리를 온전히 다해야 한다'고 하는 '天民'='王民' 관념의 연장선상에 있는 것이기도 하였다. 타고난 재질과 재능에 따라 적재적소에 배치되는 것, 맡은 바 직분을 다한다는 것은 곧 '천리를 온전히 다하는', '민', 즉 '天民'이었던 것이다. 유교적 이상이라 할 수 있는 '天民'='王民' 관념은, 민부·국부의 증대가 국가적 목표가 되어야 했던 현실 속에서 차별적인 전통적 사민론을 극복하고 대등한 직업군이라는 의미에서의 분업적 사민관을 구축해 가는 이념적 근간이 되었다. 이를 변화하는 가변적인 현실 속에서 불변적이고 보편적인 理想=道를 관철시키려는 '因時順俗之道'의 추구였다고 말해도 좋을 것이다. 박제가가 말한 바, "대개 利用하고 厚生하는 것[時俗]이 하나라도 빠진 것이 있으면 위로 正德[道]을 해롭게 한다"[46]고 한 것과 박지원이 말한 바, "利用 然後에 厚生할 수 있고 厚生 然後에 正德할 수 있다"[47]고 한 것은 바로 이러한 정신의 표현이었다고 할 수 있다. 이처럼 북학론자들은 국부·민부의 증대를 목표로 하여 '天民'='王民' 관념을 확장함으로써 대등한 직업군이라는 의미에서의 분업적 사민관을 확립해 가고 있었던 것이다.

---

45) 金泰永, 『實學의 國家改革論』, 서울대학교 출판부, 1998, 125~164쪽.
46) 『楚亭全書』(下),「北學議」, 自序, 418쪽, "夫利用厚生 一有不修 則上侵於正德 故子曰 旣庶矣而敎之 管仲曰 衣食足而知禮節".
47) 『燕巖集』卷1, 洪範羽翼序, 14쪽, "利用然後 可以厚生 厚生然後 德可以正矣".

III. 士大夫 役割論

앞에서 살핀 바와 같이 四民이 서로 돕는 사회적 분업망을 형성하고 이를 통하여 백성과 국가를 부유하게 하려는 목표하에서는 '士' 역시 사민의 하나로서 자기의 역할을 다해야만 한다고 생각되었다. 그렇기에 홍대용은 "사·농·공·상에 관계없이 놀고먹는 자는 官에서 항상 형벌을 가하여 세상에 용납될 수 없도록 하여야 한다"[48]고 하였던 것이다. 그러나 북학론자들이 바라본 당대의 현실은, "우리나라는 본래부터 名分을 중히 여겼다. 兩班의 무리들은 아무리 궁하고 굶주리더라도 팔짱 끼고 편하게 앉아 따비를 잡지 않는다. 간혹 實業에 힘써서 몸소 천한 일을 달갑게 여기는 자가 있다면 모두들 나무라고 비웃기를 奴隷처럼 무시하니, 자연 노는 백성은 많고 생산하는 자는 적다. 재물이 어찌 궁하지 않을 수 있으며, 백성이 어찌 가난하지 않을 수 있겠는가?"[49] 하는 것이었다. 사민 중 양반 사대부는 제 역할을 다 하지 못하고 있을 뿐만 아니라 간혹 실업에 힘쓰는 사람이 있으면 이를 비웃어 오히려 '민'의 생산 의욕마저 떨어뜨리고 있다고 생각하였다.

이는 앞에서 제시한 李宗城의 상소[50]에서 말한 바, 적지 않은 수의 양반층이 특별한 직업도 없이 공·상은 물론이요 농업에 종사하는 것마저도 꺼려한다는 현실 파악과도 일치하는 것이었다. '士'도 사민의 하나로서 맡은 바 역할과 임무가 있어야 함은 물론이었다. 그러나 당시 '士'와

---

48) 『湛軒書』(上), 內集 卷3, 補遺, 「林下經綸」, 307쪽, "其不係四民 而遊衣遊食者 官有常刑 爲世大蠹".
49) 同上, 307쪽, "我國素重名分 兩班之屬 雖顚連窮餓 拱手安坐 不執耒耜 或有務實勤業 躬甘卑賤者 群譏衆笑 視若奴隷 遊民多而生之者少矣 財安得不窮 而民安得不貧也".
50) 『英祖實錄』 卷71, 26年 6月 癸巳, 371쪽.

'士大夫'의 다수는 '아무리 궁하고 굶주리더라도 팔짱 끼고 편하게 앉아 따비를 잡지 않는' 존재에 불과하였다. 1725년 영조에게 올려진 다음의 상소를 통하여 사대부의 역할과 임무에 대한 전통적 이해를 살펴보기로 한다.

> K-1 성균관진사 姜柱宇 등이 상소하기를, "… 무릇 선비라는 것은 四民의 하나이나 능히 나머지 셋의 머리가 된다. 농사짓지 않으면서 그 곡식을 먹고, 만들지 않으면서 그 그릇을 쓰고 장사하지 않으면서 그 재물을 쓴다. 이와 같은 것이 어찌 일삼는 바 없이 그러하겠는가? 어려서는 君臣·父子의 道와 修齊治平의 道를 강론하며, 자라서는 그것을 행하고자 하는 것이다. 이런 까닭에 畎畝나 저자거리에 처하지 않고 반드시 학교에 처하는 것이다"[51]

위의 사료에 나타나는 논점을 요약하자면 첫째는 '士'가 四民의 머리가 된다는 점이다. '士'는 사민 중 나머지 셋을 지도하는 역할이라는 것이며, 이는 곧 '士'가 스스로를 교화하는 데에서 그치지 않고 '민'을 교화하는 주체임을 말하는 것이라 할 수 있다. 둘째, 어려서는 군신·부자·수신·제가·치국·평천하의 도를 익히고 자라서는 그것을 실천해야 한다는 점이 지적되고 있다. 즉 '士' 자신이 교화의 주체임과 그 교화의 주된 내용이 군신·부자·수신·제가·치국·평천하의 도라는 것을 밝히고 있는 것이다. 셋째는 '士'가 처할 곳은 논밭이나 시장이 아니라 학교라는 것, 즉 농업이나 상업 등 실업이 아닌 학문에 종사해야 한다는 것을 분명히 하고 있는 것이다. 북학론자들의 경우에는, 첫째의 역할에 대해서는 동의하였지만, 둘째와 셋째의 역할에 대해서는 이러한 기존의 사고와

---

51) 『承政院日記』, 英祖 元年 3月 甲辰, "成均館進士姜柱宇等疏曰 … 夫士者 四民之一 而能首於三 不農而食其粟 不工而用其器 不賈而資其財 若是者 豈無所事而然哉 幼而講君臣父子之義 修齊治平之道 壯而欲行之也 是以 不處于畎畝市肆之間 而必處于學校".

는 구별되는 생각을 가지고 있었다.

> K-2 臣 趾源은 삼가 상고하건대, 옛날에 四民이 있으니, 즉 士・農・工・賈입니다. … 그러나 士의 학문은 실로 農・工・賈의 이치를 겸한 것이요, 그 세 가지의 업은 반드시 士의 학설을 기다린 뒤에야 이루어지는 것이니 이른바 明農・通商・惠工이라 하는 것입니다. 이같이 明農・通商・惠工하게 하는 것이 士가 아니고 누구이겠습니까? 그런 까닭에 신은 생각건대, 후세에 와서 농・공・고가 그 業을 잃은 것은 곧 士가 實學을 하지 않은 과실 때문이라 생각합니다.[52]

박지원은 위의 글에서 '士의 학문은 農・工・賈의 이치를 겸한 것'이요, '그 세 가지의 업은 반드시 士의 학설을 기다린 뒤에야 이룩되는 것'이라고 하여 '士'가 사민 중 나머지에 대하여 지도하는 입장, 즉 나머지 셋의 머리가 된다는 데에 동의하였다. 즉 '士'가 교화의 주체가 된다는 것이다. 그러나 그 교화의 내용에 대해서는 군신・부자의 도나 수제치평의 도에 그치는 것이 아니라 농・공・상의 업에 대한 학문, 즉 실학이어야 한다는 생각을 가지고 있었다. 그는, "紫陽先生(朱子를 말함-필자)의 배움은 天・人을 꿰뚫었고 그의 道는 여러 聖人에 근접하였다. 천하의 일에 알지 못하는 바가 없었으며 또한 천하의 일에 능하지 못한 바도 없었다. 그 큰 것을 말할 때면, 땅이 짊어진 것과 바다에 실린 것을 말하였고, 그 작은 것을 말할 때면, 누에의 실과 소의 털을 말하였다. … 儒者는 한 가지 사물이라도 모르는 것이 있으면 이를 부끄럽게 여긴다. … 聖賢이 本과 末, 정밀한 것과 조잡한 것을 말할 때, 거론되지 않은 것이 없었으니, 功利가 사람에게 끼치는 것이 깊고도 먼 것"[53] 이라고 하여 儒者

---

52) 『燕巖集』 卷16, 「課農小抄」, 諸家總論, 344쪽, "臣謹按 古之爲民者四 曰士農工賈 … 然而士之學 實兼包農工賈之理 而三者之業 必皆待士而後成 夫所謂明農也 通商而惠工 其所以明之通之惠之者 非士而誰也 故臣竊以爲後世農工賈之失業 卽士無實學之過也".
53) 同上, "臣趾源曰 … 紫陽夫子 學貫天人 道接群聖 於天下之事 無所不知 亦於

의 직분은 모든 사물의 이치를 낱낱이 연구하여야 하고 이를 통하여 세상 교화에 기여해야 한다고 생각했던 것이다.

위의 인용문에서 나타나는 실학의 의미에 대해서는 다음과 같은 홍대용의 언급이 좀 더 구체적이다.

> K-3 천하의 英材가 적다 할 수 없지만 다만 科宦에 속박되고 物慾에 가리고 安逸에 빠짐으로 말미암아 脫然히 古學에 종사할 수 있는 사람이 드물다. 詞章에 쏠리고 記誦을 자랑하고 訓詁에 구애됨으로 말미암아 闇然히 實學에 힘쓸 수 있는 사람이 드물다. 功利가 學術을 혼란시키고 老·佛이 마음을 음란하게 하고 陸·王이 진실을 어지럽힘으로 말미암아 탁연히 正學에 굳은 뜻을 두는 사람이 더욱 드물다.54)

홍대용은, 科宦·物慾·安逸은 古學에, 詞章·記誦·訓詁는 實學에, 그리고 功利·老佛·陸王은 正學에 각각 방해 요소가 된다고 말하고 있다. 그가 말하는 古學이란 禮·樂·射·御·書·數 等 六藝의 學이었다.55) 사대부는 설령 도에 이르지 못하더라도 日用에 빠트릴 수 없는 일,56) 구체적으로는 律曆·算數·錢穀·甲兵 등과 같은 일에 통해야만

天下之事 無所不能 語其大 則地負海涵 語其細 則蚕絲牛毛 … 儒者 恥一物之不知 … 聖賢之言本末精粗 靡有不擧 而功利之及於人 深且遠矣".

54) 『湛軒書』(上), 外集 卷1, 杭傳尺牘, 與鐵橋書, 379쪽, "天下之英才 不爲少矣 惟科宦以梏之 物慾以蔽之 宴安以毒之 由是而能脫然從事於古學者鮮矣 詞章以靡之 記誦以夸之 訓詁以拘之 由是而能闇然用力於實學者鮮矣 功利以櫱其術 老佛以淫其心 陸王以亂其眞 由是而能卓然壁立於正學者尤鮮矣".

55) 同上, 內集 卷1, 小學問疑, 8쪽, "古之敎也 於其幼時 已敎以六藝 故及其長也 上而雖未及知道 下而不失爲適用 今人之專務章句 固得其本 而於其末藝 不合專廢 是以知道之人 旣未易得 則誦說章句 雖或無差 而日用之不可闕者 却昧焉不察 往往以疎脫事情爲高致 綜核庶務爲卑俗".

56) 同上, 內集 卷2, 桂坊日記, 乙未年 2月 18日, 276~278쪽, "臣曰 睿敎甚當 日用當行之事 切問而近思 隨事體行 則性理亦非別物 卽散在於日用 及其知行竝進 則一原大本 性與天道 可以豁然貫通 初學之坐談性命 非徒無益而有害之".

세상 교화에 도움이 될 수 있어야 한다고 생각하였다.57) 또한 正學이란 공리, 도교, 불교, 양명학 등과 대비된 것으로 미루어 보아 주자학을 지칭하는 것이다. 즉, 古學・實學・正學이 바로 그가 추구하는 학문이었던 것이다. 결국 북학론자들이 말하는 실학이란, 古學이나 正學과 친화관계에 있고 '사장・기송・훈고'와 대립하는 것으로 '律曆・算數・錢穀・甲兵' 등과 같은 일, 박지원의 말을 빌자면 '크게는 땅과 바다, 작게는 누에의 실과 소의 털'과 같은 것이었다. 비록 日用當行之事 등과 같은 작은 일들이 강조되고 있으나 그 의미는 결코 작은 것이 아니었다.

  K-4 어떤 자는 말하기를, '… 縫掖(중국 선비의 옷)의 偉容이 左袵(오랑캐의 옷)의 편리함만 못하고 揖讓의 虛禮가 무릎 꿇고 절하는 참다움만 못하며, 文章의 빈 말이 말타고 활쏘는 實用만 못하고 따뜻하게 입고 더운 밥 먹으면서 몸 약한 것이 털 장막에서 우유 먹고 몸 강건한 것만 못하다'고 하였다. 이는 혹 지나친 말인지는 모르겠지만 中國이 떨치지 못한 까닭이 여기서 싹트게 되었다. … 南風이 떨치지 못하고 오랑캐의 運이 날로 자라남은 바로 사람의 일이 感應하여 부른 것이요 天時의 必然이다.58) (괄호 안은 필자, 以下 同)

  日用當行之事의 추구는 설령 '根本=道'에 이르지는 못하더라도 최소한 아래로 적용하는데 어긋나지 않고,59) 세상에 알맞게 쓰일 수 있다60)

---

57) 同上, 內集 卷3, 書, 與人書 二首, 245쪽, "竊意 易貴時義 聖稱從周 古今異宜 三王不同禮 居今之世 欲反古之道 不亦難乎 窮年累世 縷析毫分 而實無關於身心之治亂 家國之興衰 而適足以來聚誦之譏 則殆不若律曆算數錢穀甲兵之可以適用而需世 猶不失爲稊稗之熟也 況其掇拾於煨燼之餘 而傅會以漢儒之雜 欲其句爲之解 而得聖人之心 多見其枉用心力也".

58) 同上, 內集 卷3, 補遺, 毉山問答, 489~490쪽, "或曰 … 縫掖之偉容 不如左袵之便易 揖讓之虛禮 不如膜拜之眞率 文章之空言 不如騎射之實用 暖衣火食 體骨脆軟 不如氈幕湩酪 筋脉勁悍 此或是過甚之論 而中國之不振 則所由來者漸矣 … 南風之不競 胡運之日長 乃人事之感召 天時之必然也".

59) 同上, 內集 卷1, 小學問疑, 60쪽, "古之敎也 於其幼時 已敎以六藝 故及其長也

는 장점이 있었다. 뿐만 아니라 이것은 국가의 흥쇠를 결정하는 하나의 중요한 요인이 되기도 한다고 생각하였다. 위의 인용문에서 보듯이 홍대용은 중국이 떨치지 못하게 된 직접적인 원인이, 문물의 '편이성・실용성' 부재에 있다고 보았다. 偉容・虛禮・空言・虛弱은 중국이 떨치지 못한 이유였고, 便易・眞率・實用・剛健은 오랑캐가 융성하는 이유였다. 즉 문물의 편이성・실용성 여부는 국가의 흥망성쇠에까지 관계되는 것이었다. 이 때문에 오랑캐의 運이 날로 자라나게 되었던 것이고 드디어는 하늘도 움직여 '天時의 必然'이 되었다고까지 말하고 있다. 이처럼 국가의 흥쇠를 결정짓는 하나의 중요한 원인이 되는 편이성과 실용성의 추구, 이것이 바로 日用當行之事가 의미하는 바였다. 박지원이 중국에 대하여 "그들의 장관은 기와 조각에 있고 또 똥 부스러기에도 있다"[61]고 말한 것도 바로 이러한 인식에서 비롯된 것이었다.

전술하였듯이 '士'가 농・공・상의 이치를 겸한 자로서 자기 자신과 세상을 교화하는 주체라는 점은 북학론자들도 인정하는 것이었다. 또한 교화의 내용이 군신부자의 도, 수제치평의 도를 연마하고 실천해야 한다는 점도 인정되었다. 그러나 그들은 여기에서 한 걸음 더 나아가 문물의 편이성과 실용성, 율력・산수・전곡・갑병, 크게는 땅과 바다, 작게는 누에의 실과 소의 털과 같은 일들을 연구의 대상으로 삼았고, 이들 통하여 세상 교화에 도움이 되고자 하였다. 교화의 내용이 도덕에서 실업으로 전환되었던 것이다.

上而雖未及知道 下而不失爲適用 今人之專務章句 固得其本 而於其末藝 不合專廢 是以知道之人 旣未易得 則誦說章句 雖或無差 而日用之不可闕者 却昧焉不察 往往以疎脫事情爲高致 綜核庶務爲卑俗".
60) 同上, 內集 卷3, 書, 與人書 二首, 245쪽.
61) 『燕巖集』, 熱河日記, 馹汛隨筆, 秋 7月 15日 辛卯, "余下士也 曰壯觀在瓦礫 曰壯觀在糞壤".

K-5 (儒者들은) 반평생 동안 정신을 소모하면서 백여 권의 쓸 데 없는 글을 지었으니 私利를 위하는 문서로서 한갓 사람의 의견만 혼란시켰을 뿐, 마침내 세상 教化에는 도움이 없게 되었소. 아아! 이것은 실로 近世 儒學者의 마음속에 도사린 不治의 痼疾病이오. 또한 대개 사람의 마음과 힘은 한도가 있고, 義理의 참되고 정성스러움은 끝이 없으므로 일에 따라서 계획을 배우되 밖으로는 사업에 대한 실무가 있어야 하고 고요히 쉬면서 修養하되 안으로는 本源의 참된 공부가 있어야 하는 것이요.62)

위의 인용문에서 보듯이 홍대용에게도 儒者의 본분은 교화라고 인식되고 있었다. 때문에 "쓸 데 없는 저술에 힘쓰는 것으로는 세상 교화에 도움이 되지 않는다"고 말하고 그 대신, "밖으로는 사업 대한 실무, 안으로는 본원의 참된 공부가 있어야 한다"고 말하는 것이다. 이것은 실무에 대한 연구와 본원의 참된 공부가 교화의 주체인 자기 자신을 교화하고 나아가 세상을 교화하는 최선의 방법임을 주장하고 있는 것이라 생각된다. 북학론자들은 이미 언급한 바와 같이, 四民 중 士는, '농·공·상의 이치를 겸한 것'63)이고 '일용당행지사에 대한 연구를 빠트릴 수 없는 것'64)이며, "心身의 治亂이나 國家의 興衰와 관계없는 옛 道만을 고집할 것이 아니라 律曆·算數·錢穀·甲兵 등의 연구를 통하여 세상에 도움이 되는 일을 연구해야 한다"65)고 주장하였다. 이러한 주장은 '士' 계층이 교화의 주체라는 것을 다시 한 번 확인하면서, 그 교화의 내용도 본원의 참된 공부에 그치는 것이 아니라, 여기에 실무에 관한 것, 즉 실업이

---

62) 『湛軒書』(上), 內集 卷3, 書, 與人書 二首, 251쪽, "半生耗神 做得百十卷尤贅之書 成就私利之契券 而徒亂人意 卒無補於世教也 嗚呼此實近世儒學 心腹膏肓不治之疾也 且夫人生之心力有限 理義之眞精無涯 應物發慮 外有事業之實務 靜觀息養 內有本源之眞功".
63) 『燕巖集』卷16, 「課農小抄」, 諸家總論, 344쪽.
64) 『湛軒書』(上), 內集 卷1, 小學問疑, 8쪽.
65) 同上, 內集 卷3, 書, 與人書 二首, 245쪽.

더해졌다는 것을 의미하는 것이라고 생각된다.

이러한 인식 전환의 배경에는 일하지 않는 '士' 계층의 증가와 여기에서 비롯된 생산성의 저하라는 현실이 가로 놓여 있었다. 앞서 보았듯이 '士'의 역할에 대한 전통적 인식은 畎畝나 市肆에 처할 수 없고 학교에 처해야 한다는 것이었다. 이에 대하여 북학론자들은 '士'가 단지 학교에 머무는 것에 단호히 반대하였다. 학교는 과거제와 짝을 이루어 '士'가 관료로서 입신하는 기반이 되어야 했다. 그럼에도 불구하고 '인재를 선택하기 위한 과거는 제 기능을 하지 못하여 오히려 제대로 된 인재를 선택하는데 방해가 되었고, 서원은 부역에서 도망하는 장정과 금주령을 어기고 술을 빚는 자들이 숨어 지내는 소굴'66)이 되었다고 보고 있었다. 과거제와 학교제도는 더 이상 관료를 선발하는데 적합한 제도라고 생각되지 않았고, 오히려 실학을 하는데 중대한 방해 요소라고 파악되었던 것이다.

당시의 과거제・학교제는 그 운영면에서 많은 폐단이 있다는 인식이 널리 공유되고 있었다. 구체적으로는 허다한 '士' 계층이 요행으로라도 과거에 붙기만을 희망하여 遊食한다는 점, 과거에 의해 선발되는 인원이 관직 수에 비해 엄청나게 많아 과거에 합격하고도 관료가 될 수 없는 층이 많다는 점67) 등이 지적되고 있었고 이러한 현실에 대한 인식 역시 널리 공유되었다. 때문에 그 해결 방안에 대해서도 다양한 의견이 제출되고 있었지만, 과거에 매달리는 '士' 계층을 산업 생산 부문으로 돌려야 한다는 주장은 북학론자들 고유의 것이었다고 생각된다.

> K-6 이제 농업을 장려하고자 하신다면 반드시 먼저 농업에 해가 되는 것을 먼저 제거하고 그 다음에 다른 조치를 논의할 수 있습니다. 첫째는 유생을 도태시키는 일입니다. 현재의 상황으로 따져보면 식년시가 실시되는 해에 크고 작은 과거시험을 치르는데 시험장에 나오는 자가

---

66) 『楚亭全書』(中), 「丙午所懷」, 162쪽.
67) 『楚亭全書』(下), 「北學議」, 科擧論, 527~530쪽.

거의 10만 명을 넘습니다. 그러나 10만 명 정도에 그치지 않습니다. 이 무리의 부자·형제들은 비록 과거시험에 응시하지는 않았다고 하더라도 그들 역시 모두 농업에 종사하지 않습니다. 농업에 종사하지 않는 것에만 그치지 않고 모두 농민들을 머슴으로 부리는 자들입니다. 똑같은 백성이지만 부림을 받는 자와 부리는 자 사이에는 강자와 약자의 형세가 형성됩니다. 강자와 약자의 형세가 형성되고 나면 농업은 날로 경시되고 과거는 날로 중시되게 마련입니다. 조금이라도 자신의 능력을 자신하는 자라면 모두 과거로 달려들고 그렇게 되면 부득불 농사는 하등의 어리석은 자나 남에게 부림을 받는 머슴에게 맡겨질 뿐입니다.68)

과거에 매달리는 10만 명의 유생과 그 가족들은 스스로 농사짓지 않을 뿐 아니라 농민을 머슴으로 사역함으로써 농업이 경시되게 하는 원인이 된다는 것이고, 어리석은 자들만이 농업에 종사함으로써 농업이 장려되지 않는다는 것이 박제가의 판단이었다. 이는 박지원이 말한 바와 같이 '士'들은 四民의 머리가 되며, 그들에 대하여 지도적 역할을 해야 한다는 인식에 바탕한 것으로 생각된다. 즉 '士' 계층이 농업에 종사하며 利用厚生의 차원에서 농업을 연구함으로써 正德에 보탬이 되어야 하고 이것이 곧 '士'의 교화 임무라고 생각했다는 것이다.

물론 '士'도 직접 농업에 종사해야 한다는 儒者稼穡論은 17세기 소론의 朴世堂의 단계에서 이미 성취되었다.69) 그러나 이 경우에도 직접 노동하는 것이 아니라 경영의 차원에 주안점이 있었고, 공업·상업에 종사하는 일 같은 것은 18세기 전반의 星湖 李瀷과 같은 학자도 말하지 못한

---

68) 同上, 應旨進北學議疏, 349쪽, "今欲務農 必先去其害農者而後 其他可得而言矣 一曰 汰儒 計今大比之歲 大小科場 赴闈者殆過十萬 非特十萬 此輩之父子兄弟 雖有不赴擧 亦皆不事農者也 非特不農 皆能役使農民者也 等民也 而至於役使 則強弱之勢已成 強弱之勢成 則農日益輕 而科日益重 稍欲自好者 悉趨乎科 則不得不農者 下愚而已 人役而已".
69) 金駿錫, 『朝鮮後期政治思想史硏究』, 지식산업사, 2003, 549쪽.

것이었다. 널리 알려진 바와 같이 李瀷은 오히려 상업의 억제와 화폐 유통의 중단을 주장했던 것이다.70) 그러나 북학파는 '士' 계층이 농업에 종사해야 한다는 데에 그치지 않고 이에서 한 걸음 더 나아가 상업에도 간여하고 직접 종사해야 한다고 주장하게 되었다.

> K-7 신은 수륙의 교통요지에서 장사하고 무역하는 일을 士族에게 허락하여 입적할 것을 요청합니다. 밑천을 마련하여 빌려 주기도 하고, 점포를 설치하여 장사하게 하고 그 중에 뚜렷한 자를 발탁함으로써 그들을 권장합니다. 그들로 하여금 날마다 이익을 추구하게 하여 점차로 놀고 먹는 추세를 줄입니다. 생업을 즐기는 마음을 갖도록 유도하며, 그들이 가진 호강한 권한을 축소시킵니다. 이것이 현재의 사태를 바꾸는데 일조할 것입니다.71)

위의 인용문에서 보듯이 박제가는 '이제 만약 모두가 흙을 갈아서 먹는다면 백성들은 生業을 잃고 농업도 날이 갈수록 더 곤란해질 것'72)이기 때문에 농업 이외의 산업도 발전해야 하고, 이를 통하여 과도한 숫자의 遊食 사족층을 생산에 보탬이 되는 방향으로 이끌 수 있다고 생각하였다. 그 구체적 방안으로 제시된 것이 바로 '사대부 상인론'이었다. 이러한 인식은 앞에서 인용한 바 있는, '조선의 양반은 한번 工匠이나 商人이 되면 당장에 상놈이 되니 공장이나 상인이 될 수 없고 살아갈 길은 단지 농사밖에 없다'73)는 전통적 인식의 전면적 전환이었다고 할 수 있다. '士' 계층이 상업에 종사할 수 있게 할 뿐 아니라, 그들 가운데에서 인재

---

70) 韓㳓劤,『李朝後期의 社會와 思想』, 을유문화사, 1961, 204~236쪽.
71)『楚亭全書』(中),「丙午所懷」, 161쪽, "臣請凡水陸交通販貿之事 悉許士族入籍 或資裝以假之 設廛以居之 顯擢以勸之 使之日趨於利 以漸殺其遊食之勢 開其樂業之心 而消其豪强之權 此又轉移之一助也".
72)『楚亭全書』(下),「進疏本 北學議」, 末利, 379쪽, "今若一切食土 則民失其業 農日益傷矣".
73)『英祖實錄』卷71, 26年 6月 癸巳, 371쪽.

를 발탁한다고 한 것으로 보아 양반의 신분을 유지할 수 있는 길을 열어 두고, 그럼으로써 많은 遊食 士族層을 상업에 종사하도록 유도할 수 있다는 생각인 것으로 보인다.

  이러한 사유는 '놀고먹는 추세를 줄여' 생산성 향상에 기여하게 하고 궁극적으로는 국가적 부를 축적하려는 의지에서 비롯된 것이었다. 즉 분업적 사민론의 한 부분으로서 구상되고 제시되었던 것이다. 사대부 상인론은 '士'가 상업에 종사함으로써 산업 간의 차별 의식 자체가 부정될 수 있는 가능성, 그들 중 일부를 관료로 발탁함으로써 전통적 사민론과 분업적 사민론에서 공히 인정되고 있었던 사대부 계층의 지도적 위치마저도 부정될 수 있는 가능성까지도 내포한 것이었다고 생각된다.

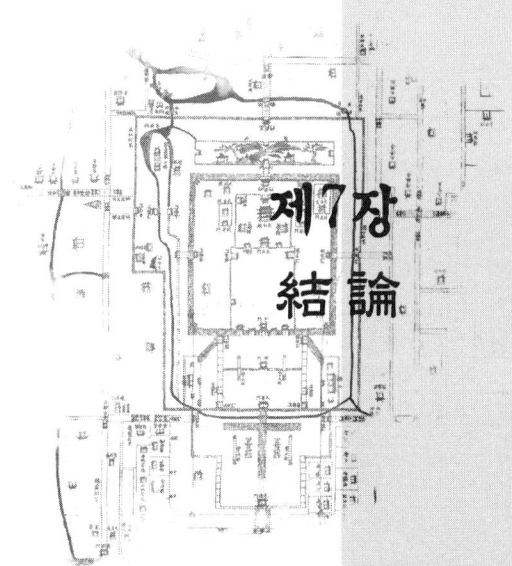

제7장
結論

제7장 結論

　仁祖反正 이후 발생한 湖洛兩論의 분화와 洛論系에서 홍대용 등 북학파 학자들이 배출되어 독창적 사상을 펼칠 수 있었던 것 등은 조선후기의 사회가 다양한 사상적 실험을 수용할 수 있을 정도로 건강한 것이었음을 보여주는 것이라 생각된다. 또한 18세기 말의 조선사회는 급격히 변화하면서 그 해체기적 모순을 드러내고 있었던 것도 역시 객관적 현실이었다. 조선후기의 지식층은 이러한 변화에 照應하여 성리학을 끊임없이 변용시키면서 현실을 해석하고 다시금 그들의 이상에 따라 사회를 재건하려 하였다. 홍대용의 사상은 그러한 노력 가운데에서도 가장 주목할 만한 것이었다.
　18세기 초에 시작된 호락논쟁은 규모면에서나 논쟁의 수준면에선, 조선의 사상계에 일찍이 없었던 것이었다. 이후 많은 학자들이 이 논쟁에 직접, 간접으로 참여하였고 이로부터 일정한 영향을 받고 있었다. 이 논쟁은 결코 공리공담의 차원에서 이해될 것은 아니었다고 생각된다. 양측 모두 당대의 현실을 응시하면서 그로부터 자신들이 해야할 일이 무엇인지를 고민하는 과정이었다고 생각된다.
　한원진의 경우에서 보듯이 호론의 인물성이론은 五常을 인간에게만 고유하게 온전한 것으로 규정함으로써 그 윤리적 의미를 강화하였다. 이는 다시 인수 분별이나, 화이 분별 문제로 확대되어 북벌 대의의 재천명으로 나타났다. 그가 "春秋懲討를 가장 급한 時務로 여겼다"는 史臣의 論評은 이 점을 보여주는 것이라 생각된다.[1] 또한 성범심이론은 성인과 범인 사이의 차별을 분명히 함으로써 학문의 대상이나 목표를 분명히 하였다. 성인과 범인의 마음에 차별이 있으므로 범인의 학문적 목표는 성인을 본받는 것이었고, 경전의 연구는 그 방법이었다. 때문에 당시 일부 젊은이들이 천문학이나 역법 등에 경도되는 것을 '怪事'로 여겼던 것이라 생각된다.[2]

호론의 논리가 이렇다고 해서 이와 논쟁한 낙론의 논리가 그와 정반대가 되는 것은 아니다. 예를 들면 인물성이론이 화이 분별을 강화하기 위한 것이었다고 해서 인물성동론이 화이 분별을 없애려 한 것을 아니라는 뜻이다. 물론 양론을 상대적으로 비교하면 그런 면도 있을 수 있으나 논리 필연적은 아니라고 생각된다. 인물성이론으로부터 엄격한 화이 분별론으로의 전이는 있을 수 있으나 인물성동론으로부터 화이 무분론이 바로 연역될 수는 없는 일이다. 왜냐하면 인물성동론도 인·물의 차별을 기질지성의 차원에서 논하고 있기 때문이다. 오히려 낙론의 초점은 다른 곳에 있었다고 생각된다.

낙론의 인물성동론은 '理'를 물리 법칙과 윤리 법칙의 통일체로 보는 주자학의 규정을 그대로 추인하고 이를 오히려 강화한다. 사람과 사물의 본연지성이 같다고 하는 것은 윤리적인 측면에서의 이야기일 수도 있지만 물리적 법칙의 측면 또한 주목되고 있었던 것이라 할 수 있다. 따라서 사물 연구의 필요성이라든가, 格物 공부의 필요성 같은 것이 강조되었던 것이라 생각된다. 이와 더불어 성범심동론은 단지 경전 연구뿐 아니라 현실 사물과 일상적인 일들에 대한 연구의 중요성도 아울러 중시되는 경

---

1) 『英祖實錄』卷11, 英祖 3年 2月 甲子, 619쪽, "史臣曰 … 前後所陳 皆而春秋懲討之義 爲第一急務".
2) 李坰丘, 「영조~순조 연간 湖洛論爭의 展開」 『韓國學報』 93, 일지사, 1998, 116~117쪽.

향을 낳게 되었다. 李柬, 金元行, 洪大容에게서 공통적으로 관찰되는 '日用', '民生' 등의 중시가 바로 그것이다.

홍대용은 낙론계의 핵심에서 성장하면서 낙론의 영향을 크게 받았다. 그의 스승 김원행이 중요시했던 '民生', '日用', '實心', '實事' 등이 홍대용에게서도 그대로 체현되어 나타났다. 귀납적 방법 중심의 인식론이나 실천적 학문관 등 그의 학문관이나 인식론에서 나타났던 지향도 이에 기반을 둔 것이었다.

학문관과 인식론의 측면에서도 湖論과 洛論은 적지 않은 차이점을 보여주고 있었다. 한원진(湖論)은 仁・義・禮・智를 智로 요약하고 지적 행위를 실천행위보다 우선시하였다. 이는 인간의 이성 및 도덕 능력을 강조하는 것과 다름없는 것이었다. 반면 洛論은 상대적으로 실천 행위를 중시하였다. 실천 행위가 지적 행위의 완성자라고 생각하였던 것이다. 특히 홍대용은 실천 행위를 통해서만 性과 天道에 도달할 수 있다고 생각하였다. 그는 실천 행위 가운데에서도 日用當行之事・末節・律曆・算數・錢穀・甲兵 등을 강조하였다. 이러한 말절에 해당하는 것들을 실천함으로써 성인의 경지에 오를 수 있다고 생각하였다. 이와 같이 실천하면 설령 성인의 경지에는 이르지 못하더라도 현실에 알맞게 적용하여 세상 교화에 도움을 줄 수 있기 때문에 더욱 중요하다는 것이 그의 생각이었다.

홍대용은 낙론적 심성론이 가진 특징을 그대로 계승하였을 뿐 아니라 한층 강화시키고 발전시켰다. 사물에 대한 연구와 실천의 중시는 낙론이 가진 특징이었지만, 그는 이에 그치지 않고 학문의 실천적 의미를 더욱 강화하였고 인식론상에서 중대한 진전을 이루어 가고 있었다.

본래 주자학의 '格物致知'說은 궁리(귀납적 방법), 유추(연역적 방법), 豁然貫通 등 세 가지 방법에 의한 致知의 달성이라는 논리로 이루어져 있었다. 홍대용은 이 가운데 활연관통과 선험적 원리에 의한 현실 해석이라는 유추의 방법(연역적 방법)을 사실상 부정하고 궁리 중심의 격물설을 옹호하였다. 그가 양명학의 긍정적인 측면에 주목하면서도 끝내 이를 배척하고 주자학을 옹호한 주된 이유도 바로 여기에 있었다. 그는 말절로부터 근본으로, 현실로부터 이상으로 나아가는 것을 정당한 道의 추구 방향으로 보았던 것이다. 이러한 인식론의 전개로 인하여 사물에 대한 연구의 필요성은 한층 강조되고 日用當行之事와 같은 실천적·현실적 가치들 또한 보다 중시되었다.

병자호란 이후 국가적 목표로써 제시되었던 북벌론은 朝鮮=中華, 清=夷狄임을 전제로 하여 성립한 것이었다. 湖洛兩論의 화이론은 대체로 같은 것이었지만, 清이 中華가 될 수 없다는 것을 설명하는 방식에서 차이를 보이고 있었다. 한원진(湖論)은 "地界에 內·外가 없고 人間에 華·夷가 없다"고 하여 지계나 종족에 의한 華·夷 구분을 명백히 부정하였지만, 이적이 기질 변화를 통하여 華가 될 수 있는 가능성은 매우 적다고 생각하였다. 가능성이 적기는 하지만 夷狄이 華가 될 수 있다면 清도 華가 될 수 있다고 해야 했지만, 그는 清이 華가 될 수 있는 가능성을 부정하였다. 매우 어렵지만 夷狄이 變하여 華가 될 수 있는 가능성은 인정하면서도 유독 清만은 華가 될 수 없다는 그의 논리는 분명한 모순이었다. 그는 이러한 논리적 모순을 기질인 음양·오행의 설로서 해결하려 하였다. 즉 '음양오행'설에 입각하여, 清은 그 발생지가 북쪽(肅殺之方)이므로 華가 될 수 없다고 주장하였던 것이다. 이처럼 '陰陽五行'說이라는 비합리적이고 신비주의적이며 선험적인 원리에 의하여 清이 華가 될 수 있는 가능성을 부정하는 그의 화이론은 그의 심성론에 맥이 닿아 있다고 할 것이다. 선천적 기질에 의한, 확연한 人·物 구별의 논리는 역시 기질인 음양·오행이라는 선험적·신비적·비합리적 원리에 의한 세계 해석으로 연장되었던 것이다.

김이안(洛論) 역시 북벌론자로서 지계나 종족에 의한 華·夷 구분을 부정하였다는 점에서 한원진의 화이론을 계승하고 있었다고 할 수 있다. 그러나 그는 낙론적 심성론에 의거하여 기질의 변화 가능성을 인정하였으므로 夷狄의 華化 가능성 또한 폭넓게 인정하였다. 그는 기질적 차이보다는 도덕적 실천 행위에 의해 華·夷를 구분하였고, 淸의 경우는 중국침입이라는 행위 때문에 華가 될 수 없다고 주장하였다.

홍대용의 화이론은 지계나 종족에 의한 華·夷 구분을 부정한다는 점에서 한원진(湖論)과 김이안(洛論)의 것을 계승한 것이었다. 또한 夷狄의 華化 가능성을 폭넓게 인정한다는 점에서는 낙론의 계승이었다. 그러면서도 그는 '음양오행'설에 의한 비합리적·신비주의적 세계 해석을 부정함으로써 한원진의 화이론을, 華·夷 구분의 상대성을 주장함으로써 김이안의 화이론을 각각 극복해 가고 있었다. 淸도 華가 될 수 있으며 이미 華에 매우 근접하였다고 그는 생각하였던 것이다.

나아가 그는 이러한 화이론을 또 다른 차원의 것으로 발전시키고 있었다. 그는 客觀의 관점에서는 華·夷의 구분이 없다고 주장하는 한편 주체의 입장에서는 이러한 구분의 필요성이 있다는 것도 긍정하였다. 그의 화이론에서의 초점은 독자적 개체성을 지닌 국가들이 자국의 현실에 적합한 道를 일으켜야 한다는 것이었다.

홍대용의 이러한 화이론에는 그의 독특한 역사인식이 개재되어 있었다. 인류의 역사는 장기적으로 보아 도덕의 쇠퇴와 물질적 진보의 동시적 진행 과정이었다. 聖人은 이러한 역사의 과정에서 古道를 추구하여 이러한 변화를 거슬러 막은 것이 아니라 因時順俗의 權道로써 세상을 제어하는 데 그쳤다고 그는 생각하였다. 결국 홍대용이 추구하는 道는 古道가 아니라 因時順俗의 道였고, 通變之制였던 것이다.

淸의 융성(胡運之日長)은 물질적 진보를 상징하는 사건이었다. 즉 時俗을 權道로 制治하여 문물의 편이성·실용성이 획득되었고, 그것이 淸의 융성으로 귀결되었다고 그는 생각하였던 것이다. 반면 중국의 쇠퇴(南

風之不競)는 도덕의 쇠퇴를 상징하는 사건이었다. 古道만을 고집해서는 문물의 편이성·실용성이 획득될 수 없고 작게는 개인의 불행을, 크게는 국가의 멸망을 초래할 뿐이라고 생각하였던 것이다.

因時順俗의 權道는 古道와 대립하는 것이지만 동시에 古道와의 통일성도 유지하고 있는 것이었다. 따라서 因時順俗의 道는 현실(時俗)을 制治하되, 그 制治의 정당성을 古道와의 통일성에 의해 보장받는다는 점에서 道의 본연성도 유지하고 있고, 현실을 통해서만 추구될 수 있다는 점에서 현실[時俗]에 의해 규정되는 것이기도 하다. 因時順俗의 道는 古道와의 통일성에 의해 現實 追隨的 傾向을 면할 수 있고, 道는 時俗에 의해 규정됨으로써 공허함을 면할 수 있었다. 즉 因時順俗[現實]과 道[理想]는 상호 규정성 속에 공존하였던 것이다. 현실에서 추구되는 최선의 것이 因時順俗의 道요, 通變之制라고 하는 그의 생각은 末節로부터 根本=道에 도달하고자 하였던 그의 인식론, 학문관과 유관한 것이었다고 생각된다.

因時順俗의 道, 通變之制를 추구하는 그의 사상은 그의 사회관 속에서도 그대로 관철되었다고 생각된다. 그는 井田制의 이상을 실현하기 위하여 강력한 국가를 구상하였다. 그러나 국왕 개인의 도덕적 능력이나 전제적 권력에 의존하여 강력해지는 것을 희망하지는 않았던 것으로 판단된다. 그가 구상한 국가의 주체는 사대부였다. 이러한 사대부 주도의 강력한 국가는 현실과 이상의 또 다른 종합이었다고 생각된다.

때문에 사대부에게는 보다 실질적이고 현실에 적용 가능한 학문적 소양이 강력히 요구되었다. 그가 추구하였던 古學·實學·正學이 바로 그것이었다. 古學은 六藝의 學, 正學은 아마도 朱子學을, 각각 지칭하는 것이었지만 옛 것 그대로의 재현을 희망한 것은 아니었다. 그것은 무엇보다도 끊임없이 변천하는 세상[時俗] 교화에 도움이 되는 것이어야 했다. 이 역시 古道만 고집하는 학문도, 時俗 追隨的인 학문도 아닌 양자의 종합이었다.

　홍대용과 그의 평생 동지인 박지원을 위시한 북학사상가들은 民富·國富의 증대라는 18세기 조선 사회의 현실적 요청을 수용하면서 유교·성리학의 '天民'='王民' 관념을 계승·확장하여 四民이 모두 제 직분을 다해야 한다는 분업적 사민론을 제시하였다. 사·농·공·상이 균형 있는 발전을 이루어야만 民富·國富의 증대라는 국가적 목표를 달성할 수 있다는 것이었다. 이러한 인식의 결과 사·농·공·상은 일종의 직업으로서 모두가 대등하다는 인식에 도달하게 되었다. 신분상의 귀천의식은 잔존하였으나 적어도 직역, 혹은 직분에 대한 차별 의식만큼은 극복해 가고 있었던 것이다.

　이처럼 '천민'='왕민' 관념에 내재한 民本의 이념은 이 시기에 이르러서도 국가 개혁·현실 개혁의 바탕 이념으로서 작동하고 있었다. 민부·국부의 증대라는 현실적 요청과 유교적 이상이라 할 수 있는 민본이념이 하나로 종합되면서 새로운 국가 개혁론을 창출해 낸 것이라고 할 수 있다. 현실과 이상의 종합이었다. 홍대용이 말한 바, '因時順俗은 聖人의 權道요 制治의 방법'이라는 말 그대로였다. 權道이긴 하나 道라는 점에서 이상이기도 하였던 것이고, 時俗에 따른다는 점에서 현실이기도 하였던 것이다.

　이러한 분업적 사민론에서는 '士' 계층도 하나의 직업으로서 그에 합당한 역할과 임무가 있어야 했다. 이 점에서 북학론자들은 士가 농·공·상의 머리가 되어 지도적 역할을 수행해야 한다는 전통적 사민론을 수용하여 士가 교화의 주체가 된다는 점을 긍정하였지만, 교화의 내용이나 실천면에서는 다른 사유를 확립해 가고 있었다. 교화의 내용면에서는 수신·제가·치국·평천하와 같은 도덕적 가치들에 더하여 實業이 추가되었다. 홍대용이 말한 바와 같이, 儒者라면 마땅히 '안으로는 본원의 참된 공부'가 있어야 했고 '밖으로는 사업에 대한 실무'가 있어야 했던 것이다. 농·공·상의 이치도 연구되어야 했고 이러한 연구의 결과는 민부·국부의 증대에 이바지해야 한다고 생각하였던 것이다.

뿐만 아니라 '士' 계층도 실업에 실제로 종사할 필요가 있다고 그들은 생각하였다. 광범한 遊食 士族層의 존재는 국가적으로 큰 부담이었기 때문이다. 사대부 상인론은 바로 이러한 인식에서 출발하였다. 이것은 사대부 계층을 실업에 종사케 함으로써 '놀고먹는 추세를 줄이고 그들이 가진 권한을 축소'시키려는 의도를 가진 것이었다. 분업적 사민론에 기반하여 성립한 사대부 상인론은 산업 간의 차별 의식 자체와 사대부 계층의 지도적 위치마저 부정해 갈 가능성까지도 전망해 볼 수 있는 국면이었다고 생각된다.

홍대용의 사상은 주자학에서 출발하였지만, 豁然貫通說과 陰陽五行說 같은 주자학의 비합리적 부분과 경전의 훈고학적 해석을 배척하고 그것을 자신의 주자학으로 재창조하고 발전시켜 갔다. 그의 사상은 북학론의 기초가 되었을 뿐 아니라 東道西器論·開化思想의 원형이 되었다. 동도서기론은 西器 속에도 그에 합당한 道가 들어 있음을 긍정함으로써 성립될 수 있는 논리였다고 생각된다. 또한 東道로써 西器를 制治할 수 있다는 것을 전제함으로써 성립될 수 있는 것이기도 하였다. 그리고 훗날의 갑신개화파들은 華·夷를 구분하는 두 기준, 즉 因時順俗의 道와 문물의 편이성·실용성 가운데 전자를 완전히 탈락시키고 후자에 주목하게 되는 것이라고 전망된다. 이러한 경우의 화이론은 이미 유교적인 화이론이 아니라, 서구적 물질문명을 기준으로 하여 세계를 문명과 야만, 개화와 미개로 나누는 진화론적이고 문명론적인 것이었다고 생각된다.

이처럼 홍대용의 사상은 동도서기론과 개화사상의 원형이 되었지만, 그 사상사적 의의가 단지 여기에서 그치는 것은 또한 아니라고 생각된다. 끊임없이 변화하는 현실에 유연히 적응하면서도 理想의 끈을 놓지 않고 양자를 종합하여 새로운 것을 만들어 내고 있다는 점, 물질적 진보에 주목하면서도 자연과 인간과의 연속성, 즉 천부적인 도덕 및 이성 능력에도 불구하고 인간은 자연 속의 一物이라는 사고가 포기되지 않고 있다는 점, 도덕과 물질문명의 종합이 추구되고 있다는 점 등에서는 현재적 의의마저 가지고 있는 것이라 생각된다.

〈補 論〉

洪大容의 生涯

18세기의 조선은 외형상 안정을 구가하고 있었다. 16세기 말부터 17세기 전반기 사이에 일어났던 전쟁의 피해도 서서히 복구되어 가고 있었으며 한동안 격렬하게 진행되었던 붕당 간의 정치투쟁도 탕평의 명분 아래 잦아들고 있었다. 상속제도의 변화라든가, 농사짓는 방법의 변화 등 사회의 기반부터 조금씩 변하고 있었다. 양천제로 대표되는 신분제도 흔들리고 있었다. 효종 때부터 외쳐왔던 '北伐'이라는 대의명분도 회의되기 시작하였다. 이러한 때에 북학사상의 기초를 놓은 湛軒 洪大容(1731~1783)이라는 인물이 출현하였다.

1. 燕行 以前

홍대용은 忠淸道 天安郡 修身面 長山里 壽村에서 羅州牧使를 지낸 洪櫟의 큰 아들로 태어났다. 본관은 南陽이다. 흔히 남양 홍씨에 唐洪과 土洪이 있다고 하는데 홍대용은 토홍계이고 洪曇을 중시조로 하는 貞孝公派이다. 인조반정 때 靖社功臣으로 책봉된 洪振道(1584~1649)는 그의 6대조가 된다. 어머니는 郡守를 지낸 淸風 金氏 金枋의 딸이다. 字는 德保, 號는 湛軒이라 하였는데, 石室書院 시절에는 弘之라는 字를 주로 사

용하였다.[1]

  그의 어린 시절에 대해서는 그다지 알려진 것이 없으나 십 여세를 전후하여 渼湖 金元行(1702~1772)[2]의 문하에 들어간 것으로 보인다.[3] 김원행은 당대 유림의 宗匠이요 洛論 계열의 대표적인 학자였다. 김원행은 壬寅獄事 때 賜死된 老論 四大臣의 한 사람인 夢窩 金昌集(1648~1722)의 손자로 후손이 끊긴 종조부 農巖 金昌協(1651~1708)의 손자로 출계한 인물이다. 그는 임인옥사 이후 관직에 뜻을 버리고 그의 조부들과 관계 깊은 南楊州 石室書院에서 제자 양성에 주력하고 있었다. 그의 명망이 높았던 까닭에 조정에서 여러 차례 徵召하였으나 모두 사양하고 나아가지 않았다. 그는 사도세자의 書筵官으로 임명되었을 때 올린 사직소에서, "지금 산림에는 名儒·宿德이 아주 많이 있습니다. 진실로 저하께서 큰 뜻을 능히 힘쓰시어 더욱 實學에 근면하시며 政令과 道術이 순수하게 堯舜과 三代를 법 삼아 당대의 어진 선비들을 심복시킬 마음이 있다면 저 한때의 뭇 인재들이 누군들 감히 양양하게 기를 펴고 명을 받들지 않겠습니까? 신과 같은 사람은 있어도 없는 것이나 마찬가지입니다"[4]라고

---

1) 弘之라는 字는 奎 7747 十友軒集抄와 『湛軒書』(下), 附錄, 籠水閣記(金履安), 568쪽 등에 보인다. 홍지를 호로 소개한 글들이 많으나 이름의 '大'와 '弘'이 통하는 글자이고 석실서원 관계자들이 주로 사용한 것으로 보아 스승인 김원행이 지어준 字임이 확실하다.
2) 김원행은 당대의 사림에서의 위치로 보나 그 제자들의 면면으로 보나 주목해야 할 인물이라고 생각되나 그에 대한 연구가 상당히 부족한 편이다. 오항녕, 「石室書院의 渼湖 金元行과 그의 사상」『북한강 유역의 유학사상』, 한림대 아시아문화연구소, 1998과 이경구, 「金元行의 實心 강조와 石室書院에서의 교육 활동」『진단학보』 88, 진단학회, 1999가 참고가 된다.
3) 『湛軒書』(上), 內集 卷4, 祭文, 祭渼湖金先生文, 296~297쪽에 따르면 홍대용이 김원행의 문하에 든 것이 김원행이 죽은 시점으로부터 30년 전이라 하였다. 김원행이 죽은 것이 1772년이므로 1742년을 전후한 시기가 된다. 문자 그대로라면 1731년생인 홍대용으로서는 12세 때인 셈이다.
4) 『英祖實錄』 卷87, 32年 3月 庚辰, "目今山林之間 名儒宿德磊落相望 苟邸下克勵大志 益勉實學 政令道術粹然以堯舜三代爲法 有以服當世賢士之心 彼一時群

하여 實學과 堯舜, 三代로 대표되는 古學을 천명하였다.

김원행이 말하는 실학이란 여러 의미를 내포하고 있었겠지만 가장 중요하게 생각되는 부분은 실천 중심의, 실용 가능한 학문을 의미하는 것이었다는 점이다.[5]

> 학문이란 별다른 것이 아니니 곧 民生과 日用의 일인 것이다. 학문이 우활하여 일상에 적용할 수 없는 것은 진실한 학문이 아니다. 옛날 학문하는 자는 이렇게 실용하는 일을 잘 알았기 때문에 天理가 밝아지고 人心이 바르게 되었으며 彛倫이 차례를 갖추게 되고 일상을 다스리는 일이 많았다. 후세에는 진실로 학문하는 자가 적어지고 학문 역시 이름뿐이 되어 실용을 추구하지 않기 때문에 當務를 밝히는 경우가 드물고 일상을 다스림이 적어지게 되었다. 이것이 어찌 학문하는 본의이겠는가?[6]

위의 인용문에서 보듯이 그에게 진실한 학문이란 민생, 일용, 일상에의 적용이 가능한 것이었다. 나아가 上古의 학자를 그 모범으로 생각하였다. 홍대용도 그의 스승에 대하여 "일찍이 묻고 배우는 것은 진실한 마음에 있고 하는 것은 실용적인 일에 있으니 진실한 마음으로 실용적인 일을 하면 허물이 적고 업을 성취할 수 있다 들었다"고 추억하였다.[7] 이처럼 '實'과 '古'는 그에게 한 가지나 다름없는 것이었으며 그의 학문 경향을 대표하는 두 글자였다.

김원행의 이러한 학문적 경향은 홍대용에게도 그대로 이어졌다. 實學과 古學이 홍대용이 어린 시절부터 뜻을 두었던 학문적 지향이었던 것이

彦 孰敢不洋洋動氣 以承休命 而如臣等 直是不足有無耳".
5) 오늘날 역사학계에서 사용하는 '實學'이라는 용어는 확실한 합의는 없지만 대체로 '근대 지향성을 갖는 학풍'으로 요약될 수 있다고 생각된다. 이 글에서는 이러한 의미보다는 당시 사용되던 단어 그대로의 의미에서 이 용어를 사용하고자 한다. 당대에 실제로 사용되던 용어를 다른 단어로 대체할 수 없고 의미를 혼용해서 사용할 수도 없기 때문이다.
6) 『渼湖全集』,「渼湖先生言行錄」, 411쪽.
7) 『湛軒書』(上), 內集 卷4, 祭文, 祭渼湖金先生文, 296~297쪽.

다. 그는 그의 인생에서 큰 전기가 되었던 연행에서 돌아오던 길에 山海
關 望海亭에 올라 이렇게 읊었다.

> 分外의 妄想은 끝내 무익한 것이니
> 凡骨이 神仙됨을 뉘라서 보았을까
> 다만 實心으로 實事를 행하여
> 道義門中에 이 몸 맡겨야지
> 긴 웃음 한 소리에 가뭇없이 가버리는 人生인데,
> 예로부터 편히 죽은 이 몇이나 될까8)

일생일대의 새로운 경험을 하고 돌아오는 길에, 북경에서 만난 여러 사람들을 생각하며 지은 시에서조차 實心, 實事를 다짐하고 있는 그의 모습을 확인할 수 있다.

또한 古學 역시 홍대용의 학문적 지향이었다. 李淞이 지은 홍대용 墓表에 따르면 그가 과거공부를 그만 두고 古學, 六藝之學에 뜻을 두었다고 한다.9) 북경에서 사귄 중국인 친구 嚴誠에게 보낸 편지에서도, "脫然히 古學에 종사할 수 있는 사람이 드물다"10)고 한탄하는 대목에서도 그의 뜻이 역시 實學과 古學에 있었음을 알 수 있다.

六藝란 곧 禮・樂・射・御・書・數의 여섯 가지 공부이다. "옛날의 敎育은 그 어릴 때에 이미 六藝로써 가르쳤으므로 그 자람에 이르러 위로 비록 道를 아는 데까지 미치지는 못하더라도 아래로 적용함에 어긋나지 않았다"11)고 한 홍대용의 언급에서 보듯이 古學이란 단순히 옛 방식

---

8) 同上, 卷3, 詩, 回到山海關登望海亭有懷錢塘諸人, 279쪽, "分外妄想終無益 誰見凡骨能成仙 但將實心做實事 道義門中度此身 長笑一聲乘化去 古來寧沒有幾人".
9) 『湛軒書』(下), 附錄, 洪德保墓表, 555쪽, "德保獨有志於古六藝之學".
10) 『湛軒書』(上), 外集 卷 1, 杭傳尺牘, 與鐵橋書, 379쪽, "天下之英才 不爲少矣 惟科宦以梏之 物慾以蔽之 宴安以毒之 由是而能脫然從事於古學者鮮矣".
11) 同上, 卷1, 小學問疑, 8쪽, "古之敎也 於其幼時 已敎以六藝 故及其長也 上而雖未及知道 下而不失爲適用".

으로의 회귀를 뜻하는 것이 아니라 현실에의 적용 바로 그것이었다. 따라서 그에게 古學은 곧 實學이었던 셈이다.

아마도 홍대용이야말로 六藝의 學에 가장 근접해 있던 인물이 아닐까 한다. 그의 친우이자 동지였던 燕巖 朴趾源(1737~1805)은 홍대용이 죽자 喪事를 주관하면서 그의 평소 지론에 따라 飯舍을 행하지 않았다[12]는 것을 보면 禮에 대해서도 상당한 주견을 가지고 있었던 것으로 생각되고 音樂에 대해 그가 상당한 경지에 올라 있었다는 것은 잘 알려진 바와 같다.[13] 이 밖에 활쏘기나 말 타기는 어땠는지 알 수 없으나 그의 숙부를 따라 연행에 나설 때 자제군관으로서 무관복을 입었던 것을 보면 전혀 문외한이기는 어려웠을 듯하고 書法 역시 속되지는 않았던 것으로 보인다. 수학에 대해서는 천문학과 더불어 그의 득의처로 손꼽히는 분야이니 더 말할 나위가 없을 것이다. 「籌解需用」이라는 수학 관련 저술이 그의 문집에서도 상당한 분량을 차지하고 있다는 사실 역시 잘 알려진 바와 같다. 그는 古學, 六藝之學을 단지 말로만 중시한 것이 아니라 실제로 실천하여 익히고 사용하였을 뿐 아니라 각 분야에서 적지 않은 성과를 낸 것이다. 이렇게 보면 당대에, 혹은 그 시대를 전후해서라도 그와 같은 인물이 다시는 없었을 성 싶다. 이와 같은 학문적 지향을 그의 스승도 알아 보았던지 김원행은 그에 대하여 "나는 그대를 士友 중 실로 얻기 쉽지 않은 사람으로 보아 眷愛함이 타인에 비할 바 아니었다"[14]고 말하기도 하였던 것이다.

홍대용은 석실서원에서 당대의 준재들과 동문 사형제로서 만나 서로

---

12) 朴宗采, 김윤조 역주, 『역주 過庭錄』, 태학사, 1997, 72~73쪽.
13) 홍대용은 16~17세 무렵부터 거문고를 익혀 경지에 이르렀으며, 북경 천주당에 방문하였을 때는 그곳에 비치된 오르간의 건반을 몇 번 눌러 보고 곧바로 조선의 음악을 연주하기도 하였다.
14) 『湛軒書』(上), 內集 卷1, 渼上記聞, 115쪽, "吾視君於士友中 實不易得 眷愛非比他人".

영향을 주고받으며 성장하였다. 김원행의 큰 아들인 金履安(1722〜1791)이나, 朴趾源과는 일가가 되는 朴胤源(1734〜1799), 학문으로 일가를 이룬 沈定鎭(1726〜1795), 천문학 연구로 널리 알려진 黃胤錫(1729〜1791) 등이 그와 동문이었다. 이들은 함께 경전을 강학한 것을 물론이요, 渾天儀에 대하여 토론하기도 하고15) 스승을 모시고 한강에 배를 띄우고 시를 주고받기도 하였다.16) 특히 김이안과는 훗날 인척의 관계를 맺게 되었을 뿐 아니라 연행 후에는 華夷 구분 문제를 놓고 간접적으로 논쟁을 벌이기도 하였다.17)

석실서원 시절에도 그의 언행은 범상치 않았던 듯하다. 1751년 봄 그의 나이 21세 때 영남 여행 중에 尹拯(1629〜1714)의 글을 얻어 보고는 宋時烈(1607〜1689)이야말로 의심스럽고 윤증은 오히려 용서할만하지 않은가 하는 의심이 생겨 이를 김원행에게 묻기에 이르렀다.18) 주로 윤증의 글에 근거하여 한 질문이었는데 이에 대해 김원행은 크게 노하였다. 급기야 김원행은 홍대용의 조부 洪龍祚(1686〜1741)가 송시열의 묘정 배향을 소청한 일이며 그의 가문이 대대로 노론 가문으로서 영욕을 같이 해왔음을 상기시키기에 이르렀고, 이에 홍대용이 사죄함으로써 논란이 일단락되었다. 혹여 그가 남인이나 소론 출신이었더라면 단순한 논란거리에 그치지 않았을 법한 일이었다.

---

15) 『湛軒書』(下), 附錄, 籠水閣記(金履安), 568쪽.
16) 奎 7747 十友軒集抄, 이 책 첫 머리에 이 책의 저자가 김원행, 김이안, 홍대용, 홍낙순 등 석실서원 시절 스승, 동문과 뱃놀이하면서 지은 시가 실려 있다. 현재 규장각 해제에는 이 책의 저자가 미상으로 되어 있으나 석실서원에서 홍대용 등과 수학하였던 徐直修가 저자인 것으로 추정된다.
17) 『三山齋先生文集』(二), 卷10, 雜著, 華夷辨 上, 261쪽, "客有稱洪子之言者曰 有夷於此棄其魋結 襲我冠帶 服禮義 崇人倫 順先王之教 而進主乎中國 君子其予之哉". 김이안에게 찾아와 말을 전한 손님이 洪子라 한 것은 홍대용을 지칭한 것으로 보인다. 따라서 이 화이변이란 글은 홍대용의 연행 시 행동을 염두에 두고 쓴 것으로 파악된다.
18) 이 일은 전말은 『湛軒書』(上), 內集 卷1, 渼上記聞에 상세하다.

언제의 일인지는 알 수 없으나 김원행이 당시 고위 관료 자제의 冠禮에 賓師로 초청되어 간 일이 있었다. 이 일에 대하여 홍대용은 스승에게 장문의 편지를 보내었는데 상당히 준엄한 의미가 있었다. 그는 세도가 날로 무너져 가는 시대에 몸과 가정을 지키기 위해서는 산림에 처해야 함을 말하고 스승의 행위가 孔・孟・程・朱의 道에 맞지 않는다면 자신이 본받을 데가 없음을 들어 친분도 없고 어진 사람도 아닌 고위 관료의 초청을 받지 말았어야 한다고 쓰고 있는 것이다.[19]

스승으로부터 實學과 古學에의 지향을 계승하고 여기에 그 자신의 성품, 즉 의혹을 품으면 묻고 해결해 나가는 탐구정신과 강인한 자기 신념이 더하여져 홍대용의 학문이 진보할 수 있는 기반이 닦이게 되었다.

석실서원을 중심으로 한 생활은 20대 초반까지 이어졌던 것 같다. 홍대용은 周道以라는 사람과 한 달 이상 함께 석실서원에서 기거한 일이 있었는데 이것이 1753년 겨울의 일로 그의 나이 23살 때였다.[20] 주도이는 周世鵬의 후손으로 영남 漆原(현재는 경남 함안군 칠원면)에서 생장하였는데 이때 이십대 후반의 나이로 스승을 찾아 상경하여 석실서원에서 공부하고 있었다. 南人의 본거지인 영남으로부터 그것도 허약한 체질에 나이도 적지 않고 집안 형편도 어려운 사람이 학문의 뜻을 두고 홀로 상경하여 어렵게 해나가는 공부였다. 홍대용으로서는 그런 그를 그냥 지나치기 어려웠던지 함께 기거하면서 공부하였던 것이다. 불행히도 1년도 채 지나지 않아 주도이는 젊은 나이에 석실서원에서 죽었고 홍대용은 그의 죽음을 애도하는 슬픈 哀辭를 글로 남겼다.[21] 이후로 홍대용도 석실

---

19) 同上, 內集 卷1, 書, 上渼湖先生金元行書, 212~214쪽.
20) 同上, 內集 卷3, 序, 贈周道以序, 255~257쪽.
21) 同上, 內集 卷4, 哀辭, 周道以哀辭, 298~302쪽. 주도이에 관한 일은 『渼湖集』卷13, 題跋, 贈周生小學書後跋, 263~264쪽에도 실려 있다. 김원행도 그의 죽음을 매우 안타까워했다. 참고로 이경구, 앞의 논문, 246쪽에서는 必南을 그의 이름으로 보았으나 오독이다.

서원의 출입이 뜸해진 것으로 보인다. 이때를 전후하여 스승인 김원행으로부터 그와 동년배들에 대하여 "너희들은 서원에 가끔 한 번 나오는 것도 어렵게 여긴다"22)는 질책을 듣기도 하였던 것이다.

홍대용의 나이 26살 때 부친 홍역이 나주목사로 전임되었고, 이후 주로 부친의 임지를 따라 다니며 모셨던 것으로 보인다. 나주에서 그는 羅景績이라는 인물과 조우하게 되었다. 기계와 천문학에 밝은 사람이었다. 두 사람이 만날 당시 나경적의 나이는 이미 70세가 넘은 노인이었다. 스승의 아들이자 동문인 김이안도 두 사람의 만남을 함께 기뻐해 주었다. 두 사람은 함께 3년여에 걸쳐 혼천의를 만들었다. 이를 고향 집에 새로 지은 籠水閣에 다른 곳에서 얻은 자명종과 함께 보관하였다.23)

이때 만든 혼천의에는 서양 전래의 기법도 사용되었다고 하는데24) 아마도 톱니바퀴와 같은 기계 장치를 의미하는 것 같다. 홍대용은 이 일을 크게 자랑스럽게 생각하면서도 한편에서는 불만족스러운 면도 있었던 듯싶다. 훗날 북경 천주당을 방문한 그는 독일인 신부 劉松齡(Augustinus von Hallerstein)과 만났을 때 자신이 혼천의를 만들었으나 어긋남이 많아 그 곳에 보관된 혼천의를 보고 싶다고 간곡히 부탁하기도 하였던 것이다.25) 그가 연행 사절을 따라 나선 데에는 이런 이유도 있었다고 생각된다.

20대 중반 이후 30대 중반까지의 10여 년간 홍대용은 주로 부친의 관직 생활을 도우며 음률과 천문학, 수학의 연구에 몰두하였다. 말 그대로 六藝, 즉 古學이었다. 실천, 실용, 日用當行의 實學이었다. 열 살 조금 넘겨서부터 출입한 석실서원에서 스승 김원행으로부터 古學, 實學에의 지

---

22) 同上, 內集, 卷1, 溪上記聞, 111쪽, "且君輩於書院 間日一來 猶以爲難".
23) 同上, 附錄, 籠水閣記(陸飛, 金履安), 567~568쪽. 이때 만든 혼천의의 일부가 숭실대 한국기독교박물관에 소장되어 있다.
24) 洪大容, 소재영·조규익·장경남·최인황 註解, 『을병연행록』, 태학사, 1997, 675쪽.
25) 同上, 362~363쪽.

향을 물려받은 이래 그것을 몸소 실천함으로써 그러한 학문적 지향을 현실로 만들고 더욱 발전시켜 나간 인물이 바로 홍대용이었다.

2. 燕 行

홍대용의 생애에서 전환점이 된 사건은 아무래도 연행 사신 일행을 따라 북경에 다녀온 일일 것이다. 적어도 후세 역사학자의 관점에서는 그러하다. 북경에의 사신 행렬은 조선 초부터 계속된 일이고 오랑캐로 여기던 여진족이 중원을 장악한 후에도 큰 변화는 없었다. 물론 여진족의 황제에게 가는 사신의 마음이 이전 같지는 않았을 것이다.

홍대용 이전에도 연행 당시의 일기를 남긴 사람도 적지 않거니와 홍대용과 똑같이 자제군관[26]으로서 연행 사신을 따라 나섰다가 돌아와 기행문을 남긴 사람도 있었다. 老稼齋 金昌業(1658~1722)이 대표적인 인물이다. 홍대용의 스승인 김원행에게 종조부가 된다. 그가 남긴『稼齋燕行錄』은 홍대용의『湛軒燕記』, 박지원의『熱河日記』와 더불어 여러 연행록 가운데 백미로 손꼽히는 것이고 홍대용도 이 책을 많이 참고하였던 것으로 보인다.[27]

홍대용의 연행이 그 이전의 연행과 구별되는 것은 청의 선비들과 친교를 맺고 그들의 관계가 귀국 후에도 계속되었다는 점, 청의 문물을 단지 신기하고 규모가 큰 것으로 보는데 그치지 않고 배울 것은 배워야 한

---

[26] 使臣이 자제나 근친 중에서 임의로 지정하여 데리고 가는 수행원이다. 공식 사행 인원에는 포함되지 않는다.
[27] 홍대용은 다른 사람들과는 달리 두 종류의 연행록을 남겼다. 한문으로 된『湛軒燕記』와 한글로 된『을병연행록』이 그것이다. 내용은 대략 같으나 한글본 쪽이 좀 더 상세하며 전자는 주제별로, 후자는 날짜별로 작성된 것이다. 두 책에 관해서는 김태준,『홍대용』, 한길사, 1998의 해설이 상세하다.

다는 방향으로 인식이 전환되기 시작하였다는 점이다.

 그가 군복을 입고 자제군관으로서 연행에 따라 나선 것은, 나중에 정조 임금으로부터 "백면서생으로서 군복 차림으로 연행했다 하니 好事家라 할만하다"28)는 놀림을 받았던 만큼 그에게도 쉽지 않은 결정이었을 것이다. 그가 연행을 결심하게 된 이유는 무엇이었을까. 이에 대해서는 『을병연행록』의 첫 머리에 상세한 내용이 실려 있는데 이를 중심으로 살펴보기로 하자. 우선 남아로서 넓은 세상을 보고자 하는 豪氣가 있었다고 하였고, 다음으로는 비록 중원이 오랑캐의 땅이 되었으나 문물은 변하여도 인물은 변치 않음이 있을 것이라는 기대를 내비친다. 또한 더러운 오랑캐지만 중원에 웅거하여 백여 년 태평을 누리니 그 규모와 기상을 볼 만할 것이라고 말하고 있다. 그런 뜻이 있던 차에 마침 숙부인 洪檍이 書狀官으로 차출되어 같이 가자 권하고 양친 부모의 나이가 아직 그리 많지는 않은 까닭에 부모의 쾌한 승낙을 얻어 떠날 결심을 하게 되었다고 밝히고 있다.29)

 그의 부친도 이런 마음을 잘 알았던지 아들에게 준 일곱 수의 시에도 이런 뜻이 잘 나타나 있다. 그 첫 번째 시에서는 "남아의 사방 뜻이 宿昔에 품은 바 있도다" 하여 홍대용의 넓은 세상을 보고자 하는 남아의 의지를 알아주었고, "행하여 다시 염려 말라 내 나이 모르지 않노라" 하여 자신이 늙지 않았으니 염려치 말라는 속 깊은 부모의 마음을 담았다. 다섯 번째 시에서는 "너를 경계하노니 燕薊 길에 은근히 기특한 선비를 찾으라. … 끼친 풍속이 오히려 강개할 것이니 응당히 理髮의 부끄러움을 품었으리로다" 하여 중원이 오랑캐의 땅이 되었음을 부끄러워하는 선비를 찾아 만나보라는 뜻을 전하고 있다. 그의 부친 홍역도 아들의 뜻을 거의 짐작하여 이러한 시를 준 것이다. 물론 마지막 일곱 번째 시에서는 "너를

---

28) 『湛軒書』(上), 內集 卷2, 桂坊日記, 192쪽.
29) 『을병연행록』, 17〜19쪽.

생각하니 본디 병이 많은지라 이것이 내 근심이 펴지지 못하노라" 하면서 자식을 염려하는 부모의 마음을 담는 것도 잊지 않았다.30)

　1765년(영조 41) 11월 2일 冬至使兼謝恩使 일행이 임금에게 하직한 후 한양을 출발하였다. 동지사는 신년을 축하하기 위해 파견하는 定期 使行으로 늘 동지 무렵에 출발하는 까닭에 동지사라 하였다. 正使는 종친인 順義君 李烜, 副使는 金善行 그리고 書狀官이 홍대용의 숙부인 洪檍이었다. 이때의 동지사절에게는 임금으로부터 "우리나라의 唐琴・笙簧이 소리를 잘 이루지 못하니 樂工으로서 燕行에 수행하는 자에게 그 音을 배워 오라"는 특명이 떨어졌다.31) 日官으로서 동행한 李德星에게는 觀象監의 冊曆 만드는 법을 묻고 오라는 명령이 있었다. 홍대용은 자제군관이었으니 정해진 공식 임무는 없었으나 숙부가 서장관인 까닭에 돌아와 임금에게 올릴 보고서의 기초 자료를 작성하는 일이 임무라면 임무였고 그 밖에도 樂工의 일이나 日官의 일도 홍대용이 도움이 될 만한 일들이었다.

　공식 사절을 따라 나선 길이라 숙식은 걱정할 필요가 없었지만 그 밖의 비용은 개인 부담이었다. 때로는 감사의 선물로, 때로는 약간의 뇌물성 선물로 사용될 청심원이며 부채, 화전지 따위를 적지 않게 마련해야 했다. 특히 청심원은 중국인들에게 상당한 인기가 있었다. 그마저도 사행을 채 마치기도 전에 다 써버려 곤란을 겪었다. 돌아오는 길에 사올 책이며 여러 사람에게 줄 선물 값도 필요했다. 만만치 않은 비용이 들었을 것이다.

　북경까지 가는 길에는 사람을 사귄다거나 한가롭게 구경할 형편은 되지 못하였다. 제 날짜까지 대어 가야 하는 使行 길이었던 때문이다. 11월 2일 한양에서 출발하여 27일 압록강을 건넜고 요동, 심양을 거쳐 북경에

---

30) 同上, 20~23쪽.
31) 『英祖實錄』 卷106, 41년 11월 癸酉.

들어간 것이 12월 27일이었다. 정월 초하루 朝參에 참여해야 했던 것이므로 빠듯하게 도착하였다. 한양에서부터 계산하면 약 2달, 압록강에서부터 계산하면 한 달 남짓한 여정이었다.

북경에 도착한 처음에는 공식 일정을 우선하여 별다른 개별 행동을 하지 못하다가 며칠 사이 해가 바뀌자 숙소 주변부터 방문하기 시작하여 太學, 文天祥廟 등을 구경하였다. 그 가운데 특기할만한 것은 역시 南天主堂과 琉璃廠이었다. 남천주당에서 독일인 신부로서 欽天監正이었던 劉松齡(Augustinus von Hallerstein), 欽天監副正이었던 鮑友管(Antonuis Gogeisl)과 몇 차례 만나 대화를 나누었다. 대화의 내용은 주로 천문학과 서양 전래의 기구들에 관한 것이었다. 천주학에 대한 이야기도 나누었지만 전혀 홍대용의 관심사가 아니었으므로 몇 마디 수작으로 끝났다. 망원경, 자명종, 羅經(일종의 나침반)을 직접 체험해 보고 파이프 오르간도 연주해 보았다. 비록 파손된 것이기는 하나 그곳의 혼천의를 구경하고 자신이 만든 것과 비교해 볼 수도 있었다.

유리창에서는 서적이며 골동품이며 온갖 기이한 물건을 접할 수 있었다. 일곱 개의 서점에 가득 들어찬 몇 만 권인지도 모를 책에 놀라기도 하고 벽면을 빙 둘러가며 거울을 걸어놓은 거울가게에서는 자신의 몸이 여러 개로 비추어져 어리둥절해 하기도 하였다. 유리창을 둘러 본 홍대용은, 얼마인지도 알지 못할 수많은 물건들 가운데 "民生・養生・送死에 빠뜨릴 수 없는 것은 하나도 없고 단지 이상하고 음탕하며 교묘하고 사치스러워 뜻을 해치는 물건들뿐이다. 기이한 물건이 많아져 선비들의 풍습이 날로 흐려지게 되어 중국이 떨치지 못하는 이유가 되니 개탄할 일"32)이라고 말한다. 여기서 중국이란 여진족의 왕조 청을 말하는 것이 아니라 漢族의 왕조를 의미하는 것이다.

홍대용은 바로 이 곳 유리창에서 운명의 세 선비와 조우하게 되었다.

---

32) 『湛軒書』(下), 外集 卷9, 燕記, 琉璃廠, 451쪽.

비장 이기성이 안경을 구하기 위해 유리창에 갔다가 안경 쓴 두 사람을 만나게 되었는데 쓰고 있는 안경을 사고자 하였더니 동병상련이라며 그냥 벗어주고 간 일이 있었다. 값을 치르려 해도 막무가내로 거절하였다. 이 두 사람이 바로 嚴誠과 潘庭均이었다.[33] 두 사람 모두 절강성 출신으로 이때 과거를 보기 위해 북경에 체류하던 중이었다. 이들의 만남에 다시 동향 출신인 陸飛도 참여하게 되어 홍대용과 세 명의 한인 선비들의 만남이 이루어진 것이다.

엄성은 字를 力闇, 號를 鐵橋라 하였고 당시 나이 35세로 홍대용보다 한 살이 적었다. 반정균은 자를 蘭公, 호를 秋庿라 하였고 나이는 25세였다. 육비는 자를 起潛, 호를 篠飮이라 하였는데 그 중 나이가 가장 많아 48세였다. 이들은 2월 1일에 처음 만났고 25일까지 서로의 거처를 오가며 필담을 나누었다. 짧은 기간 동안이었지만 이들의 삶에 영원히 남을 만남이었다.

두 번째 만남이 채 끝나기도 전에 이들은 서로 정이 깊게 들어 벌써부터 헤어짐을 서러워하며 눈물을 흘렸다. 홍대용도 마찬가지였지만 엄성과 반정균 쪽이 더 서러워하였다. 그만큼 홍대용의 학문적 깊이나 인품이 남달랐던 것이다. 이들의 사귐은 귀국 이후에도 계속 이어졌다. 특히 엄성은 몇 년 후 죽으면서 홍대용을 그리워하며 그가 남기고 간 먹과 향을 품에 안고 죽었다고 하고, 그 자손들끼리도 편지를 주고받는 世交를 맺게 되었다. 반정균은 후에 관직에 오른 후 홍대용의 소개로 李德懋 (1741~1793) 등과 친교를 나누기도 하였다.

이들이 이때 나눈 대화의 주제는 조선과 청, 양국의 풍속과 제도, 주자학과 양명학, 시, 역사에 이르기까지 미치지 않은 곳이 없었다. 먼저 한족 선비들이 변발한 모습과 조선의 의관이나 문물이 오히려 옛 제도에 가까움을 대비시킨다. 반정균이 『漢隷字源』이라는 책을 선물하려 하자

---

[33] 『湛軒書』(上), 外集 卷2, 抗傳尺牘, 乾淨衕筆談.

홍대용은 "나는 글씨를 못 쓰니 중에게 빗을 주는 격이지만 부친이 隸書를 좋아하니 기쁘게 받겠다"고 말하였다. 두 사람이 '중에게 빗'이라는 말을 이해하지 못하자 짧은 중국어 실력으로 '중에게는 머리가 없으니 빗은 소용없는 물건이라는 뜻'이라고 부연 설명하였다. 두 사람은 그제야 이해하고 자신들의 머리를 가리키며 "우리도 번쩍번쩍 대머리다" 하며 웃었다. 홍대용은 여러 차례 한족 선비들에게 조선의 제도에 明의 遺制가 많이 남아 있음을 말하며 한족의 변발을 희롱하였다. 이에 두 사람은 때로는 부끄러운 빛을 보이기도 하고 때로는 난처해하기도 하고 때로는 웃어넘기기도 하고 때로는 淸朝를 옹호하기도 하였다. 이야기가 淸이 천하를 점령한 일에 미치자 엄성이, "청국이 나라를 세운 것은 매우 정당하다. 큰 도적을 멸하고 대의를 편 것이니 중원에 주인 없는 때를 탄 것이요 천하를 탐한 것이 아니다" 하고 말하자, 홍대용은 "천하를 탐하지 않았다는 말을 동의할 수 없지만 산해관을 넘은 후에는 어찌할 수 없었다고 생각한다"는 뜻으로 응대하였다.[34]

엄성이 말한 큰 도적이란 李自成이다. 明이 멸망할 당시 淸은 산해관을 넘지 못하고 있었다. 吳三桂가 막고 있었기 때문이다. 이때 이자성의 군대가 텅 빈 것이나 다를 바 없는 북경을 공격하여 함락시키게 되었고 崇禎帝 毅宗은 자살하였다. 산해관에 있던 오삼계로서는 앞에는 외적인 청, 뒤에는 반란군이자 임금의 원수인 이자성을 적으로 두게 되었다. 이에 오삼계는 청에 투항하여 반대로 북경을 향해 진군하여 이자성을 패배시키게 되었던 것이다. 청으로서는 오삼계의 뒤만 따라가도 되는 일이었다. 홍대용이 산해관을 넘은 후로는 어찌할 수 없었다는 것은 이런 의미였다.

주자학과 양명학을 둘러싼 대화도 흥미롭다. 엄성과 육비는 양명학을 전공하였고 홍대용은 주자학을 변호하였다. 엄성과의 논란은 쉽사리 정

---

34) 同上.

리가 되었지만 육비가 가담하면서 상당한 논쟁이 벌어졌다. 홍대용의 입장은 시종일관 불변이었는데, 그의 주자학과 양명학에 대한 견해는 그가 엄성에게 준 글에서, "주자는 공자의 뒤를 이었다. 주자가 아니면 나는 누구에게 돌아가겠는가. 비록 그러하나 그에 의지하여 구차히 같은 척하는 것은 아첨이고 억지로 다른 의견을 세우는 것은 도적이다"35)라고 한 말로 요약할 수 있을 듯하다. 어떻게 해석해도 주자가 유교의 정통을 계승하였으며 이를 제대로 공부해야 한다는 의미에서 벗어나기 어렵다.

홍대용은 짧은 기간이었지만 평생을 지속하게 된 만남을 뒤로 한 채 북경을 떠났다. 귀국 후 홍대용은 이때 나눈 필담들을 정리하여 책으로 엮었다. 지금은 「건정동필담」이라는 제목으로 『湛軒書』에 포함되어 있지만, 처음에는 「會友錄」이라는 이름으로 3권을 엮었던 것 같다. 여기에 박지원이 서문을 쓴 것이 남아 있다. 朴齊家는 이 필담한 기록을 읽으며 어찌나 빠져 들었던지 "문득 문득 미친듯하여 밥상 앞에서 숟가락질 하는 것을 잊고 세숫대야 앞에서 씻는 것을 잊었다"36)고 할 정도였다.

북경을 떠나 돌아오는 길은 갈 때보다는 조금 여유가 있었다. 가는 길에 못 본 곳도 둘러보며 간혹 만나는 사람과 이야기를 나눌 여유도 있었다. 돌아오는 길에 三河縣에서 홍대용은 鄧師閔(호는 汶軒)과 孫有義(호는 蓉洲)를 만나게 되는데 이 두 사람은 홍대용과 엄성 등과의 사이에서 편지를 전달해 주는 역할을 해주었을 뿐 아니라 후에 홍대용의 소개로 연행에 나선 李德懋 등의 편의를 보아주기도 하였다.

이 두 사람은 귀국 길의 홍대용과 숙부 홍억에게 먼저 찾아와 만남이 이루어졌다. 등사민은 과거 공부를 하다가 그만 두고 잠시 소금 장수를 하던 사람이었다. 서로 만나 인사를 나눈 후 누구의 후손인지 물었더니

---

35) 同上, 乾淨衕筆談 續, 585쪽, "朱子後孔子也 微夫子 吾誰與歸 雖然依樣苟同者 佞也 强意立異者賊也".
36) 『楚亭全書』(中), 貞蕤閣文集 卷4, 書, 與徐觀軒常修, 266쪽, "及見此書 乃復忽忽 如狂 飯而忘匕 盥而忘洗".

등사민의 대답이 鄧伯道[37])의 후손이라 하였다. 등백도는 조카를 위해 자식을 버린 후 다시 자식을 두지 못하였으므로 홍대용은 설마 하는 심정으로, "사람들이 하늘의 행사를 이해하기 어려울 때 하는 말이 하늘도 무심하지 등백도에게 자식이 없다니 말하지 않습니까? 그런데 그 자손이라니 어찌 된 일입니까?" 하고 물었다. 등사민이 웃으며 대답하기를, "조카가 있지 않았겠소?" 하였다. 다시 홍대용이 "조카를 양자로 들였습니까?" 하니, 그렇다고 답하였다. 과연 실제로 조카를 양자 삼은 일이 있었는지 알 수 없지만 그랬을 듯도 싶고 아닐 듯도 싶은 말이었다. 재치도 있고 인정도 많은 사람이었다.

손유의 역시 사신 행렬을 찾아와 만나게 되었다. 나이가 꽤 많고 점잖은 사람이었다. 홍억과 시를 주고받으며 이야기를 나누고 귀국 후에도 서로 편지를 주고받기로 약속하고 헤어졌다. 『湛軒書』에 실려 있는 홍대용이 보낸 편지 가운데 손유의와 주고받은 편지가 가장 많을 정도로 홍대용과 그 이후 연행에 나선 사람들에게 많은 도움을 주었다. 이런 저런 만남을 뒤로 하고 홍대용은 압록강을 건너 되돌아 왔다. 그런 그에게 많은 일들이 기다리고 있었다.

3. 燕行 以後

일생일대의 경험이었던 연행에서 돌아온 홍대용에게 주어진 현실은 그다지 만만한 것이 아니었다. 둘째 딸의 결혼 문제와 하나뿐인 아들이 병구완 때문에 서울로 거처를 옮기게 되었다. 그가 귀국 후 가장 먼저 착

---

[37]) 중국 晉 때 사람이고 이름은 攸, 백도는 그의 字인데, 善政으로 유명하였다. 난리를 피해 피난 갈 때, 죽은 아우가 남긴 조카를 살리기 위해 자식을 버린 일화가 있다. 『小學』 善行篇에도 그 일화가 전한다.

수한 일은 연행 길에서 작성한 여러 원고들을 정리하여 탈고하는 일이었다. 세 선비와 필담한 것도 「會友錄」이라는 이름으로 정리되어 그와 가까운 사람들이 읽기 시작하였다. 아마 박지원이 그 처음이었던 듯 하며 박지원과 함께 서문을 쓴 閔百順(1711~1774)[38]도 먼저 읽은 사람 중에 하나였다.

이를 읽은 사람들 중에는 박제가처럼 '미친 사람처럼 되어 밥상 앞에서 숟가락질을 잊고 세숫대야 앞에서 씻는 것을 잊은 사람'도 있지만 전하여 들은 이야기만으로도 홍대용을 비난하는 사람들도 있었다. 金鍾厚(?~1780)가 그 대표적인 인물이었다. 김종후는 홍대용에게는 한참 선배가 되는 인물로 꽤나 명망이 있던 인물이었다. 본래는 사도세자를 공격한 辟派에 속해 있던 극히 약삭빠른 정치적 인물이기도 하였다. 홍대용과 편지로 다툼을 벌이던 시절에는 아직 그 진면목이 드러나지 않았으나 정조 임금 초년에 洪國榮이 勢道를 잡자 이를 추종하였으며, 홍국영이 제거된 후에는 살아남기 위해 온갖 변명을 늘어놓기에 바빠 후배들의 손가락질을 받았다.

나중의 행적이야 어쨌건 당장의 공격은 매서웠다. 사림의 선배가 공격하자 평소에 홍대용을 꺼리던 사람들도 이에 부화뇌동했을 터였다. 당하는 입장에서는 많이 괴로웠던 모양이다. 논란을 벌이며 주고받은 말들은 편지가 거듭될수록 점점 격렬해져 갔다. 김종후는 효종이며 송시열이며 스승인 김원행까지 들먹이며 홍대용을 압박해 왔다. 위력으로 굴복시

---

[38] 字는 順之, 號는 丹室居士이다. 홍대용의 부친인 홍역의 벗이었다. 曾祖는 閔維重, 조부는 閔鎭遠, 아버지는 閔昌洙이다. 肅宗妃 仁顯王后의 친정 손자뻘이 된다. 『壬辰錄』의 저자로 알려져 있다. 홍대용 집안과는 같은 老論으로 世交가 있었다. 홍대용의 부탁으로 『海東詩選』을 편찬하였다. 홍대용은 이를 북경에서 약속한 대로 반정균에게 보내었다. 이 때 보낸 책은 북경대학에 보관되어 있다. 이 책에 대해서는 박현규, 「北京大學藏本 朝鮮 閔百順 편찬 ≪海東詩選≫의 落穗와 補完」『韓民族語文學』38, 한민족어문학회, 2001 참조.

킬 심산이었던 것이다.

수백 마디 말이 오갔지만, 김종후의 논점은 단 하나였다. 조선의 선비로서 비록 漢族이라고는 하나 변발을 한 자들과 어떻게 사귈 수 있느냐는 것이었다. 이에 대한 홍대용의 입장은 다음과 같았다.

> 오랑캐가 오랑캐 된 이유가 무엇 때문이겠소. 그들은 예의도 없고 충효도 없으며, 천성이 살벌을 좋아하고 행동은 금수와 같은 때문이 아니겠소? 저 아비 거역한 자식과 임금 쫓은 신하는 예의도 없고 충효도 없으며, 살벌을 좋아하니 금수와 같은 오랑캐와 비교하면 무엇이 다르겠소? 그런데 오늘날 오랑캐는 중국에서 오래 살아왔기 때문에 그 먼 계획에 힘써서 점점 예의를 숭상하고 대략 충효를 본받으니, 살벌하는 성질과 금수 같은 행동이 그 처음 일어날 때 심했던 것과는 같지 않소. 그렇다면 '중국도 오랑캐만 못하다'고 이른 말이 또한 어찌 불가하겠소?39)

홍대용은 '오랑캐가 오랑캐 된 이유는 예의·충효가 없기 때문'이라고 하였다. 여기에서 아비의 거역한 자식이란 중국 춘추시대 때 衛나라 出公을 말하는 것이고, 임금 쫓은 신하란 魯나라 季孫氏를 일컫는 것이다. 공자의 제자인 仲弓과 子路가 각각 이들을 섬긴 일이 있었다. 자식으로서 아비를 거역하는 일, 신하로서 임금을 내쫓는 일 등은 비록 중국 사람이라 하더라도 오랑캐의 행위와 다름없다는 말이다. 말하자면 오랑캐인가 그렇지 않은가를 구별하는 기준은 예의·충효가 있느냐 없느냐 하는 점에 있다는 것이다.

오랑캐보다 나을 것 없는 행위를 한 두 임금을, 중궁과 자로 같은 인물도 섬긴 적이 있으니 오늘날 청에 벼슬하고자 하여 과거를 준비한 사

---

39) 『湛軒書』(上), 內集 卷3, 書, 又答直齋書, 235쪽, "且夷狄之所以爲夷狄者亦何哉 豈非以無禮義 無忠孝 性好殺伐 而行類禽獸哉 彼拒父之子 逐君之臣 其無禮義 無忠孝 好殺伐 而類禽獸也 爲如何哉 若今時之夷狄也 以其久居中國 務其遠圖 稍尙禮義 略倣忠孝 殺伐之性 禽獸之行 不若其初起之甚 則謂之諸夏之不如夷狄 亦何不可哉".

람들, 즉 엄성 등 홍대용이 사귄 한족 선비들의 행위 역시 용서받을 만하지 않은가 하는 생각이었다. 또한 지금의 청은 처음 일어나던 때와는 달리 중국에서 오래 살아 대략 예의·충효를 본받아 거의 중국에 가까워졌다고 생각하였다.

> 우리 東方이 '오랑캐'가 된 것은 地界가 그러하기 때문인데, 또한 무엇을 거리낄 필요가 있겠소? 오랑캐 땅에 태어나서 살아간다 하더라도 진실로 聖人이 될 수도 있고 大賢이 될 수도 있으니 실로 큰일은 우리에게 달려 있는데, 무엇을 혐의스럽게 생각하겠소? 우리 동방은 중국을 본받아서 오랑캐 소리 면한 지는 오래 되었소.40)

이는 조선의 경우도 마찬가지로 동방이 오랑캐가 된 것은 지역적 구분으로 인한 것인데, 설사 오랑캐라 하더라도 자기 행동에 따라 성인도 될 수 있고 큰 현인도 될 수 있으니 상관없는 일이지만 조선은 이미 오래 전부터 중국을 본받아 오랑캐라고 불리지는 않았다고 말하고 있다. 여기서 중국이란 실존하는 국가가 아니라 문화로서의 국가, 즉 中華를 의미한다. 조선의 경우는 오래 전부터 중화를 본받아 小中華라 칭해지고 있었다. 따라서 중국이란 중화이고 중화란 예의·충효가 행해지는 나라, 혹은 지역을 말하는 것이 된다. 이런 기준에서라면 여러 개의 중화도 성립 가능하게 되는 것이다. 예를 들면 청도 중화, 조선도 중화, 일본도 중화로 인정하게 되는 일도 가능해진다는 것이다. 세계를 華와 夷로 나누어 파악하는 화이적 세계관의 변화가 이로부터 시작되었다. 나아가 이에 힘입어 청으로부터, 그것이 오랑캐라 할지라도 배울 것은 배워야 한다는 북학사상이 현실화되어 가게 되었다.

홍대용과의 논쟁이 별로 득 될 게 없다고 판단했던지 김종후는 더 이상 편지를 보내오지 않았다. 사실 홍대용이 한족 선비들과의 사귐은 정

---

40) 同上, 237쪽, "我東之爲夷 地界然矣 亦何必諱哉 素夷狄行乎夷狄 爲聖爲賢 固大有事在吾 何慊乎 我東之慕效中國 忘其爲夷也久矣".

사, 부사를 포함하여 사행들이 다 알던 일이었고 여기에 함께 했던 金在行 역시 부사였던 金善行의 庶弟였으며 정사와 부사도 이들 엄성과 반정균을 따로 불러 만나 본 일도 있었으므로 크게 문제될 것이 없었다. 만일 이 일을 계속 문제 삼고 정치 문제로까지 비화시키게 되면 정사였던 종친 順義君 李烜이나 부사였던 김선행까지도 적으로 돌려야 할지도 모를 일이었다. 논란은 그쳤어도 홍대용이 받은 심적 타격은 적지 않았다. 오죽했으면 몇 번이나 儒家에서 도망쳐 墨家로 돌아가고 싶은 마음까지 들었다고까지 하였다.41)

불행은 홀로 오지 않는다 했던가. 홍대용은 이때 부친을 여의었다. 연행에 나서는 아들에게 걱정하는 마음이 가득 담긴 7편의 시를 지어 주며 송별해주던 아버지였다. 아들이 혼천의를 연구할 때면 격려해주고 적지 않은 비용까지 부담해 주던 그런 아버지였다. 홍대용의 나이 37세 때였다. 그 이듬해에는 어렵게 만나 사귄 중국 친구 엄성의 부고가 날아들었다. 홍대용이 그리워 그가 선물로 준 먹과 향을 꼭 쥐고 죽었다는 말과 함께였다. 아버지의 삼년상을 마치고 얼마 지나지 않아 이번에는 스승인 김원행이 죽었다. 다음의 '乾坤一草亭主人'이라는 제목의 시는 이즈음 지어진 것으로 보이는데 이즈음 홍대용의 마음이 잘 나타나 있다고 생각된다.

> 문 앞엔 長者의 수레 없으나
> 책상에는 멀리서 온 편지가 있네
> 先師의 가르침 길이 품으니
> 세상 사람과는 날로 멀어지네
> 다툼 없으니 비난하는 소리 쌓임을 면하겠고
> 재주 없으니 헛된 명예도 끊어졌네
> 좋은 친구 때때로 문 두드리니
> 항아리에 술이 있고 깨끗한 나물 안주가 있다네

---

41) 同上, 內集 卷3, 書, 與人書 二首, 246쪽, "幾欲逃儒而入墨".

위태로운 난간에 맑은 거문고 소리
노래 가락 또한 슬피 우네[42]

  이 시의 小引에 "풍속이 쇠퇴한 세상에 처하여 위엄이 상실됨을 보자니 눈이 찌푸려지고 마음 상함이 극도에 달했다"[43]고 하였다. 뭐라 말하기 힘든 괴로움이 짙게 배어있다. 이 시에는 李鼎祜, 李德懋, 朴齊家, 柳得恭, 李淞, 金在行 그리고 중국인 孫有義 등 7명의 시가 次韻되어 있다. 마치 북학사상가들의 모임을 보는 듯하다.

  한동안 불행의 시간을 보내면서 여행이나 친구들과의 모임으로 위로를 삼던 그는 그토록 기피하던 벼슬길에 나아가게 된다. 아직 살아계신 노모를 봉양해야 했고 가족을 책임져야 했기 때문이다. 그의 나이 44세(1774, 영조 50) 때였다. 蔭仕로 처음 받은 관직은 繕工監 監役이었다. 흔히 蔭職으로 처음 주는 관직이었으나 나아가지 않았다. 이 해 2월 23일 다시 敦寧府 參奉(종9품)으로 고쳐 임명되었으나 역시 나아가지 않았다. 11월 28일에 世子翊衛司의 侍直(정8품)에 임명되었다. 세자익위사는 본래 무관직으로 세자의 호위를 맡은 관청이었다. 나중에는 문관직의 世子侍講院과 함께 세자의 講學을 맡게 되었다. 주로 음직으로 주어졌는데 공신이나 재상의 자제들로 충당되는 자리였다. 이보다 조금 늦게 김이안도 홍대용과 같이 근무하게 되었다.

  홍대용은 12월 1일의 書筵에 처음으로 참석하여 동궁 시절의 정조와 대면하게 되었다. 홍대용은 이 시절의 정조와의 강학 내용을 가능한 한 기록해 놓으려 하였다. 이것이 『湛軒書』에 「桂坊[44]日記」라는 제목으로

---

42) 同上, 內集 卷3, 詩, 乾坤一草亭主人, 275쪽, "門無長者轍 床有遠方書 永懷先師訓 日與世人疎 無競免積毀 不才絶虛譽 好友時叩門 壺酒有嘉蔬 淸琴響危欄 中曲且悲嘘".
43) 『湛軒書』(下), 附錄, 乾坤一草亭題詠, 576~577쪽, "處衰俗而閱喪威 萬目傷心之極也".
44) 世子翊衛司 侍直의 별칭.

남아 있다. 이때 정조는 홍대용을 상당히 좋게 생각하였던 듯하다. 1776년(정조 즉위년) 3월 영조가 죽고 정조가 즉위하자 4월 21일 禮賓寺(예빈시) 主簿(종6품)로 승진하여 魂殿都監의 일을 맡았다가 6월 20일 司憲府 監察(정6품)로 옮겼다. 상당히 빠른 승진이었다. 7월 28일 정조는 국장을 무사히 마치게 되어 여러 신하들에게 상을 내렸는데 혼전도감의 일을 맡았던 홍대용도 어린 말 한 필을 상으로 받았다. 사헌부 감찰은 직급은 그리 높지 않지만 명예로운 관직이었다. 이곳을 잠시라도 거치게 되면 그 아들에게도 음직이 보장되는 자리이기도 하였다. 이러한 관직의 이동을 보면 정조가 홍대용에게 상당히 마음을 쓴 것으로 생각된다.

1777년(정조 1) 1월 24일 儀賓府 都事(종5품)로 잠시 옮겼다가 7월 2일에는 전라도 泰仁縣監(종6품)으로 임명되었다. 이것도 훗날 군수로 옮겨주기 위해 먼저 종5품직을 거치게 한 듯하다. 더욱이 지방관은 홍대용 자신이 바라던 자리였다. 다음 날인 7월 3일 정조는 새로 지방관으로 나가는 신하들을 興政堂으로 불러 모아 한 사람 한 사람에게 善政을 당부하였다. 홍대용의 차례가 되자 "전날의 桂坊이로구나. 한 번 헤어진 후 오랫동안 못 보았는데 이제야 만나는구나" 하며 반가워하였다. 다른 사람에게는 선정을 당부하였건만 홍대용에게는 그저 반가움을 표하는 것으로 그칠 뿐이었다.[45] 그에 대해 잘 알았을 뿐 아니라 잘 하리라 믿었기 때문일 것이다. 태인현감으로 재직한 기간은 1777년(정조 1) 7월부터 1779년(정조 3) 12월까지 2년 5개월이었다.[46] 12월 25일에는 경상도 榮川郡守(종4품)로 승진되었다. 그의 아버지도 군수로서 거쳐 간 곳이었다.[47] 이곳에서 어머니의 병환이 심해져 사직한 1783년(정조 7) 초까지

---

45) 『承政院日記』, 正祖 元年 7월 丙寅.
46) 奎 17410 泰仁郡邑誌, 先生案, "洪大容丁酉七月到任己亥十二月移拜".
47) 奎 17465 榮川郡邑誌, 先生案, "洪檍 乙亥到任同年移拜海州牧使 … 洪大容 庚子到任 癸亥以親患呈辭 啓罷", 홍대용에 대해 癸亥年에 부모의 병으로 사직하였다고 한 부분에서 '癸亥'라 한 것은 오자이다. '癸卯'가 맞다.

3년 넘게 재임하였으니 이것도 常例를 넘는 일이었다.

　현감과 군수로 재임(47～53세)하던 시절 이덕무, 박제가, 박지원 등이 홍대용의 뒤를 따라 연행에 나섰다. 매번 홍대용은 중국의 벗들에게 이들을 소개하는 편지를 주어 보냈음은 물론이다. 가난했던 이덕무는 한동안 태인 관아에서 함께 지냈으며 박지원에게는 소 두 마리, 공책 20권, 돈 200민을 보냈다. 지금 세상의 기준으로 보아도 적지 않은 액수였다. 농사지으며 책을 저술하라는 당부와 함께였다.[48] 세상에 저술이 너무 많아 문제라던 그였지만 박지원에게는 예외였던 모양이다.

　홀로 된 어머니의 병이 심해지자 그는 벼슬을 버리고 어머니의 곁으로 가 병구완에 나섰다. 그러나 어머니보다 그가 먼저 쓰러졌다. 그리고 다시 일어나지 못하였다. 그의 나이 53세 되던 해 10월 23일 酉時의 일이었다. 그가 죽자 박지원이 달려왔다. 평소 그의 부탁대로 반함하지 않고 장례를 치렀다. 중국에 있는 홍대용의 벗들에게 訃告하고 墓誌銘을 지었다. 李淞은 그의 墓表를 써 永訣하였다. 그는 韓山 李氏 李弘重의 딸과 결혼하여 3녀 1남을 낳았다. 아들의 이름은 薳, 세 사위는 趙宇喆, 閔致謙, 兪春柱이다. 앞서 인용한 바 있는 시의 한 구절이 떠오르는 삶이었다.

　　　다만 實心으로 實事를 행하여
　　　道義門中에 이 몸 맡겨야지
　　　긴 웃음 한 소리에 가뭇없이 가버리는 人生인데,
　　　예로부터 편히 죽은 이 몇이나 될까[49]

---

48) 朴宗采, 김윤조 역주, 『역주 過庭錄』, 72쪽.
49) 『湛軒書』(上), 卷3, 詩, 回到山海關登望海亭有懷錢塘諸人, 279쪽, "但將實心做實事 道義門中度此身 長笑一聲乘化去 古來寧沒有幾人".

〈국문초록〉

　이 책은 조선후기 사상사에서 획기적 전기를 이룩한 북학파의 선구자, 홍대용의 사상이 형성되는 사상적 배경과 그 사상의 논리적 구조를 밝히고자 한 것이다. 홍대용은 洛論의 충실한 계승자였을 뿐만 아니라, 이를 변용하여 새로운 귀납적 인식론으로 정립시켰다. 또한 그는 이를 바탕으로 북벌론적 화이론을 계승하여 발전적으로 극복하면서 물질적 진보에 주목한 화이론을 성립시켰다.
　18세기 말의 조선사회는 급격히 변화하면서 그 해체기적 모순을 드러내고 있었다. 조선후기의 지식층은 이러한 변화에 대응하여 성리학을 끊임없이 변용시키면서 현실을 해석하거나 특정한 방향으로 이끌어 가려 하였다. 홍대용의 사상은 그러한 노력 가운데에서도 가장 주목할 만한 것이었다.
　홍대용은 洛論的 분위기에서 성장하면서 낙론을 바탕으로 새로운 인식론과 학문관을 전개하였다. 귀납적 방법 중심의 인식론과 실천적 학문관이 그것이었다. 낙론의 人物性同論은 인간을 포함한 만물에 五常에 공유되어 있다는 주장이었으며, 이때의 五常은 물리적 법칙의 측면이 강조된 것이었다. 때문에 낙론은 만물에 내재한 이치를 학문의 주된 탐구 대상으로 여기게 되었다. 또한 낙론의 聖凡心同論은, 인간 누구나 明德 本體를 갖추었고 다만 기질의 차이만 있을 뿐이라고 하여, 기질을 고쳐 성인의 경지를 향해 나아가는 것을 학문의 최우선 목표로 여겼다.
　홍대용은 이러한 낙론이 가진 특징을 그대로 계승하였을 뿐만 아니라 한층 더 발전시켰다. 사물에 대한 연구와 실천의 중시는 낙론이 가진 특징이었지만, 그는 이에 그치지 않고 학문의 실천적 의미를 더욱 강조하였고 인식론상에서 중대한 진전을 이루어 가고 있었다. 본래 주자학의 '格物致知'說은 궁리(귀납적 방법), 유추(연역적 방법), 豁然貫通 등 세 가지 방법에 의한 致知의 달성이라는 논리로 이루어져 있었다. 홍대용은 이 가운데 豁然貫通과 선험적 원리에 의해 현실을 해석하는 유추의 방법을 사실상 부정하고 궁리 중심의 격물설을 적극적으로 옹호하였다. 그는 末節로부터 根本=道로, 현실로부터 이상으로 나아가는 것을 정당한 道의 추구 방향으로 보았던 것이다. 이러한 인식론의 전개로 인하여 사물에 대한 연구의 필요성은 한층 강조되었고 日用當行之事와 같은 실천적·현실적 가치들 또한 보다 중요시되었다.

병자호란 이후 국가적 목표로서 제시되었던 북벌론은 朝鮮=中華, 淸=夷狄임을 전제로 하여 성립한 것이었다. 韓元震(湖論)은 種族이나 地界에 의한 華夷 구분을 부정하고 예의·도덕만이 유일한 화이 구분의 기준임을 분명히 하였다. 그러나 그는 夷狄이 기질 변화를 통하여 華가 될 수 있는 가능성을 매우 적다고 생각하였고, '음양오행'설에 입각하여 청의 경우는 그 발생지가 북쪽(肅殺之方)이므로 화가 될 수 없다고 주장하였다. 金履安(洛論) 역시 지계나 종족은 화이 구분의 기준이 될 수 없음을 명백히 하였고 청의 중원지배 이후에는 지계나 종족에 의한 화이구분이 무효화되었음을 선언하였다. 이 점에서 그의 화이론은 한원진을 계승하고 있었다고 할 수 있다. 하지만 그는 한원진과는 달리 낙론적 심성론에 입각하여 기질의 변화 가능성, 즉 夷狄의 華化 가능성을 폭넓게 인정하되, 청의 중원 침입이라는 행위를 문제 삼아 청이 華가 될 수 있는 가능성을 사실상 차단하였다.

홍대용의 화이론도 지계나 종족에 의한 화이 구분을 부정한다는 점에서는 북벌론을 계승한 것이었지만, '음양오행'설에 의한 비합리적·신비주의적 세계 해석을 부정함으로써 한원진의 화이론을, 화이 구분의 상대성을 주장함으로써 김이안의 화이론을 각각 극복하였다. 청도 화가 될 수 있고 이미 화에 매우 근접하였다고 생각하였던 것이다. 그는 여기에서 그치지 않고 한 걸음 더 나아갔다. 그는 객관의 관점에서는 화이의 구분이 없다고 주장하는 한편, 주체의 입장에서는 이러한 구분의 필요성이 있다는 것도 긍정하였다. 그의 화이론에서의 초점은 국가들은 독립적 개체성을 가진 대등한 존재들이고, 이들은 각기 자국의 현실에 적합한 도를 일으켜야 한다는 것이었다.

홍대용의 이러한 화이론에는 그의 독특한 역사인식이 개재되어 있었다. 인류의 역사는 장기적으로 보아 도덕의 쇠퇴와 물질적 진보의 동시적 진행과정이었다. 청의 융성은 물질적 진보가 權道에 의해 制治되어 通變之制가 성립하였음을, 중국의 쇠퇴는 도덕의 쇠퇴를 각각 상징하는 사건이었다. 聖人도 이러한 古今之變의 과정에서 古道를 추구하여 이러한 변화를 거슬러 막은 것이 아니라 因時順俗의 權道로써 세상을 制治하는데 그쳤다고 그는 생각하였다. 결국 홍대용이 추구하는 도는 古道가 아니라 因時順俗의 道였고, 通變之制였던 것이다.

因時順俗의 權道는 古道와 대립하는 것이지만 동시에 古道와의 통일성도 유지하고 있는 것이었다. 따라서 因時順俗의 道는 현실을 制治하되, 그 제치의 정당성을 古道와의 통일성에 의해 보장받는다는 점에서 道의 본연성도 유지하고 있고, 현실을 통해서만 추구될 수 있다는 점에서 현실[時俗]에 의해 규정되는 것이기도 하다. 因時順俗의 道는 古道와의 통일성에 의해 현실 추수적 경향을 면할 수 있고, 道는 時俗에 의해 규정됨으로써 공허함을 면할 수 있었다. 즉 현실과 이상은 상호 규정성 속에 공존하였던 것이다.

因時順俗의 道를 추구하는 그의 사상은 그의 사회관 속에서도 그대로 관철되었다. 그는 정전제의 이상을 실현하기 위해 강력한 국가를 구상하였다. 그러나 국왕 개인의 도덕적 능력이나 전제적 권력에 의존하여 강

력해지는 것을 희망하지는 않았다. 그가 구상한 국가의 주체는 사대부였
다. 이러한 사대부 주도의 강력한 국가는 현실과 이상의 또 다른 종합이
었다.

 이러한 홍대용의 사상은 북학사상가들에 의해 구체화되었다. 특히 국
가를 구성하는 가장 핵심적 요소인 '민'에 대한 인식 면에서 괄목한 만한
전환이 이루어졌다. 유교의 민본 이념 속에 내재해 있던 '天民'='王民'
관념을 계승하여 사·농·공·상 등 四民에 대한 차별 의식을 극복하였
다. 사민의 관계를 역할에 따른 분업적 관계로 파악하였던 것이다. '士'
계층이 교화의 주체여야 한다는 점은 인정되었지만, 교화의 내용이 예
의·도덕과 같은 도덕적 가치뿐 아니라 實業에 관한 것 역시 포함되어야
한다고 생각하였다. 이러한 인식은 '士' 계층의 나머지 農·工·商의 三
民에 대한 지도적 역할마저도 부정할 싹을 내포하는 것이었다고 할 수
있다.

찾아보기

ㄱ

格物　41, 71, 80, 82, 83, 84, 144, 145, 184
格物致知　82, 86
格物致知說　185
古今之變　119
교화　149, 172, 176
窮理　80, 84, 86, 144, 145, 185
權尙夏　13, 14, 100
金錫文　108
金安國　149
金元行　39, 42, 50, 54, 90, 103, 138, 185, 194
金履安　103, 106, 198
金在行　212, 213
金鍾厚　109
金昌業　201
金昌集　42, 194
金昌協　14, 42, 194
金昌翕　42
김원행　67, 76, 139, 197, 198, 199
김이안　111, 125, 186, 187, 200, 213
김종후　209, 210, 211

ㄴ

羅景績　200
洛論　4, 5, 7, 14, 23, 32, 40, 41, 42, 44, 49, 53, 54, 60, 63, 66, 100, 106, 129, 183, 184, 185

ㄷ

道心　55, 58, 59
鄧師閔　207

ㅁ

未發心體 有善惡論　34, 35
未發氣質 有善惡論　35
未發心體 純善論　35
渼湖集　42
民　9, 151, 153, 154, 158, 160
民本　149, 151

ㅂ

朴世堂　178
朴世采　90
朴胤源　198
朴齊家　136, 161, 164, 166, 179, 207, 213
朴趾源　60, 68, 80, 92, 133, 159, 162, 167, 172, 174, 175, 197, 198, 215
朴弼周　14
潘庭均　205
北伐　160, 183, 193
北伐論　99, 107, 111, 129, 186
북벌론적 화이론　6
북학　183
북학론　163, 165, 166, 167, 169, 171, 174, 177, 189
북학사상　3, 4, 4, 5, 6, 189, 193
北學派　3, 160, 163
分業的 四民觀　164, 169, 180
붕당　139

ㅅ

四端　49, 53
四端七情論爭　13
四德　49
四民　136, 137, 160, 163, 165, 167, 170, 171, 176, 189

石室書院　44, 138, 193, 194, 197, 199
性命之正　58
性三層說　15, 103
性善　32, 34, 45, 47, 76, 77
性通氣局　23
世子侍講院　213
所當然之則　83
所以然之故　83
小中華　98
손유　208
孫有義　207, 213
宋時烈　13, 14, 90, 100, 139, 198, 209
實學　3, 4, 6, 141, 142, 146, 172, 173, 174, 188, 194, 195, 197, 199, 200
心性論　6
沈定鎭　198

ㅇ

양명학　85, 186, 206, 207
良知　85, 86
嚴誠　196, 205, 206
吳三桂　206
五常　18, 19, 19, 19, 20, 22, 23, 24, 33, 49, 65, 77, 103, 183
王民　151, 152, 153, 155, 156, 158, 160, 169, 189

王守仁 85
愚民觀 152, 153
柳得恭 213
劉松齡 200, 204
兪彦鎬 68, 69, 71, 72
類推 84, 185
柳馨遠 4
陸九淵 48, 85
陸飛 205
六藝 79
尹鳳九 65, 77
尹宣擧 90
尹拯 90, 139, 198
율곡학파 14
李柬 14, 18, 20, 24, 34, 36, 37, 39, 50, 53, 67, 185
理氣論 4
李德懋 205, 207, 213, 215
李淞 196, 213
李珥 13, 29, 39, 50, 53, 54, 55, 56, 58, 90
李瀷 4, 64, 69, 178
理一分殊 29
李自成 206
李縡 14, 42, 68
夷狄 31, 89, 92, 97, 98, 99, 100, 101, 103, 105, 106, 109, 110, 119, 129, 160, 186, 187
李鼎祚 213
理通氣局 23, 29

理通性局 17
李滉 13, 53, 54
因氣質 15, 16, 17, 21, 33, 103
因氣質論 43
人物均 5, 112, 115, 116
人物均論 6
人物性同 5
人物性同論 5, 115, 116, 184
인물성이론 183, 184
因時順俗 122, 127, 129, 134, 163, 169, 187, 187, 188, 189, 190
人心 55, 57, 58, 59
人欲 57, 58
人欲之私 57, 58
日用 67, 75, 76, 76, 79, 80, 92, 173, 185, 200
日用當行之事 66, 74, 76, 78, 79, 80, 91, 92, 93, 174, 175, 176, 185, 186

ㅈ

子思 40
雜氣質 16, 17
張載 116
程子 53
井田制 133, 162
程頤 57, 84
周敦頤 48
朱子 24, 26, 31, 64, 81, 82, 84, 85,

86, 89, 115, 207
中華 98, 99, 100, 102, 105, 106, 107, 110, 186, 211

ㅊ

天理之公 57, 58
天民 151, 153, 154, 155, 156, 158, 160, 169, 189
超形氣 15, 17, 43
春秋大義 32, 90
致知 71, 82, 83, 144, 185

ㅌ

탕평 139

ㅍ

鮑友管 204

ㅎ

韓元震 14, 15, 16, 18, 20, 23, 32, 34, 36, 37, 40, 43, 65, 69, 76, 99, 101, 103, 106, 114, 183, 185, 186, 187
限田制 133
形氣之私 58
湖洛論爭 8, 13, 42, 65, 103, 183
湖論 15, 16, 22, 39, 40, 41, 65, 76, 77, 92, 100, 106, 183, 184, 185
혼천의 200
洪櫟 193, 200
洪檍 202, 207
홍역 200
洪龍祚 198
華 92
華陽書院 44
華夷論 6, 7, 97
華夷一也 6
華夷的 세계관 4
豁然貫通 85, 103, 118, 185
黃胤錫 198

<참고문헌>

1. 資　料

『英祖實錄』.
『正祖實錄』.
『經書』, 成均館大學校 大同文化研究院, 1995.
『性理大全』, 保景文化社, 1994.
『二程全書』, 保景文化社, 1988.
『心經』, 保景文化社, 1995.
黎靖德 編, 『朱子語類』(1)～(8), 北京: 中華書局, 1999.
朱熹, 『朱子大全』(上)·(中)·(下), 保景文化社, 1984.
朱熹·呂祖謙, 『近思錄』, 保景文化社, 1995.

金元行, 『渼湖全集』, 여강출판사, 1986.
＿＿＿, 『渼湖集』, 民族文化推進會, 1998.
金履安, 『三山齋先生文集』(1)·(2), 景仁文化社, 1989.
朴齊家, 『楚亭全書』(上)·(中)·(下), 亞細亞文化社, 1992.
朴趾源, 『燕巖集』, 景仁文化社, 1966.
徐有本, 『左蘇山人文集』, 亞細亞文化社, 1992.
李　柬, 『巍巖集』, 漢南大學校 忠淸文化硏究所, 1990.
李　珥, 『栗谷全書』(Ⅰ)·(Ⅱ), 民族文化推進會, 1989.
李　滉, 『退溪集』(Ⅰ)·(Ⅱ)·(Ⅲ), 民族文化推進會, 1989.
韓元震, 『南塘集』(Ⅰ)·(Ⅱ), 民族文化推進會, 1998.
洪大容, 『湛軒書』(上)·(下), 景仁文化社, 1969.
＿＿＿, 민족문화추진회 譯, 『(國譯)湛軒書』, 민문고, 1974.
＿＿＿, 소재영 外 譯註, 『(註解)乙丙燕行錄』, 太學社, 1997.

2. 著書

김태준,『洪大容 評傳』, 민음사, 1987.
_____,『洪大容』, 한길사, 1998.
金泰永,『實學의 國家改革論』, 서울대출판부, 1998.
朴忠錫・유근호,『朝鮮朝의 政治思想』, 평화출판사, 1980.
朴忠錫,『韓國政治思想史』, 三英社, 1982.
裵宗鎬,『韓國儒學史』, 연세대출판부, 1974.
愼鏞廈,『朝鮮後期 實學派의 社會思想硏究』, 지식산업사, 1997.
劉奉學,『燕巖一派 北學思想 硏究』, 일지사, 1995.
_____,『朝鮮後期 學界와 知識人』, 신구문화사, 1998.
유초하,『韓國思想史의 認識』, 한길사, 1994.
尹絲純,『韓國儒學論究』, 현암사, 1980.
_____,『(增補版)韓國의 性理學과 實學』, 삼인, 1998.
李基東, 鄭容先 譯,『東洋三國의 朱子學』, 성균관대출판부, 1995.
李承煥,『儒家思想의 社會哲學的 再照明』, 고려대출판부, 1998.
李完宰,『初期開化思想硏究』, 민족문화사, 1989.
_____,『韓國近代 初期開化思想의 硏究』, 한양대출판원, 1998.
_____,『朴珪壽 硏究』, 집문당, 1999.
李離和,『朝鮮後期의 政治思想과 社會變動』, 한길사, 1994.
전상운,『한국과학기술사』, 정음사, 1975.
鄭奭鍾,『朝鮮後期의 政治와 思想』, 한길사, 1994.
鄭玉子,『朝鮮後期 歷史의 理解』, 일지사, 1993.
_____,『朝鮮後期 朝鮮中華思想 硏究』, 일지사, 1998.
池斗煥,『朝鮮時代 思想史의 再照明』, 역사문화, 1998.
_____,『朝鮮時代 思想과 文化』, 역사문화, 1998.
陳來, 안재호 譯,『宋明 性理學』, 예문서원, 1997.
韓佑劤,『星湖李瀷硏究』, 서울대출판부, 1980.
島田虔次, 김석근・이근우 譯,『朱子學과 陽明學』, 까치, 1986.
大濱晧, 이형성 譯,『범주로 보는 朱子學』, 예문서원, 1997.
浜下武志,『朝貢システムと近代アジア』, 東京: 岩波書店, 1997.
Theodore de Bary, The Liberal Tradition in China, The Chinese University Press

of Hong Kong, 1983 ; 표정훈 譯,『중국의 '자유' 전통』, 이산, 1998.

3. 編 著

姜萬吉·鄭昌烈 外 9명,『茶山의 政治經濟 思想』, 창작과 비평사, 1990.
계명대학교 철학연구소 編,『實學思想과 近代性』, 예문서원, 1998.
대동문화연구원 편,『朝鮮後期 經學의 展開와 그 性格』, 성균관대학교 대동문화연구소, 1998.
歷史學會 編,『實學硏究入門』, 일조각, 1973.
李基白 外,『韓國思想史方法論』, 소화, 1997.
鄭玉子 外,『正祖時代의 思想과 文化』, 돌베개, 1999.
韓國思想史硏究會 編,『實學의 哲學』, 예문서원, 1996.
韓國思想史硏究會 編,『朝鮮 儒學의 學派들』, 예문서원, 1996.
韓國史硏究會 編,『近代 國民國家와 民族問題』, 지식산업사, 1995.
韓國實學硏究會 編,『韓中實學史硏究』, 민음사, 1998.

4. 論 文

1) 國 內

姜春華,「洪大容의 格致說; 朱子·陽明의 格致說과의 비교를 중심으로」『韓國宗敎思想의 再照明』(下), 震山韓基斗博士華甲紀念論文集刊行委員會, 이리: 圓光大出版局, 1993.
금장태,「실학사상의 발흥과 전개」『韓國學入門』, 大韓民國 學術院, 1983.
金文鎔,『洪大容의 實學思想에 關한 硏究』, 고려대 박사학위논문, 1995.
김민규,「洪大容 思想에 관한 硏究」『홍익사학』 2, 1985.
金世英,「朝鮮 孝宗朝 北伐論 硏究」『백산학보』 51, 백산학회, 1998.
金龍德,「朴齊家의 思想」『한국사상』 5, 1962.
金龍德,「北學派 思想의 源流 硏究」『東方學志』 15, 연세대학교 국학연구원, 1974.
金容憲,「西洋科學에 대한 洪大容의 理解와 그 哲學的 基盤」『哲學』 43, 한국철학회, 1995.

金仁圭,「朝鮮後期 華夷論의 變容과 그 意義: 北學派를 中心으로」『儒敎思想과 東西交涉』, 道和柳茂相先生華甲紀念論文集刊行委員會, 1996.
_____,「洪大容의 人間觀의 두 樣相」『東洋古典研究』9, 東洋古典學會, 1997.
_____,「洪大容 自然觀의 變貌樣相」『溫知論叢』3, 溫知學會, 1997.
_____,「北學派의 對外認識과 北學思想」『韓國思想史學』12, 韓國思想史學會, 1999.
金駿錫,『朝鮮後期 國家再造論의 擡頭와 그 展開』, 연세대 박사학위논문, 1990.
_____,「17世紀의 새로운 賦稅觀과 士大夫生業論 — 朴世堂의 賦役論과 稼穡論 —」『歷史學報』158, 歷史學會, 1998.
_____,「兩亂期 國家再造 問題」『韓國史研究』101, 韓國史研究會, 1998.
金惠婉,「"毉山問答"을 통해서 본 洪大容의 新學問觀」『首善論集』11, 성균관대학교 대학원, 1987.
盧大煥,「正祖代의 西器受容 論議 — '中國源流說'을 中心으로」『韓國學報』94, 一志社, 1999.
柳仁熙,「實學의 哲學的 方法論(1)」『東方學志』35, 연세대학교 국학연구원, 1983.
_____,「洪大容 哲學의 再認識」『東方學志』73, 연세대학교 국학연구원, 1991.
_____,「程朱 理學과 동아시아 哲學의 未來」『韓國思想史學』12, 韓國思想史學會, 1999.
朴性淳,「朝鮮後期의 對淸認識과 '北學論'의 意味」『史學志』31, 단국사학회, 1998.
朴熙秉,「洪大容研究의 몇가지 爭點에 대한 研究」『震檀學報』79, 震檀學會, 1995.
白承哲,「磻溪 柳馨遠의 商業觀과 商業政策論」『韓國文化』22, 1998.
서태원,「壬辰倭亂 및 孝宗의 北伐論이 內政에 끼친 영향 — 磻溪 柳馨遠의 軍役制改革論을 중심으로 —」『國史館論叢』80, 國史編纂委員會, 1998.
小倉雅紀,「朴齊家의 北學思想과 性理學」『韓國文化』18, 서울大學校 韓國文化研究所, 1996.
小川晴久,「氣의 哲學과 實學: 洪大容의 경우」『民族史의 展開와 그 文化』

(下), 碧史李佑成教授定年退職紀念論叢刊行委員會, 창작과 비평사, 1990.

_____, 「湛軒 洪大容 實學思想의 近代精神: 實心의 要件과 機能」『儒學研究』1, 충남대학교 유학연구소, 1993.

孫承喆, 「北學의 中華的 世界觀 克服 - 그 展開過程 理解를 위한 序說 - 」『강원대 논문집』15, 강원대, 1981.

_____, 「朝鮮後期 實學思想의 對外認識」『朝鮮學報』122, 朝鮮學會, 1987.

愼鏞廈, 「湛軒 洪大容의 社會身分觀과 身分制度」『韓國文化』12, 서울대 한국문화연구소, 1991.

安在淳, 「朝鮮後期 實學派의 思想的 系譜 - 性理學派와 관련하여 - 」『儒敎思想과 東西交涉』, 道和柳茂相先生華甲紀念論文集刊行委員會, 1996.

元裕漢, 「燕巖 朴趾源의 社會經濟思想에 대한 考察」『홍익대논총』10, 1979.

_____, 「實學 및 그 展開에 관한 諸說의 整理」『國史館論叢』81, 국사편찬위원회, 1998.

유명종, 「北學派와 陽明學」『哲學研究』20, 1975.

李坰丘, 「英祖~純祖年間 湖洛論爭의 展開」『韓國學報』93, 일지사, 1998.

이남영, 「湖洛論爭의 哲學史的 意義」『제2회 동양문화국제학술회의논문집』, 성균관대학교 대동문화연구원, 1980.

李相坤, 「人間의 '本性'에 대한 概念設定과 尊嚴性 - 南塘 韓元震의 本性論을 중심으로 - 」『韓國宗敎思想의 再照明』(下), 震山韓基斗博士華甲紀念論文集刊行委員會, 圓光大 出版局, 1993.

李相益, 「洛學에서 北學으로의 思想的 發展」『철학』46, 한국철학회, 1996.

이용범, 「李瀷의 地動說과 그 論據 - 附: 洪大容의 宇宙觀 - 」『震檀學報』34, 진단학회, 1972.

李乙浩, 「韓國實學의 發展史的 研究」『實學論叢』, 1975.

李章熙, 「朝鮮後期 實學者의 歷史認識과 文化理解의 近代的 性向」『人文科學』28, 성균관대, 1998.

이해영, 「洪大容의 批判意識」『大同文化研究』29, 성균관대학교 대동문화연구소, 1995.

全海宗, 「釋實學」『震檀學報』20, 震檀學會, 1959.

全海宗, 「實學槪念의 歷史的 考察」『學術院論文集』17, 1978.

鄭昌烈, 姜萬吉・鄭昌烈 外 9명, 「實學의 歷史觀」『茶山의 政治經濟思想』, 창작과 비평사, 1990.

趙　珖,「洪大容의 政治思想研究」『민족문화연구』14, 고려대 민족문화연구소, 1979.

_____, 韓國史研究會 編,「朝鮮後期의 歷史認識」『韓國史學史의 研究』, 乙酉文化社, 1985.

趙誠乙, 韓國史研究會 編,「朝鮮後期 華夷觀의 變化」『近代國民國家와 民族問題』, 지식산업사, 1995.

_____,「洪大容의 歷史認識－華夷觀을 中心으로－」『震檀學報』79, 震檀學會, 1995.

池斗煥,「朝鮮後期 實學研究의 問題點과 方向」『泰東古典研究』3, 翰林大學校 泰東古典研究所, 1987.

池斗煥,「尤庵 宋時烈의 社會經濟思想」『韓國學論叢』21, 國民大學校 韓國學研究所, 1998.

車長燮,「朝鮮後期 實學者의 閥閱論」『朝鮮史研究』7, 1998.

千寬宇,「磻溪 柳馨遠 研究」『歷史學報』2, 歷史學會, 1952.

_____,「磻溪 柳馨遠 研究」『歷史學報』3, 歷史學會, 1953.

_____,「朝鮮後期 實學의 概念再論」『韓國史의 再發見』, 一潮閣, 1975.

최민홍,「洪大容의 哲學」『韓國哲學研究』8, 1978.

河宇鳳,「實學派의 對外認識」『조선시대의 대외인식』, 국사편찬위원회, 1996.

韓㳓劤,「李朝實學의 槪念에 대하여」『진단학보』19, 진단학회, 1958.

許南進,「洪大容(1731~1783)의 科學思想과 理氣論」『아시아문화』9, 한림대학교 아시아문화연구소, 1993.

_____,『朝鮮後期 氣哲學 研究』, 서울대 박사학위논문, 1994.

_____,「洪大容의 哲學思想」『震檀學報』79, 震檀學會, 1995.

2) 國 外

福島仁,「ヨーロッパ人による最初の理氣論」『中國－社會と文化』4, 東京: 東大中國學會, 1989.

山內弘一,「朴齊家に於ける'北學'と慕華意識」『上智史學』43, 上智大學史學會, 1998.

小川晴久,「丁茶山の經學解釋とキリスト教」『中國－社會と文化』4, 東京: 東大中國學會, 1989.

佐藤愼一,「儒教とナショナリズム」『中國－社會と文化』4, 東京: 東大中國學會, 1989.

김도환(金都煥)

한양대 사학과 졸업
한양대 대학원 졸업(문학석사·박사, 한국사 전공)
한양대 사학과 강사
한양대 한국학연구소 연구조교수
서울대 규장각 한국학연구원 선임연구원

▫ 주요 논저

「북학사상과 낙론의 관계」(『한국학논집』 32, 한양대 한국학연구소, 1998)
「홍대용의 학문관과 인식론」(『한국학논집』 34, 한양대 한국학연구소, 2000)
「북벌론과 홍대용의 화이론」(『한국사상사학』 15, 한국사상사학회, 2000)
『18세기 조선 지식인의 문화의식』(공저, 한양대 출판부, 2001)
『한국의 역사와 문화』(공저, 한양대 출판부, 2002)
『'민'에서 '민족'으로』(공저, 선인, 2006)

湛軒 洪大容 硏究

정가 : 11,000원

2007년 8월 10일	초판 인쇄
2007년 8월 20일	초판 발행
저　자 :	김 도 환
발 행 인 :	한 정 희
발 행 처 :	경인문화사
편　집 :	장 호 희

서울특별시 마포구 마포동 324-3
전화 : 718-4831~2, 팩스 : 703-9711
http://www.kyunginp.co.kr | 한국학서적.kr
E-mail : kyunginp@chol.com

등록번호 : 제10-18호(1973. 11. 8)

ISBN : 978-89-499-0501-3　93150
ⓒ 2007, Kyung-in Publishing Co, Printed in Korea
※ 파본 및 훼손된 책은 교환해 드립니다.